초보자가 꼭 알아야 할

펀드투자 기초 가이드

초보자가 꼭 알아야 할

펀드투자 기초 가이드

김동범 지음

중앙경제평론사

펀드로 목돈 만드는 실천 로드맵과 솔루션

요즈음 은행 예적금의 금리가 저금리 기조로 진행되어 가는 추세이다 보니 실속 있는 재테크를 기대할 수 없어 중장기적으로 안전하게 수익을 올릴 수 있는 투자수단을 선호하는 경향이 강해짐에 따라 적립식펀드를 재테크 포트폴리오에 적극 포함시키려는 투자자들이 증가하고 있다.

또한 펀드의 일종인 변액보험이 예금자보호 대상에 편입되어 5,000만 원까지 예금자보호가 됨에 따라 미래 금융자산을 안전하게 관리하고 싶어 하는 소비자들이 점차 많이 가입하고 있다.

특히 '코로나19' 발생 직후에는 주식시장이 바닥을 치다가 최근 들어 랠리(Rally)현상을 보이면서 펀드투자도 다시 활성화되고 있다. 경제사회 전반에 불확실성이 대두됨에 따라 바야흐로 본격적으로 중장기 재테크의 황제인 펀드투자 시대가 다시 열리고 있는 형국이다.

경제 회복세가 미미하고 금융시장의 변동성이 확대되어 주가지수가 계속 박스권에 머무르는 저성장·저금리 시대에는 자산을 장기적 안목에서 다양한 방향으로 분산투자하여 포트폴리오를 구성할 필요가 있는데 이에 가장 적합한 상품이 실적배당형 간접투자상품인 펀드이다. 특히 일반인에게는 목돈이 들어가는 거치식펀드보다는 매월 적은 돈으로도 얼마든지 투자가 가능한 적립식펀드와 변액보험 등 간접투자상품이 최적의 중장기 투자대상이라 할 수 있다.

힘들게 번 소중한 내 돈을 조금이라도 더 큰돈으로 만들기 위해서는 안정되게 고수익을 실현해 주는 펀드를 올바로 잘 골라 가입하는 것이 상책이다. 펀드에 투자하는 가장 큰 이유는 목적자금을 이른 시일 안에 마련하도록 재테크 듀레이션(Financial Duration)을 좀 더 짧게 가져갈 수 있는 최적의 재테크 수단이면서 생애 종합재무설계 차원에서 삶의 질 향상과 인생 재테크 완성이라는 명제를 해결해 나가는 데 안성맞춤인 상품이기 때문이다.

펀드 종류는 현재 1만 5,000여 개에 이를 만큼 매우 많다. 그리고 펀드를 취급하는 판매사와 판매자도 너무 많아서 어떤 상품을 어느 곳에서 누구에게 어떻게 가입해야 투자 리스크를 헤지(Hedge)해 나가면서 알토란 같은 재테크를 할 수 있는지가 현안이다. 펀드는 수익이 보장되는 확정금리형이 아닌 실적배당형이고, 투자의 속성상 주식편입비율이 높은 펀드를 선호하므로 변동성이 심하다. 특히 투자 리스크는 모두 가입자에게 귀속되어 현재 수익률이 양호하다고 해서 섣불리 가입하면 낭패를 볼 수 있으므로 가입하는 펀드수익률을 더욱 크게 올리는 방법을 찾아야만 투자 리스크를 줄이면서 좀더 쉽게 목표자금을 달성할 수 있다.

저축과 투자 시 가장 중요한 3요소는 ① 안전성, ② 환금성과 더불어 시드머니의 미래가치인 ③ 수익성이다. 특히 목적자금을 적기에 마련하려면 수익성이 매우 중요하다. 그래서 누구나 한 푼이라도 더 수익성이 높다고 판단되는 상품을 골라 가입하며, 내가 가입하는 펀드가 어느 정도 수익을 낼지 살펴보면서 투자수익에 방점을 두고 선택한다. 펀드 가입자에게 가장 중요한 투자 어젠더(Agenda)는 수익률이고, 실천지향점은 투자 로드맵이다.

그러나 아무리 좋은 옷도 자신에게 맞지 않으면 무용지물이듯이 펀드 또한 다른 사람들이 좋대서 덥석 가입하면 안 되며 자기 투자 성향이나 재무 플래닝과 맞아야 한다. 그렇지 않으면 투자수익에 만족하기는커녕 자칫 계륵으로 전락하게 된다.

펀드투자 성공의 열쇠는 다양한 펀드 중에서 어떻게 옥석을 가려 투자목적에 맞는 최적의 상품을 고르느냐에 달려 있다. 단순히 상품 형태 및 구조와 현재 수익률만이 아닌 미래가치의 수익률을 올리는 데 변수로 작용하는 펀드의 내면 깊숙이 자리한 장점은 물론 단점까지 속속들이 알고 나서 자기 투자 성향에 맞는 상품을 골라야 한다.

펀드 유형별 상품 내용을 종합적으로 살펴보면서 어디가 취약한지 냉철히 분석한 다음 이를 해결할 방법과 대안을 모색하고 그 토대 위에 장점을 살려 시너지를 창출해 나가야 펀드투자의 결실이 올바로 영글게 된다. 주가 하락, 펀드기준가 하락, 환급금 저조, 환매 문제, 사업비(변액보험 상품) 부과 문제, 판매수수료 부과 문제 등 걸림돌이 생겼을 때 펀드 케어를 유효 적절하게 하면서 슬기롭게 대처해야 목적자금을 조기에 마련할 수 있다.

중기상품인 적립식펀드와 장기상품인 변액보험은 똑같이 펀드로 운용되는 간접투자상품인데도 상품의 구성 내용과 성격이 매우 다르다. 변액보험은 펀드와 보험, 은행상품을 복합적으로 아우른 퓨전형 다목적 상품이기 때문에 적립식펀드보다 훨씬 복잡하고 난해하다. 투자수익률을 올리는 데 디딤돌 역할을 하는 요소도 많지만 반대로 걸림돌이 되는 요소도 많다. 그런데 무엇을 어떻게 알고 가입해야 수익률 제고에 보탬이 되는지 일반 사람들은 잘 알지 못한다.

전문가들도 속속들이 파고들기에는 역부족인 경우가 많다. 따라서 상품을 먼저 이해한 다음 자신의 투자궁합과 가장 부합하는 상품으로 방점을 찍고 나서 불이익으로 다가오는 단점을 커버해야 한다. 또 장점을 살릴 수 있도록 펀드의 속성을 파악하고, 더불어 좋은 펀드를 정확하게 진단하는 능력을 길러야 한다.

필자는 펀드투자를 잘해 큰돈을 벌어 적기에 목적자금을 달성하도록 디딤돌을 제공해 주기 위해 이 책을 썼다. 펀드의 쌍두마차인 적립식펀드와 변액보험에 깊이 숨어 있는 상품의 내면과 이면을 분석해 성공투자의 비밀 열쇠를 만들어 투자자들이 올바로 투자의 문을 따고 들어가 좀더 쉽게 목돈을 마련하게 하려고 이 책을 쓴 것이다.

총 6장으로 구성된 이 책에서는 초보자들도 펀드투자로 성공할 수 있도록 실천 로드맵과 솔루션을 세부적·종합적으로 분석하여 제시하였다.

펀드의 특성과 유형별 속성, 간접투자 방법 등 전반적인 개념 이해를 비롯하여 좋은 펀드 잘 고르는 최상의 비법, 주요 펀드 상품 분석 및 가입 꿀팁, 펀드로 목돈 만드는 실천 비법, 변액보험으로 목돈 만드는 실천 비법, 펀드 가입 후 펀드투자에 성공하기 위해 반드시 알아야 할 실천 꿀팁 등을 다루었으며 특별히 부록으로 실질적으로 도움이 될 주식 및 펀드투자 성공 로드맵 명언을 엄선하여 실었다.

이 책은 펀드투자로 더 높은 수익을 올릴 수 있도록 펀드에 대해 속속들이 파헤치고 펀드에 효율적으로 가입하기 위한 솔루션과 투자 수익 증대를 위한 실천 로드맵을 제시했다. 게다가 모든 투자비법을 세부적이고 종합적으로 다루었으므로 펀드 실천지침서로 손색이 없을 것이다.

이 책에서 다룬 내용을 잘 익혀 펀드재테크 혜안을 기른 다음 실전에 적극 활용하면 적립식펀드와 변액보험에 투자한 종잣돈이 목표 기간 안에 큰 가치를 발휘하여 독자들에게 알찬 결실로 다가올 것이다. 또 독자들이 투자 실속을 알뜰히 챙겨 시드머니의 미래가치가 점점 더 늘어나 목적자금이 불어나고 큰돈으로 갈무리되어 만족감을 듬뿍 맛보길 기대한다.

김동범

차례

2장 좋은 펀드 잘 고르는 최상의 꿀팁

3장 주요 펀드 상품 분석 및 가입 꿀팁

4장 펀드로 목돈 만드는 실천 비법

5장 변액보험으로 목돈 만드는 실천 비법

1장

펀드투자의 길 확실히 닦는 실천 비법

투자는 학문이 아니고 피나는 훈련 끝에 이루어지는 결과물이다.
투자에 성공하려면 투자에 미쳐야 한다.

– 제럴드 로브

재테크 달걀은 한 바구니에 담아라

지금 당신 앞에 날달걀이 수북하게 놓여 있고 그 옆에 바구니가 여러 개 있다. 달걀은 한 바구니에 가득 담을 수 있을 정도의 분량이다. 달걀을 잘 운반하려고 할 때 바구니마다 달걀을 따로 담겠는가? 아니면 한 바구니에 모두 담겠는가? 아마도 사람들은 대부분 "날달걀을 함께 담으면 부딪쳐 깨질 위험이 크므로 당연히 따로따로 담아야 한다"고 말할 것이다.

그런데 요즘은 달걀판에 많은 달걀이 들어가도록 틀이 잘 만들어져 있어 얼마든지 더 효율적으로 차곡차곡 쌓을 수 있고 운반과 보관에도 매우 효과적이다. 이렇듯 재테크도 패러다임을 전환해야 한다. 몰빵식 직접·집중투자보다는 잘 만들어진 재테크 바구니에 많은 자산을 담아서 좀더 효율적으로 분산 관리하여 시너지효과를 듬뿍 맛볼 수 있는 투자 방법론을 찾아야 한다.

재테크를 할 때 투자위험은 줄이고 수익률은 높여 우수한 투자성과(Track Record)를 달성하는 매우 바람직한 방법 중 하나는 바로 분산투자(Diversified Investment)를 하는 것이다. 가계 자산을 한곳에만 집중적으로 투자하면 위험하기 때문에 자산을 효율적으로 분리하여 투자해야만 어느 한쪽이 불가항력으로 손실을 봐도 다른 곳에 투자한 것으로 만회할 수 있다. 바로 이것이 간접투자상품인 적립식펀드를 하는 이유이고 기본 원리이다.

간접투자는 달걀을 선택한 바구니에 가득 담되 그 안에서 분산하여 효율적으로 관리하는 방법이다. 투자금의 집합체인 적립식펀드는 다양한 우량주식으로 포트폴리오를 구성하므로 저절로 분산투자 효과를 발휘한다. 어느 한 종목에 집중 투자하는 직접투자방식은 위험부담이 너무 크므로 선진국에서는 투자 리스크 헤지 기능이 있는 간접투자를 더 선호한다.

달걀을 집중해서 가득 담되 깨지지 않는 그릇을 '간접투자'라 한다면, 달걀판에 칸마다 분산하여 잘 놓은 달걀은 바로 '펀드종목'이다.

좀더 세부적으로 들어가면 그 펀드종목 안에 있는 선택된 벤치마크(Bench Mark)가 초과수익을 달성하게 해주는 우량종목들이다. 즉, 펀드 자체가 이미 여러 주식에 분산투자되도록 잘 설계되어 있다. 투자하는 펀드마다 우량종목을 선정해 운용하므로 일시적인 주식시장 변동성(Volatility)에도 능히 대처할 수 있게 포트폴리오(Portfolio)가 잘 구성되어 있다.

미국의 문학가로서 주식투자에 남달리 관심이 많았던 마크 트웨인(Mark Twain)은 "바보는 모든 달걀을 한 바구니에 담지 말라고 한다. 그 말은 당신의 돈과 관심을 분산하라고 하는 것과 다름없다. 하지만 현명한 사람은 달걀을 한 바구니에 담고 난 다음 그 바구니를 잘 지켜보라고 말한다"라고 했다. 실전 경험을 토대로 한 그의 말을 새길 필요가 있다.

그리고 재테크를 올바로 추진해 영글게 하려면 가족의 인생 5L(Life Cycle, Life Style, Life Stage, Life Scale, Life Way)을 토대로 단기, 중기, 단기별로 투자 패턴을 달리해야 한다. 그래야만 생애 재무설계가 올바로 이루어질 수 있다.

간접투자를 해야 하는 이유

안전성과 수익성 겸비한 간접투자방식 선호

초행길이지만 반드시 제시간에 도착해야 하는 경우 내비게이션에 의존해 자가용을 몰고 가는 것이 나을까? 아니면 택시를 타고 가는 게 나을까?

가까운 거리라면 택시를 타야 하고, 먼 길이라면 기차 또는 비행기를 타고 가는 것이 제시간에 도착하는 가장 효율적인 방법이다. 자가용을 직접 몰고 가는 것을 '직접투자'라 한다면 전문가인 운전사의 힘을 빌려 원하는 목적지까지 가는 것이 바로 '간접투자'방식이다. 비록 비용을 약간 내더라도 동선을 따라 제시간에 원하는 목적지까지 자기 일을 보면서 편하게 가려면 전문가의 도움을 받는 편이 훨씬 경제적이다.

독일의 경제 문학가 보도 섀퍼(Bodo Schafer)는 "펀드는 부자 나라로 가는 비행기의 자동조종장치와 같다. 직접투자에 쏟을 시간이 없다면 간접투자를 선택하라"라고 갈파했다. 왜 간접투자를 해야 하는지 잘 대변해 주는 말이다.

세상 이치는 동전의 앞뒷면과 같아서 음과 양이 서로 어우러지게 마련이다. 직접투자는 리스크가 크지만 그만큼 보상도 높아서(High Risk High Return) 잘 운용해 나가면 간접투자보다 더 높은 수익을 낼 수 있다. 그러나 주가의 변동성이 심할 경우 간접투자보다 손해의 폭이 훨씬 크다. 자칫 이자는커녕 원금까지 날릴 고위험이 상존한다. 그래서 요즈음 재테크 투자자들은 직접투자보다 간접투자를 하는 추세로 가고 있다. 수익을 더 올리려고 직접투자를 하지만 그에 대한 반대급부로 리스크가 커서 투자 성공 확률이 낮기 때문에 상대적으로 안전하고 성공 확률도 높은 간접투자방식을 더 선호하는 것이다.

주식투자의 기본은 투자원칙을 지키면서 블래시(BLASH, Buy Low And Sell High) 전략을 펼치는 것인데, 이는 주가가 쌀 때 사서 유지하다가 비쌀 때 파는 주식의 매입보유전략이다. 주식은 살 때는 신중하게, 팔 때는 단호하게 하라는 투자전략인데 이게 어디 말처럼 쉬운가? 만일 언제가 저점이고 언제가 고점인지 정확히 예측할 수 있다면 누구나 주식투자로 떼돈을 벌 것이다.

또한 'Buy High And Sell Higher', 즉 비쌀 때 사서 더 비쌀 때 팔라고 권하는 투자전략도 있다. 그러나 직업적으로 주가 흐름을 늘 관찰하고 연구하는 애널리스트 등 증권분석전문가가 아닌 이상 이것은 실천하기 힘들다. 아니, 전문가들도 정확한 주식 예측은 불가능하다. 오히려 시장 트렌드에 어긋나는 판단을 하여 공수표가 되는 경우가 다분하다.

장기투자는 적립식·분산투자가 유리

경제학자 폴 새뮤얼슨(Paul Samuelson)은 "도박판이나 경마장, 증권사 객장에서 부자가 되기는 힘들다"라고 했는데 이는 직접 주식에 투자해서 돈을 벌기가 어렵다는 것을 의미한다. 기관투자자나 외국인투자자 등 전문적인 직업투자자가 아닌 개인은 직접투자를 해서 큰 재미를 보기가 매우 어렵다. 실제로 개인투자자들의 주식투자 성공률은 5%, 큰 이익을 볼 확률은 0.1%밖에 안 된다고 한다.

애널리스트들도 자기 돈으로 주식에 직접 투자해 장기적으로 돈을 벌 확률은 그리 높지 않다. 그래서 월스트리트의 살아 있는 전설로 불리는 펀드매니저 존 템플턴(John Templeton)이 "투자자들이 아무리 조심하고 연구를 많이 한다고 해도 미래를 예측하거나 조종할 수는 없으므로 분산투자를 하는 것이 가장 바람직한 투자전략이다"라고 말한 것이다.

분산투자의 목적은 투자한 자산을 안정적으로 운용하면서 손실

위험은 최소화하고 수익을 극대화해 나가는 데 있다. 즉 각 투자대상의 비중과 투자 기간을 미리 설정하고 위험을 분산하는 포트폴리오 투자가 필요하다. 위험을 무릅쓰고 직접투자를 해서 단기적으로 돈을 벌려고 집착하지 말고 멀리 내다보면서 한 걸음 한 걸음 성공투자를 향한 다리를 놓아나가야 한다. 우리나라 주식시장은 불안정한 대내외적 변수로 변동성(Volatility)이 유달리 높으므로 개인투자자가 직접투자를 하기는 쉽지 않다는 것이 일반적인 견해이다.

장기 저금리·저성장 시대를 맞이하여 세계 증시와 국내 증시 모두 변동성이 확대되는 국면을 보이고 있다. 이때는 간접투자 방법 중에서도 거치식투자보다는 적립식투자가 더 유리할 수 있다. 거치식펀드는 주가지수가 계속 상승할 것이라는 확신이 있을 때 유리하다. 하지만 적립식펀드는 주식시장이 변동성이 있는 불확실한 미래에도 리스크를 헤지해 나갈 수 있는 최적의 투자 방법이다.

앞으로 시장 전망이 불투명한 만큼 리스크 관리 차원에서 분산투자하고 투자 시점도 분산하는 적립식펀드 투자가 가장 바람직하다. 적립식펀드 투자로 자연스럽게 분할매수전략을 사용하여 양질의 펀드종목을 저가에 매입함으로써 고수익을 창출할 수 있다. 적립식펀드는 3년 이상 장기투자로 진행될수록 안정적인 수익창출 가능성이 높아지는 특징이 있다.

주가의 일시적 하락과 상승 국면에 일희일비하지 말고 일관성 있게 투자 목적의식을 갖고 간접투자원칙을 지키면서 장기투자의 길로 나가는 것이 안정적으로 고수익을 올리는 최선의 방법이다.

재테크가 일상생활의 화두로 떠오른 간접투자시대, 목돈 마련을 위해 가장 안정적으로 고수익을 창출할 수 있는 최고 간접투자상품인 적립식펀드와 변액보험으로 투자위험을 관리하면서 지혜롭게 재테크하여 기대수익을 창출해 보자.

직접투자 vs 간접투자 차이점 종합 비교 분석

직접투자 vs 간접투자 시 리스크 비교 분석

구분	직접투자방식 (유가증권)	간접투자방식			은행상품 (예금, 적금)
		적립식투자 (적립식펀드)	거치식투자 (거치식펀드)	보험투자상품 (변액보험)	
투자위험도	높음	보통	약간 높음	보통(가입 초기 높음)	매우 낮음
시장위험성	높음	낮음	보통	낮음	거의 없음
투자성공 확률	낮음(불확실성 내재)	중장기투자 시 높음	단기투자 시 높음	장기투자 시 높음	매우 높음
개별 종목 위험성	높음 (채권은 낮음)	낮음	보통	낮음	거의 없음 (원금 보존)
기대이익 수준	고수익	안정수익	고수익	안정수익	저수익
이익배당방식	실적배당	실적배당	실적배당	실적배당	확정배당
투자 기간	단기	중기	중단기	최장기	중단기
투자대상	주로 주식, 실물자산	펀드운용	펀드운용	펀드운용, 보험 설계	주로 채권
재테크 장점	수익성	수익성, 안전성	수익성	안전성, 보장성	안전성, 환금성

구분	직접투자방식 (유가증권)	간접투자방식			은행상품 (예금, 적금)
		적립식투자 (적립식펀드)	거치식투자 (거치식펀드)	보험투자상품 (변액보험)	
지출비용 규모	작음	큼(기간경과 시 더 큼)	큼(정액선취 방식 적용)	매우 큼(기간 경과 시 작아짐)	거의 없음
자금운용 체크	정기점검 필요	정기점검 필요	정기점검 필요	정기점검 필요	정기점검 불필요
투자자의 재테크 리스크	정보 · 분석력 부재 마켓타이밍 능력 부족으로 성공 확률 저조	장기투자 시 수수료 후취 적용으로 불리. 중도환매 시 수수료 지불	코스트 애버리징 효과 미발생으로 펀드 변동성 시 위험회피 곤란	보험 특성상 사업비 및 위험보험료 발생으로 가입 초기 중도해지 시 원금손실	이자소득세 과세로 실질적 수혜폭이 작음. 장기투자 시 수익률 저조
	원금손실 위험	원금손실 위험	원금손실 위험	원금손실 위험	–

* 주) 보험투자상품은 변액종신보험, 변액유니버설보험, 변액연금보험 등 펀드(특별계정)로 운용되는 모든 변액보험상품을 일컬음

직접투자 vs 간접투자 방식의 차이점

구분	직접투자	간접투자
투자목적	목적자금 마련기간 내 Cash Value 증가	
투자자금	소액의 개별 개인자금	소액이 뭉친 거액의 공동자금
운용 주체	투자자 본인	자산운용전문인력(펀드매니저)
투자 방법	본인 직접투자(더 많은 수익 안겨줄 상품 직접 선택)	운용사 통해 더 많은 수익 안겨줄 금융사와 상품 선택 – 내재가치 투자 방법
투자 포트폴리오 방식	소수 종목에 집중투자 – 단기목적자금 마련 수단으로 주로 활용	다수 종목 및 유형에 분산투자 – 위험관리 강화된 투자 방법
투자 판단	개별 종목별 상황에 따라 판단(본인 책임)	시장 전체의 상황과 위험을 고려해 판단(본인 책임)
투자성공 확률	목적 기간까지 주식투자 시 5% 이내	목적 기간까지 펀드투자 시 성공 확률 높음

구분	직접투자	간접투자
투자의 경제성	투자한 돈과 시간 대비 비효율적	투자한 돈과 시간 대비 효율적
투자 기대효과	강세장에서 적기 이익실현 효과	분산투자 효과 목적
거래비용	소액거래(개별투자)이므로 수수료 높음 기관보다 다소 높을 수 있으나 별도의 운용보수 없음	거액거래(펀드조성)이므로 수수료 낮음 유가증권의 거래비용은 낮으나 운용 관련 신탁보수 지급
위험관리	일부 종목에 집중 투자하므로 위험관리 취약	다수 종목에 투자하므로 비체계적 위험관리는 물론 체계적 위험관리도 가능
환매 방법	언제든지 환매 가능, 매수자 없을 때 저가 매도	언제든지 환매 가능, 목적자금 달성 시점에 적기 환매
세금 문제	매매차익 비과세, 이자소득과 배당소득 부담, 매도 시 증권거래세 과세	매매차익 비과세, 이자소득과 배당소득 과세
투자 대상자	전문투자자(투자 노하우가 구축된 전문가, 재테크 방면에서 일하는 전문직업인)	일반투자자(투자 노하우가 부족한 초보, 본업에 전념하며 수익 올리려는 일반인)
투자지식	경제변수와 각종 경제지표, 트렌드, 투자상품 구조의 분석·파악 시 전문가 수준의 지식 필요	경제 전반에 대한 일반적이면서 개괄적인 지식과 투자상품별 내용 이해 및 투자수익률 분석 필요

펀드 유형 및 성격과 운용 방법 정확히 파악

우리 속담에 '길이 아니면 가지를 말라'라는 말이 있다. 이는 어떤 일을 할 때 자신의 정체성을 지켜나가면서 확고한 목적의식을 가지라는 경구이다. 이를 재테크에 빗대면 투자목적을 분명히 하고 그다음 재테크의 길로 들어서야 한다는 것이다. 또한 펀드를 가입하면서 그에 대한 기초 상식도 모른다면 아예 가입하지 않는 것이 더 낫다는 것과 일맥상통한다.

따라서 간접투자상품인 펀드를 매입하여 고수익을 올리려면 먼저 펀드가 무엇인지 그에 대한 개념정립부터 확실히 한 다음 투자의 길로 들어서야 한다. 그래야만 실수를 안 하고 투자 리스크도 줄여나가면서 자신이 목적한 자금 마련에 올인해 나갈 수 있다.

펀드의 유형 및 세부적인 종류와 특징 파악하기

펀드(Fund)는 주식이나 채권, 파생상품(Financial Derivatives: 채권, 주식, 유가증권 거래 등 현물을 응용하여 다양하게 만들어진 선물, 옵션 하이브리드형 채권, 레버리지 채권 등의 간접투자상품) 등 유가증권에 투자하기 위해 조성되는 실적배당형 성격의 투자자금으로 일정 규모 이상의 자금 운용단위를 말한다. 펀드의 특징은 여러 유형의 기초자산을 담아 안정적으로 운용한 후 발생한 수익을 투자자들에게 돌려주는 간접투자상품이다. 투자자 입장에서 본 펀드의 가장 큰 매력은 무려 15,000여 개나 되는 다양한 상품 중에서 자기 투자목적에 알맞은 상품을 선택하여 시장수익률(Market Return)을 상회하는 고수익을 올릴 수 있다는 점이다.

펀드는 투자기관의 법률적 조직형태에 따라 수익증권(계약형)과 뮤추얼펀드(회사형)로 구분되는데 펀드의 유형 및 종류는 분류방법에 따라 매우 다양하다. 펀드 종류 및 유형별 세부 분류기준은 펀드 평가사마다 조금씩 다르므로 가장 일반적인 분류방법을 알아본다.

펀드는 크게 공모펀드와 사모펀드로 분류된다. 공모펀드(Public offering Fund)는 불특정 다수(자본시장법상 50인 이상)의 투자자들로부터 공개적으로 자금을 모으는 펀드를 말하고, 사모펀드(Private Placement Fund)는 특정한 소수 투자자들에게 비공개적으로 자금을 모아 운영하는 펀드를 말한다. 펀드운용 시 공모펀드는 금융 당국의 엄격한

규제를 적용받지만 사모펀드는 사적 계약형태여서 상대적으로 완화된 제약사항과 의무사항을 적용받아 자유로운 운용전략을 취할 수 있다. 또 공모펀드에 비해 고수익·고위험을 추구하는 불확실성이 높은 펀드이다.

펀드 유형은 크게 공사채형펀드와 주식형펀드로 분류된다. 공사채형펀드는 펀드투자할 때 투자자금을 예치해 둘 수 있는 투자 기간에 따라 MMF(Money Market Fund)형, 단기형, 중장기형, 분리과세형 등으로 구분한다. 주식형펀드는 해당 펀드 약관상의 주식편입비율에 따라 안정형, 안정성장형, 성장형, 자산배분형, 파생상품형 등으로 구분한다.

또한 투자대상에 따라 주식형펀드, 주식혼합형펀드, 채권형펀드, 전환형펀드(카멜레온펀드) 등 증권펀드와 MMF 등 현금성자산펀드, 재간접펀드 그리고 동산펀드, 부동산펀드 등 실물자산펀드 등으로 구분된다.

그리고 펀드 규모의 추가설정 여부에 따라서는 ① 언제든지 추가로 투자 규모를 늘릴 수 있는 추가형펀드, ② 맨 처음부터 약정된 금액만 투자하는 단위형펀드로 구분된다. 추가형펀드는 경제적 활동기에 있는 투자자들이 자산증가에 비례하여 투자하기 적당한 개방형상품이고, 단위형펀드는 가계 금융자산을 계획적으로 빠듯하게 운용하는 사람들에게 적당한 폐쇄형펀드이다.

투자방식에 따라서는 ① 매월 정기적으로 일정액을 불입하는 적립식펀드, ② 가입할 때 한꺼번에 목돈을 투자하는 거치식펀드로 나눈다. 펀드의 환매 가능 여부에 따라서는 ① 중도환매가 가능한 개방형펀드, ② 일단 가입하면 만기까지 유지해야 하는 폐쇄형펀드로 구분한다. 이밖에 펀드자금 모집 방법에 따라 공모펀드와 사모펀드로, 투자지역에 따라 국내펀드와 해외펀드로 구분할 수 있다.

이처럼 펀드 유형과 종류가 매우 다양하므로 맨 처음 펀드를 가입할 때는 자신의 투자 성향과 투자목적을 정확히 따져본 다음 신중히 선택해야 한다.

주식 배분비율에 따른 펀드 유형별 분류방법

펀드상품의 유형은 주식이나 채권, 실물자산 등 투자하는 기초자산이 무엇이고 또 그 비중에서 어떤 투자자산이 더 큰가에 따라 결정된다. 예를 들어 주식에 간접투자하는 경우 주식배분비율에 의거하여 자산운용협회에서는 주식비중이 자산의 최소 60% 이상이면 주식형펀드, 채권비중이 최소 60%를 넘으면 채권형펀드, 주식 또는 채권에 각각 60% 미만으로 투자하는 상품이면 혼합형펀드로 분류한다. 하지만 세부 분류기준은 운용회사마다 약간씩 다르므로 가입하기 전에 자신이 가입하고자 하는 펀드의 주식 비중이 얼마나 되는지 정확히 살펴봐야 한다.

그럼 각 펀드상품의 특징을 좀더 구체적으로 알아보자. 먼저 주식형펀드는 주식에 투자하는 공격 지향적 펀드로 국내주식형펀드와 해외주식형펀드 2가지 유형이 있다. 주로 펀드자산의 60% 이상을 주식 및 주식 관련 파생상품에 투자하여 높은 위험을 감수하고 고수익을 추구하는 펀드로 가장 적극적이고 공격지향적인 투자 성향을 가진 투자자에게 적합하다. 주식형펀드는 주가 변화를 고려해 볼 때 코스트 애버리징 효과를 극대화하고자 한다면 최소한 3년 이상 중기적으로 투자하는 것이 바람직하다. 주식형펀드를 가입할 때는 먼저 자산배분 전략상 주식과 채권의 투자 비중을 결정한 다음 구체적으로 어떠한 유형을 선택할지 판단한다.

채권형펀드는 국공채, 회사채 등 선물옵션에 투자하는 펀드로 투자 성향이 보수적인 사람들이 투자하기 적합한 안정지향적 펀드이다. 채권형펀드는 주식에는 전혀 투자하지 않고 채권 등에 투자하는 펀드이다. 채권 투자 기간은 주로 3개월 이상 6개월 이하의 단기채권형펀드, 6개월 이상에서 1년 미만으로 운용하는 중기채권형펀드, 1년 이상 운용하는 장기채권형펀드로 구분된다. 투자 시 기대수익률(expected rate of return)은 정기예금 이상의 수익률을 목표로 하므로 목돈을 투자하여 주로 3년 이내에 단기자금을 마련하려고 할 때 적합하다. 채권의 신용도 및 잔존만기를 반드시 확인한 후 매입해야 한다.

혼합형펀드는 주식과 채권을 효율적으로 배분하여 주식의 수익성과 채권의 안정성을 동시에 추구하는 중립적인 투자 성향을 나타내는 펀드를 말한다.

혼합형펀드의 유형은 주식편입비율에 따라 크게 ① 약관상 주식에 50% 이상 투자함으로써 주식투자 비중이 높은 주식혼합형, ② 약관상 주식에 50% 미만 투자함으로써 일반적으로 채권투자 비중이 높은 채권혼합형, ③ 주식과 채권 이외의 파생상품 또는 장외옵션 등과 결합해 운용하는 기타혼합형 3가지로 구분한다. 상품 유형은 ELS펀드, 원금보존추구형 펀드 등 매우 다양하다. 혼합형펀드는 펀드 하나로 주식과 채권에 분산투자함으로써 주식형펀드보다는 안정성을 추구하고, 채권형펀드보다는 더 높은 수익을 올릴 수 있다는 장점이 있다.

혼합형펀드는 채권투자수익률에 만족하지 못하거나 주식과 채권에 분산투자하기 어려운 투자자, 중립적 성향의 투자자들에게 적합한 상품이다.

이와 같이 주식배분비율에 따라 펀드유형이 결정되므로 주가가 상승국면일 때는 주식형펀드의 수익률이 채권형펀드보다 더 높다. 반대로 주가가 하락하는 약세장에서는 채권형펀드 쪽의 수익률이 상대적으로 높으므로 시장 상황에 따라 펀드운용전략을 잘 짜야 한다.

현금성자산펀드는 단기 유동성자금을 운용하는 데 가장 경쟁력이 있는 펀드상품인 MMF 등 언제든 현금화할 수 있는 유동성펀드를 말한다. MMF는 가장 대표적인 단기투자상품으로 입출금이 자유롭고 단기채권과 콜론(Call Loan), CP(Commercial Paper: 기업어음), CD(Certificate of Deposit: 양도성예금증서) 등의 현금성 단기자산에 투자하므로 초단기 자금운용에 적합하여 간접투자상품 중 단기 유동성 자금을 운용하는 데 가장 경쟁력 있는 펀드상품이다. 투자 기간이나 금액에 제한이 없으며 은행의 보통예금처럼 자유롭게 입출금이 가능하고 하루만 맡겨도 이자가 지급되므로 은행의 보통예금보다 수익률이 높아 단기 여유자금 운용에 적합하다.

실물자산펀드는 에너지·비철금속·농산물 등 원자재 선물로 구성된, 실제로 존재하는 자산에 투자하는 특수펀드를 말한다. 이는 선박펀드, 부동산펀드, 금펀드, 인프라펀드, 원유펀드, 에너지펀드, 동산펀드, 농수산물펀드 등 종류가 매우 다양하다. 실물자산펀드는 주로 틈새시장을 공략하는 상품으로 펀드상품 중 금리 변동이나 주가 향방에 가장 타격을 적게 받아 수익률이 비교적 안정적이라 할 수 있다. 단, 투자정보가 일반화되어 있지 않고 매우 한정적이라서 자칫 근시안적으로 투자할 가능성도 있으므로 세밀히 관찰한 다음 신뢰성 있는 펀드상품을 잘 골라 가입해야 한다.

주식형펀드와 채권형펀드, 혼합형펀드, 현금성자산펀드는 모두 무형의 자산에 투자하는 반면 실물자산펀드는 실물자산에 직접투자를 한다는 차이점이 있다.

변액보험은 특별계정을 통해 펀드를 운영하며 상품구조와 조립

방법에 따라 변액유니버설보험, 변액연금보험, 변액종신보험 등으로 구분된다. 그리고 이들 상품별 세부 운용 방법에 따라 내부에 다양한 펀드종목이 별도로 설정되어 있다.

적립식펀드 투자의 진짜 묘미

펀드에 투자하는 방식은 크게 ① 가입 시 한꺼번에 목돈을 투자하는 방식인 거치식투자 방법과 ② 적금을 불입하듯 매월 일정액을 일정 기간 납입하는 방식인 적립식투자 방법 2가지로 구분된다.

적립식펀드는 목돈을 한꺼번에 일시금으로 넣는 대신 ②와 같이 매달 일정액을 적금하듯 투자하는 방식이라 누구나 부담 없이 투자할 수 있어 편리한 실적배당형의 중장기 재테크 상품이다. 자신의 재무목표에 입각해 일정 시기 필요한 자금을 마련하기 위해 펀드(수익증권)를 목돈으로 한꺼번에 매입하지 않고 은행적금처럼 매달 일정액을 납입해 주식과 채권에 투자(펀드매입)하고 운용실적에 따라 수익이 정해지는 간접투자상품이다.

적립식펀드는 정기적립식으로 펀드투자를 하는 정액분할투자방식의 재테크 기법으로 가장 많은 사람이 선호하는 투자 방법이다.

투자원칙 3요소에 가장 적합한 적립식펀드

펀드는 효율적인 투자원칙의 3요소인 ① 장기가치투자, ② 분산투자, ③ 적립식투자에 가장 적합한 상품이다. 적립식펀드는 투자원칙의 3요소를 모두 갖춘 상품이다. 적립식펀드 투자의 가장 큰 장점은 매월 정기적으로 매입하는 펀드매입비용에 대한 분산투자 효과(Diversification Effect)인데 이는 기본적으로 장기투자를 전제로 가입해야 투자 리스크가 상쇄되어 투자수익률을 제고할 수 있다. 적립식투자는 주가가 떨어져 평균매입단가가 떨어지면 거치식투자보다 더 높은 수익을 올릴 수 있다.

현금이 600만 원 있는데 주식에 투자하기로 하고 거치식으로 몰빵투자를 해서 주식을 샀다. 이때 A주식이 4월에는 주당 10,000원으로 마감하고, 5월에는 12,000원, 6월에는 8,000원, 7월에는 9,000원, 8월에는 11,000원, 9월에는 10,000원에 마감했다고 하자.

A주식을 4월에 한꺼번에 600만 원어치 다 샀다면 총매입 주식수는 600주이다. 따라서 9월 말 현재 주식을 매매했을 경우 받을 수 있는 돈은 600만 원, 즉 원금만 받는다. 물론 수수료는 제외하고 말이다.

반면 A주식을 매월 100만 원씩 나누어 샀다면 4월에는 100주, 5월에는 83.3주, 6월에는 125주, 7월에는 111.1주, 8월에는 90.9주, 9월에는 100주를 샀을 것이다. 이 경우 매입한 A주식은 총

610.3주가 된다.

이를 현재 주식가격인 주당 10,000원으로 매매한다면 6,103,000원을 받게 된다. 한꺼번에 주식을 샀을 경우보다 103,000원을 더 받는다. 더구나 매월 투자했으므로 맨 처음 600만 원을 은행에 예치했다면 매월 이에 따른 기회비용(Opportunity Cost)이 발생하여 이자도 더 붙었을 것이다.

코스트 애버리징 효과로 펀드보유좌수 증가

적립식펀드 투자는 펀드의 기준가격이 하락할수록 펀드 매입좌수가 증가하고, 기준가격이 상승할수록 매입좌수가 줄어들게 되는 일석이조의 효과를 가져온다.

가격하락 시에는 매입좌수가 늘어나 전체적으로 펀드의 평균매입단가를 낮추는 효과(매입비용 평균화 효과)가 생기는데 이를 CAE 효과, 즉 코스트 애버리징 효과(Cost Averaging Effect)라 한다. 적립식펀드의 묘미는 바로 매입비용 평균화 효과에 있다고 할 수 있는데 이것이 거치식투자와 비교되는 가장 큰 이점이다.

코스트 애버리징 기법(Cost Averaging Technique)

코스트 애버리징 기법은 주식을 한꺼번에 사지 않고 일정 기간마다 일정한 금액씩 나누어 사는 정기분할 매수방법으로, 이로 인한 발생 효과를 펀드매입비용 평균화 효과라고 한다. 적립식펀드는 펀드보유좌수와 펀드기준가에 따라 평가금액이 결정되는데 펀드기준가는 장기적으로 운용해 나가야 안정지향적인 상승을 가져올 수 있고, 펀드보유좌수는 코스트 애버리징 효과로 증가하게 된다. 적립식펀드는 코스트 애버리징 기법으로 운용되는 재테크 효자 품목이다.

적립식펀드에 투자하면 좋은 10가지 이유

1. 최적의 포트폴리오로 고수익 상품 중 가장 안전하다

고수익을 실현하는 방법 중 첫째는 본인이 직접 실물자산에 투자하는 부동산(또는 동산)과 유가증권에 투자하는 주식이 있다. 그러나 부동산은 보유세 강화로 실질이익 규모가 점점 줄어들고 있고, 직접 주식투자는 지속적인 성공 확률을 보이기 어렵다. 비전문가는 전문가에게 일임하여 좀더 안전하면서도 고수익을 올리는 길을 찾는 것이 최상책이다.

적립식펀드는 고수익 상품 중 일반투자자가 리스크를 감내하면서 투자하여 안정된 수익을 올리기에 안성맞춤인 상품이다. 적립식으로 운용되는 펀드상품은 운용 펀드마다 보유주식 종목 수가 최우량 종목으로만 짜여 있다. 주식시장의 가변성과 변동성에도 능히 대처하도록 최적의 포트폴리오로 구성되므로 고수익을 올리는 데 화수분 역할을 한다. 특히 적립식펀드는 각종 변수가 많은 변동성 증시에 더욱 효과를 발휘한다.

2. 적은 금액으로 누구나 언제든 투자가 가능하다

대부분 투자형 금융상품은 상당한 투자금이 있어야 거래가 가능하다. 반면 적립식펀드는 수입의 일부를 쪼개 시차를 두면서 투자해 나갈 수 있어 정기적립식으로 운영되는 소액분할매수 투자 방법이다. 적립식투자의 묘미는 누구나 언제든지 소자본으로도 매월 또는 분기 단위로 여유 있게 장기간 정액투자를 해서 좀더 높은 수익을 올릴 수 있다는 데 있다.

주식은 최소 거래 단위가 10주 이상 필요하지만 적립식펀드는 대부분 최소 가입 단위가 10만 원 등으로 낮게 책정되어 있어 자유롭게 이용할 수 있으므로 가계재정에 그리 큰 부담이 되지 않는다. 주식에 대한 전문지식이 없거나 주가변동 추이에 아예 신경 쓰기 싫다면 안전하게 적립식펀드를 선택해 가입하는 것이 가장 현명한 재산형성 방법이자 재테크이다.

3. 간접투자와 직접투자의 묘미를 동시에 만끽한다

일반인에게 적립식펀드가 재테크로 적합한 이유는 바쁜 일상에서 매월 소액으로도 얼마든지 값비싼 고가주에 투자할 수 있기 때문이다. 한 주에 몇십만 원이 넘는 우량주를 개인이 만 원을 가지고 사는 일은 도저히 불가능하지만, 펀드를 통해서는 만 원 이하 단위로도 얼마든지 투자할 수 있다.

펀드는 장기투자상품의 성격상 매입보유전략(Buy&Hold Strategy)이 가능하다. 펀드투자 이후 추가 납입과 약관대출제도(변액보험의 경우)를 유효 적절히 활용해 직접투자의 묘미를 만끽하면서 동시에 투자수익도 올릴 수 있다. 또 여유가 있을 때 언제나 얼마든 추가 납입이 가능(추가형펀드)하다. 이는 주가하락 시 그 효과를 더욱 높일 수 있는 무기가 된다.

4. 펀드매입비용 평균화로 시너지 효과가 창출된다

적립식펀드 투자를 하면 코스트 애버리징 효과를 누릴 수 있다. 주가가 비쌀 때(오를 때)는 소량을 사고, 주가가 쌀 때(떨어질 때)는 많이 사서 평균매입단가가 낮아지는 효과가 있다. 펀드투자 시 제반 시장 트렌드상 투자 시점을 정확하게 포착하기 곤란할 경우 총투자자금을 일정 기간 분산하여 투자하면 펀드기준가의 등락폭을 평균화하는 효과를 가져옴으로써 투자 리스크를 줄여 더 좋은 수익 효과를 얻을 수 있다.

일반투자자는 코스트 애버리징 효과가 있는 정기적립식-정액적립식 투자 방법이 가장 바람직하다.

정기적립식 - 정액적립식 투자 방법

적립식펀드는 납입 시기에 따라 매월 날짜를 정하는 정기적립식과 투자자의 판단으로 납입 시기를 결정해 매월 아무 때나 투자하는 임의적립식, 그리고 투자금액에 따라 일정 금액을 정한 후 투자하는 정액적립식과 투자금액을 임의로 정하는 자유적립식으로 나뉜다.

5. 분산투자로 위험을 미리 관리할 수 있다

펀드투자의 정석은 리스크 헤지를 위한 분산투자 효과에 있다. 적립식펀드에는 투자 시점을 분산하여 마켓타이밍(Market Timing)의 위험을 효과적으로 줄여주는 리스크 헤지(Risk Hedge) 기능이 있다. 매월 적절히 분산한 펀드 포트폴리오를 구성해 펀드기준가 변동성에 따른 위험을 최소화하고 수익을 극대화할 수 있다.

분산투자는 투자자금을 위험관리 차원에서 ① 다양한 기초자산에 투자하는 대상에 의한 분산투자와 ② 목표를 가지고 여러 번 나눠 투자하는 시간에 의한 분산투자 2가지로 구분한다.

적립식펀드 투자는 기본적으로 다양한 종목을 편입해 대상에 의한 분산투자와 시간에 의한 분산투자가 동시에 이루어지므로 직접투자방식보다 상대적으로 리스크 헤지가 가능하다. 주가가 오르거나 내리거나에 상관없이 매월 같은 날짜에 같은 금액을 매입하므로 주가가 낮을 때는 많이 사게 되고, 주가가 높을 때는 적게 사게 되어 평균매입단가가 낮아지는 효과가 생긴다. 투자 시기가 분산되므로 주가등락에 따른 위험을 사전에 줄일 수 있다.

6. 저금리 시대, 목적자금을 적기에 마련할 수 있다

요즘 같은 저금리 시대에 목돈을 적기에 마련하여 재산을 형성하려면 펀드에 가입하는 것이 가장 바람직하다. 중장기적으로 목적자금에 대한 Cash Value(펀드 평가금액 또는 해약환급금의 가치)가 안정적으로 증가해 적기에 목적자금 마련이 가능하기 때문이다. 펀드상품의 내부 구조가 투자수익에 따라 평가금액(적립금)이 상승하는 시스템이므로 정해진 시드머니의 미래가치 하락을 헤지하는 효과가 있어 중장기 투자 시 인플레 극복 수단으로 적합하다.

또한 적립식펀드는 그 종류가 매우 다양하다. 투자 기간도 다양하고 종목도 다양하다. 종류가 다양한 만큼 투자목적과 성향에 따라 다양한 상품을 취사선택할 수 있다. 특히 자녀교육자금 또는 주택마련자금이나 노후생활자금과 같이 장기간 적립해야 목돈을 마련할 수 있을 경우 적립식펀드 투자를 하는 것이 바람직하다.

7. 100세 노테크시대 중장기 투자로 가장 적합하다

경제불황과 집값 상승으로 내 집 마련도 빠듯한 시대이다. 노후 역시 자기책임인 시대에 일반인이 현재의 수입만으로 내 집을 마련하면서 노후에 대비한 은퇴자산까지 확실하게 준비해 나가기는 쉽지 않은 여건이다. 저금리시대에 안정성 있는 은행상품에 가입할 경우라도 명목이자율에서 이자소득세를 공제한 세후 이자율만으로는 물가상승률을 제하고 난 이후의 추가수익률이 크지 않으므로 장기목적자금을 마련하기 위해서는 기대수익률이 더 높은 실적배당형의 투자상품을 선택해 가입해야 한다.

미국인들이 적립식펀드와 변액보험을 노후대책 수단의 하나로 여기는 것은 다른 금융상품보다 듀레이션(Duration: 원금을 회수하는 평균기간)이 짧기 때문이다. 그래서 골드만 삭스(Goldman Sachs), 메릴린치(Merrill Lynch), 피델리티(Fidelity) 등 미국 대형 투자은행들은 운용자산 중 상당수를 적립식펀드로 운용한다. 장기투자일수록 안정적인 수익을 창출해 줄 가능성이 높기 때문이다. 물론 주식투자 상품이기 때문에 주가 등락 위험이 있고 펀드기준가에 변동성이 많을 수 있지만, 적립식펀드 고유의 구조적 특성 때문에 장기적으로는 안정수익을 바라볼 수 있도록 설계되어 올바른 투자의 길을 간다면 기대수익률에 근접하는 수익을 창출할 수 있다.

지금은 대내외 여건의 불확실성 등으로 경제성장 경로의 하방위험이 상존하면서 증시가 조정 양상을 보이지만 경제 펀더멘털을 고려할 때 장기적으로는 견고한 회복세를 보일 것으로 전망되므로 주가가 상승 모멘텀으로 작용할 가능성이 높다는 것이 전문가들의 진단이다. 따라서 적립식펀드는 저성장·저금리·100세 장수시대에 노후준비 수단으로 최적의 금융상품이다. 장기 재테크 플랜을 수립하여 노테크 터닝포인트를 적립식펀드로 삼는 것이 현명한 투자 방법이다.

8. 펀드 주체 간 견제와 균형이 잘되어 있다

간접투자상품은 금융기관 간에 상호 감시와 균형이 조화를 이루어 어느 한쪽 이익에만 치우치지 않는 중립적인 상품이다. 투자자는 물론 이를 판매하는 판매회사와 펀드를 운용하는 자산운용회사, 펀드를 관리하는 수탁회사, 펀드운용 결과를 평가하는 평가회사, 펀드 관련 업무를 관장하는 사무관리회사 등 자산형성과 관리를 담당하는 펀드운용 시스템의 연결고리가 성좌형으로 뻗쳐 있어 상호 견제와 균형이 조화롭기 때문에 중장기적으로 고수익을 올릴 수 있는 재테크 수단으로 손색이 없다.

9. 절세 효과로 재테크 파이가 더 커진다

재테크 시 중요한 변수는 세금 과세 문제이다. 펀드 구조와 종목, 운용 스타일이 비슷할 경우 재테크 파이의 크기를 좌우하는 결정적 변수는 바로 펀드 수익분에 대한 과세 여부이다. 적립식펀드나 변액보험은 중장기 투자상품이므로 환매 시점에서 목적자금 규모가 커서 금융소득종합과세를 안 따질 수 없다. 적립식펀드는 주식매매차익에 완전비과세혜택이 주어진다. 변액보험은 10년 이상 유지 시 완전비과세혜택이 주어진다. 두 상품 모두 중장기 목적자금 마련 시점에서 금융소득의 종합과세 부담을 줄임은 물론 실질적인 수익을 그만큼 더 챙길 수 있다는 점이 매우 큰 메리트이다.

10. 펀드 내재가치를 장기적으로 극대화해 준다

적립식펀드 투자는 펀드의 내재가치를 극대화하는 장점도 있다. 내재가치투자는 시장가격의 움직임과 역으로 투자하는 것으로 주가나 채권가격이 낮아질수록 펀드의 매입좌수를 늘리고, 높아질수록 매입좌수를 줄이는 물타기 투자 방법이다. 적립식펀드는 가격이 쌀 때 많이 매입하고 가격이 비싸지면 적게 매입하는 가치투자 기법으로 일반적인 주식투자방식에 이용되는 순행투자(Momentum Investing) 방식이 아닌 역행투자(Contrarian Investing) 방식에 가깝다. 대부분 투자자들은 주가가 떨어지면 지나치게 비관적이다. 반대로 주가가 오르면 너무 낙관적으로 반응하다가 매매수수료나 물고 결과적으로 손해를 보곤 하는데 적립식펀드는 바로 이런 리스크를 줄여주는 최선의 장기투자기법이다. 투자 기간이 길어질수록 안정적인 고수익 실현이 가능해진다.

역행투자와 순행투자의 비교

구분	역행투자	순행투자
투자자세	공격적(가격하락 시에도 매수)	보수적(가격이 올라야 매수)
투자성향	위험중립형	위험회피형
가격예측 자세	가격변화 예측 불가능	가격의 저점과 고점 예측 가능
투자 기간	장기간(최소 3년 이상)	단기간(수개월 또는 1년 이하)
투자상품 선택 방법	공격적인 주식형펀드 선호	보수적인 혼합형펀드, 채권형펀드, 원금보장형펀드 선호
대표적인 상품	모든 추가형펀드	단기투자펀드, 원금보장, 배당주 상품 등

전 세계 펀드 성공 투자자들의 5가지 공통점

1. 분산투자와 장기가치투자를 한다

노벨경제학상을 수상한 미국의 경제학자 로버트 제임스 실러(Robert James Shiller)는 "주식은 분산투자가 원칙이므로 주식뿐만 아니라 채권과 파생상품 등으로 다변화해야 한다"고 말했고, 주식투자의 황제라 불리는 워런 버핏(Warren Buffett)도 "모든 달걀을 한 바구니에 담지 말고 분산하라"고 말했다.

워런 버핏, 월터 슐로스, 필립 캐럿, 피터 린치, 존 네프, 마이클 프라이스, 맥스 하인, 조지 소로스 등 펀드투자로 성공한 세계 최고 사업가들의 공통점은 분산투자와 장기가치투자를 했다는 것이다. 펀드는 여기에 적립식투자를 덧붙인다.

적립식펀드로 투자수익률(ROI, Return On Investment)을 안정되게 올리려면 장기가치투자가 이루어져야 한다. 단기간 수익률에 일희일비하지 말고 물고기가 입질할 때까지 기다리는 강태공처럼 시드머니(Seed Money)를 불려 나가 목적자금을 마련할 때까지 잘 살펴보는 슬기와 도량을 가져야 한다. 확실한 목적의식과 긴 안목을 갖고 꼼꼼한 분석과 냉철한 판단으로 추진해 나가야 한다. 이 경우 펀드에 대한 복합적인 분석과 이해가 선행되어야 한다. 금융상품은 투자한 시간의 가치와 돈의 가치, 공들인 노력의 가치 등 삼박자가 맞아 시너지를 발휘해야만 고수익을 올릴 수 있다.

2. 펀드 지식이 해박하고 꼼꼼히 분석한다

미국 월스트리트 역사상 가장 위대한 투자자로 일컬어지는 제시 리버모어(Jesse Livermore)가 "투자 성공을 위해서는 반드시 투자 내공을 쌓아 직감력을 길러야 한다"고 말했듯 펀드투자로 성공하려면 먼저 펀드 지식을 익혀 펀드 내공을 쌓아야 한다.

펀드투자에 실패하는 사람들의 공통점은 바로 간접투자상품에 대한 지식 및 이해 부족과 함께 가입할 때 꼼꼼히 따져보지 않고 판매사가 설명해 주는 대로 수익이 많이 날 것 같다고 지레짐작하면서 대충 가입한다는 사실이다. 그러나 성공투자자들은 모르면 대충 넘어가지 않고 꼬치꼬치 캐물어 완전히 이해하고 난 다음 가입한다.

워런 버핏은 "투자는 배움과 같다. 글로 써보는 것만큼 자신의 사고를 바로잡는 방법도 없다"고 말했다. 펀드운용 상황, 펀드 유형, 펀드 규모, 운용 성과(수익률), 운용전문인력 현황, 운용 옵션 등 가입하고자 하는 펀드상품의 질과 운용사의 전반적인 운용 성과 등을 종합적으로 꼼꼼히 체크한 다음 신중하게 선택하는 것이 바람직하다.

3. 성공할 수 있다는 자기확신을 갖고 있다

펀드투자의 대부로 추앙받는 세계적인 투자의 귀재 앙드레 코스톨라니(Andre Kostolany)가 "훌륭한 투자자가 되려면 지식, 열정, 냉철함, 직관력, 인내심을 갖춰라. 그런 후 확신을 갖고 가능성을 충분히 예견할 수 있을 경우에만 사라"고 말했듯이, 펀드투자 성공의 열쇠는 무엇보다 펀드인프라를 구축한 이후 자기확신을 갖는 것이라고 성공투자자들은 갈파한다. 여기서 '확신'은 사전에 펀드투자에 대해 학습해서 얻은 자신감이지 노력도 하지 않고 단지 과욕만 앞서는 자만이 아니다. 자만심에 사로잡힌 투자는 절대 금물이다.

4. 리스크 관리를 최우선으로 한다

펀드투자에 성공한 사람들의 공통점은 고위험·고수익 상품이라고 무조건 선호하지 않는다는 것이다. 고위험 상품을 구매할 때는 리스크 관리를 최우선으로 고려하여 배팅하듯 하지 말고 꼼꼼히 살펴본다. 투자 리스크가 어느 때 발생하는지 예의 주시하면서 체크한 다음 자신이 리스크를 충분히 감당할 수 있다고 판단되었을 때만 투자하고 수익률을 따진다. 판매직원의 권유에 덜컥 가입하는 일은 없으며 펀드 하나에 가입하더라도 펀드 간 수익률 편차가 적은 운용사인지, 운용 규모가 어느 정도인지, 펀드매니저는 누구인지, 신탁보수는 몇 퍼센트인지, 가입 시기가 적절한지 등을 점검한다.

펀드를 선택할 때는 성공투자자들의 자세를 본받아 투자위험의 진폭을 미리 알고 수익률 제고에 걸림돌로 작용하는 위험요소를 파악하면서 사전에 위험관리지표를 통해 이에 대처해 나가는 관리기술이 필요하다. 리스크가 발생할 경우 우왕좌왕하지 말고 슬기롭게 대처해 나가는 지혜를 발휘한다. "투자자는 팔면서 돈을 버는 것이 아니라 사면서 돈을 번다. 투자란 처음부터 고정적인 수익을 보장하는 것이어야 한다"는 경제 문학가 보도 섀퍼의 말을 새겨들을 필요가 있다.

5. 결정은 신중히, 선택은 과감히 한다

돈을 많이 버는 사람들의 공통점은 시작과 끝맺음을 매우 중시한다는 것이다. 시작은 햄릿 형식으로 여기저기 자로 재보면서 매우 신중히 투자대상을 물색하고, 일단 마음에 들었다면 돈키호테 형식으로 과감하게 결정해 선택한다는 것인데, 이는 부자로 성공반열에 오른 사람들의 공통된 투자방식이다.

펀드를 선택할 때도 평소 자료를 수집해 나가면서 꼼꼼하게 여기저기 살펴보고 난 후 자신이 목표한 자금마련 계획과 부합되는 상품이라면 결단을 내리고 이후에는 스스로 책임을 지고 관리해 나가는 행동력이 필요하다. 펀드투자로 성공한 사람들의 투자방식에 빙의하여 신속하게 결정을 내리고 난 다음에는 자신이 결정한 대로 펀드가 잘 운용되고 기대수익이 형성되어 가는지 지속적으로 관찰하고 노력해야 한다.

자산운용은 전문가에게 일임하라

지금은 자급자족의 농경시대가 아니라 모든 것이 분업화·전업화·전문화되는 시대이다. 부업인 재테크에 지나치게 신경 쓰면서 주식과 부동산에 직접투자할 작정으로 나가면 본업에 충실할 수 없다. 부업인 재테크에 시간을 빼앗기면 자연히 본업에는 소홀히 하는 경향이 많아져 일의 효율성이 떨어지고, 능력 발휘가 안 되어 일터에서 성공의 걸림돌로 작용할 수 있다.

남들이 장사하여 많은 이익을 거둔다고 해서 군중심리로 호기심에 '나도 한번 해봐야지!' 하고 막연하게 생각하며 무작정 뛰어들었다가는 낭패를 보기 십상이다. 그 분야에 한해서는 그 사람은 전문가이지만 당신은 비전문가이기 때문이다. 따라서 부업은 전문가한테 맡기고 자신은 본업에 충실을 기하는 것이 가장 실속 있고 지혜로운 삶의 방식이다.

재테크 또한 이와 마찬가지 원리이다. 자신이 직접 투자해서 이익을 더 많이 남겨보겠다고 또는 수수료가 아까워 스스로 투자의 길로 나서려고 하면 자칫 상투만 잡아 소탐대실할 수 있다. 그만큼 위험부담이 크고 상대적으로 실패할 확률이 더 높아지게 된다. 양도소득세와 부동산종합소득세가 만만치 않은 요즘의 부동산투자에서도 진짜 고수들은 본인이 직접 나서지 않는다. 전문가의 고견을 듣고 아는 부동산에 직접 찾아가 자문하면서 하자 없고 실속 있게 보이는 부동산을 구매한다.

주식 또한 일반인이 직접 투자하는 시대는 서서히 지나가고 있다. 미국의 경우 펀드투자자들의 70%가 증권브로커나 독립적인 파이낸셜플래너(FP, FC, PB, 보험에이전트) 등 금융전문가들의 자문을 받아 펀드에 가입한다고 한다. 그만큼 펀드 선택 시 전문가의 투자자문이 중요하다. 전문가 시대에서는 전문가들에게 모든 것을 일임해야 자신이 하는 일에 더욱 전념하여 입지를 굳힐 수 있고 재테크에서 기대수익률도 더 올릴 수 있다. 전문적인 분석이 수반되지 않는 펀드변경은 오히려 가만히 두는 것보다 못할 수도 있다. 전문가가 꼭 필요한 가장 큰 이유가 바로 이것이다.

펀드 가입 후 경기 흐름을 이해하며 기다리는 동안 전체적인 포트폴리오를 구성하고 균형을 이루도록 상황에 맞게끔 담당자를 만나 지속적으로 조언을 받는 것이 수익률을 좀더 올리는 지름길이다. 투잡스 시대, 재테크 부업 시대, 본업과 세테크·재테크업의 완성형은 간접투자로 재테크 포트폴리오를 형성하는 것이다.

정액상품별 속성과 운용 특성을 파악하라

정액상품마다 수익구조 및 투자방식이 다르다

정액식 저축상품을 운용하는 금융사들의 고객자산 운용방식은 상품별로 목표 기간과 수익발생 구조가 달라서 근본적으로 모두 다르다. 은행적금(예금 포함)은 투자자의 자금을 은행이 빌린 대가로 그에 따른 약정이자를 지급하는 확정배당형 상품이고, 펀드는 투자대행업체가 투자자의 돈을 모아 유가증권과 실물자산에 투자해서 얻은 수익을 균등히 분배하는 실적배당형 상품이다.

은행상품은 고객이 저축한 돈이 은행의 기초자산으로 흡수되므로 이익의 발생 여부와 상관없이 고객과 약속한 금리에 따라 적립금액을 지급해 준다. 언제든지 내가 낸 돈을 급할 때 해지해 찾아도 원금에서 그리 큰 손해를 보지 않는다. 고수익보다는 원금보장을 하면서 안정적인 이자 지급을 위해 고객들의 저축자산에 대해

'Low Risk High Return'형의 보수적인 투자방식을 유지하고 있다.

펀드는 투자자의 자산이 판매사를 통해 수탁회사에 독립적으로 보관되고, 운영사는 단지 투자자를 대행해 펀드를 운용하여 얻은 수익 중 일부를 비용처리하고 나머지 수익금액은 모두 투자자들의 지분(분배율)에 따라 돌려주는 시스템으로 운영된다. 투자자들에게 더 높은 수익을 창출해 주기 위해 기본적으로 'High Risk High Return'형의 공격적인 투자방식을 취한다.

변액보험은 펀드와 보험의 성격을 동시에 가미했으므로 특별계정(Separate Account) 부분은 수익과 위험보장의 안정적인 실현을 위해 기본적으로 'Middle Risk Middle Return'형의 중도지향적 투자방식을 취하고 있다.

변액보험은 적립식펀드보다 장기적으로는 안정적

적립식펀드는 투자 리스크가 많이 따르는 대신 투자를 대행해 주는 까닭에 중도해지하면 기간에 따라 수익률 편차가 크다. 해지수수료와 신탁보수 등 손해도 감수해야 한다. 변액보험은 펀드로 운용되는 특별계정 부분인 ① 저축보험료뿐만 아니라 위험보장에 필요한 보험료인 ② 위험보험료와 보험사 경영에 필요한 보험료인 ③ 부가보험료, 다시 말해 사업비 등 세 가지 보험료 구성의 기초

요소가 반드시 필요충분조건으로 이루어져야만 상품으로서 효력이 발생한다.

가입자가 지불하는 보험료 전체가 펀드에 투자되지 않고 일부는 보험사고 발생 시 보험금 지급을 위한 재원으로, 나머지 일정 부분은 보험사 운영에 필요한 필수경비로 지출되고 난 다음 그 잔액이 펀드로 투입된다는 점이 적립식펀드와 다르다. 이렇게 정액저축 및 투자상품마다 운용방식과 상품구성 원리가 다르므로 같은 기간(10년 이하)을 운용할 경우 은행적금의 수익률이 제일 높게 되고 그다음이 적립식펀드와 변액보험이다.

변액보험은 상품구성 및 운용상 적립식펀드와 비슷한 펀드종목을 선택해 가입할 경우 일정 기간이 경과하기 전까지는 적립식펀드를 능가하는 수익률을 내기 어렵다. 그러나 10년 이상 유지할 경우 이자소득세에 대해 완전비과세혜택이 주어지고, 적립식펀드보다 후취수수료 규모가 작아 사업비 부분을 포함하더라도 약 13년 이상 경과하면 다른 돌출변수가 없는 한 적립식펀드보다 투자수익률이 더 높게 나타난다. 물론 적립식펀드 또한 주식매매차익에 대해서는 비과세혜택이 부여된다.

그러나 채권매매차익과 배당소득분에 대해서는 정상과세를 하므로 10년 이상 장기투자할 경우에는 적립식펀드보다 변액보험이 유리하다.

따라서 정액상품별 투자방식과 상품 운용 및 구성요소 등 상품의 속성을 잘 알고 난 다음 투자의 길로 들어서야 한다. 투자목적과 기간을 정확하게 정한 다음 그에 가장 적합한 상품을 골라 가입해야 투자에 성공할 수 있다.

적립식펀드와 변액보험 상품내용 종합 분석

간접투자상품의 양대 축인 적립식펀드와 변액보험에 대해 정확히 파악해야 단기·중기·장기 투자의 길을 구분할 수 있다. 변액보험과 적립식펀드는 간접투자상품의 쌍두마차이지만 도입 취지가 다르고 상품 특성 및 수익구조가 매우 달라 목적자금을 언제 어떤 용도로 어떻게 활용할지에 따라 신중히 취사선택해야 한다. 모두 코스트 애버리징 효과의 발생으로 인해 펀드매입비용을 평균화하면서 단가를 조금이라도 낮춰 투자위험을 제거하는 분산투자 기능이 있고 투자한 자금이 펀드로 운용되는 까닭에 Cash Value 유지, 비과세 수혜, 투자자 책임 귀책사유 등 공통점이 많다.

반면 상품 수익구조, 펀드운용방식, 합리적인 기대수익률, 목적자금 마련기간, 유동성 확보 방법, 가입 후 펀드 포트폴리오 조정 방법, 비과세 처리 방법, 펀드운용비용 차감 방법, 예금자보호법 적용 등 여러 면에서 많은 차이를 보인다.

적립식펀드와 변액보험의 특성 비교

구분	변액보험	적립식펀드	비고
취급기관	보험회사(은행)	증권, 은행, 투신, 보험사	판매(대행)사
펀드운용기관	전문 대행 운용사	전문 대행 운용사	
투자 방침	Middle Risk Middle Return 형의 안정보수 지향	High Risk High Return형의 공격 지향	채권형, MMF형 등은 동일
투자대상	주식투자 비율 60% 이하	주식투자 비율 60% 이상	
투자목적	장기목적자금 마련	중단기목적자금 마련	목표 기간 차이
기대수익률	연환산 약 8%	연환산 8~10%	장기투자 시
투자 선택폭	보험회사에서 정해진 펀드 내에서 선택	투자자 선택에 따라 다양한 펀드 선택 가능	펀드 종류 차이
투자 방법	전문가 대행 투자	전문가 대행 투자	펀드매니저
투자자 지위	보험계약자	수익자 또는 주주	
수익구조상 투자 적정기간	최소 10년 이상 (장기유지 시 유리)	3년 이상~10년 이내 (중단기 유지 시 유리)	상품별 수익구조가 다름
만기 개념	만기 없음 (해지 자유)	만기 있음 (중도환매 시 패널티 적용)	만기보다 환매 시점이 더 중요
가입증서	수익증권(수시 체크 가능)	보험증권 (수시 체크 불가능)	거래내역 변화 추이, 기재 여부 차이
펀드변경	매월 가능 (펀드별 이동 자유)	불가능 (엄브렐러펀드 제외)	보험사별 차이
자산운용옵션	매우 다양	자산운용옵션 없음	
운용비용 충당	부가보험료(사업비 선취)	운용수수료, 환매수수료 등	신탁보수는 동일
펀드 관련 비용	운용보수, 수탁보수, GMAB, GMDB, GPAB 등	판매보수, 운용보수, 수탁보수, 사무관리보수 등	신탁보수는 동일
펀드수수료	0.1~0.8%	0.50~1%	펀드 종류별, 판매 채널별 상이, 부정액 후취

구분	변액보험	적립식펀드	비고
투자 시 리스크	상시 존재 (가입 초기에 매우 심함)	상시 존재(변액보험보다 심하지만 사업비 없어 원금손실 폭 적음)	모두 투자자 책임 원칙 적용
직접투자 기능	매우 다양 (펀드변경, 약관대출, 보험료 추가 납입제도용)	제한적 기능 (월 납입금액 추가 납입)	변동성 시 리밸런싱 효과 차이
자금 중도인출	가능(수시 입출금 가능)	불가능(환매 시에만 가능)	정액식, 자유식
추가 납입	가능	가능	
지급보장	최저사망보험금 보장지급	없음	보험 혜택 유무
연금전환 기능	가능(연금전환특약 부가)	불가능	노테크 시 중요
발생위험	원금손실, 특별계정 폐쇄	원금손실, 펀드 청산, 합병	공통: 파산
중도해지 시 원금손실 여부	원금손실이 매우 큼	원금손실이 상대적으로 적음	
세제 적용 여부	10년 이상 유지 시 비과세 (10년 이내 해지 시 과세), 주식매도 시 증권거래세 부과, 매매수수료 부과	주식매매차익 비과세, 채권매매차익 과세, 배당소득 과세, 매매수수료 부과(증권거래세 제외)	증권거래세: 종목별로 거래금액의 0.08~0.43% 차등부과. 매매수수료: 거래금액의 약 0.1%
적용 법률	보험업법, 자본시장통합법	자본시장통합법	

적립식펀드와 변액보험의 장단점 비교

구분	변액보험	적립식펀드	비고(공통점)
장점	• 보험 혜택, 비과세혜택 • 최저보장보험금지급보장제도에 의해 5,000만 원까지 예금자보호, 자산운용옵션, 연금전환 등 부가서비스 다양 • 지속적 펀드 컨설팅 가능 • 펀드 후취수수료 부과 규모가 적립식펀드보다 작고 이자소득 비과세로 약 13년 이상 장기투자 시 수익률 역전 현상 발생 • 재테크와 생활안정테크 동시 실현 가능	• 펀드 종류 다양화로 가입자 선택 폭 큼 • 판매처 많아 비교 선택 용이 • 단기투자 시 적격(초기 신탁 보수비용 적게 발생) • 만기에 관계없이 단기간 내 유동성 확보 가능 • 중도환매 시 투자수익률 하락하지 않는 한 원금손실 없음 • 3년 이내 중도환매 시 변액보험보다 환급금액이 훨씬 많음	• 모두 미래가치 창출 가능 • 인플레 헤지 기능 있음 • 사후관리는 매우 중요 • 상품구성 및 수익구조가 서로 다르므로 장·중·단기 재테크 방법으로 구별하여 선택해야 함
단점	• 중도해지 시 큰 불이익(초기 사업비 발생 과다) • 자연보험료 적용으로 고연령 가입 시 수익률 저하 • 미유지 시 월대체보험료 계속 차감 • 사업비 부과로 가입 초기 해지 시 원금손실 발생, 조기 해지 시 적립금액과 해약환급금 간 차이 발생으로 환급금 저조 • 단기간 유동성 확보 곤란	• 펀드수수료 후취 규모가 큼(펀드수수료 부정액 후취 적용으로 기간경과 시 수익률 걸림돌) • 펀드선택권 제약으로 시장 변화 대처 곤란 • 펀드투자 원리금에 대한 예금자보호가 안 됨 • 자산운용옵션 기능 부재로 주가하락 시 펀드변동성 심할 경우 마땅한 위험회피 수단이 없음 • 펀드수수료 후취 적용·부과로 장기운용 시 걸림돌 작용	• 펀드수수료 후취 부과로 기간경과 시 비용지출금액 커짐 • 변액보험은 사업비 유지기간 동안 계속 공제, 자기책임원칙 적용 • 판매사·펀드운용사·펀드상품종목·관련 변수 등에 따라 수익차 발생

* 변액보험은 상품구성방식에 따라 크게 변액종신보험(Variable Life Insurance), 변액유니버설보험(Variable Universal Life Insurance), 변액연금보험(Variable Annuity), 변액CI보험(Variable Critical Illness Annuity) 등으로 구분된다.

변액보험과 적립식펀드
공통점 및 차이점 종합 분석

변액보험과 적립식펀드의 공통점 10TIPS

1. 전문지식과 투자시간이 부족한 일반인에게 목적자금의 파이를 키워 기간 내 시장수익률을 상회하는 목표수익을 얻게 해준다.

2. 가입자가 직접 주식, 채권 등 유가증권과 선물, 스왑, 옵션 등 장내외파생상품, 부동산 등 실물자산에 투자하지 않고 가입한 금융기관을 통해 간접적으로 투자한다.

3. 투자수익률이 시장변동성에 민감하게 작용하는 실적배당형 상품이므로 펀드투자로 인한 책임은 모두 투자자 본인에게 귀속되는 자기책임원칙이 따른다.

4. 소액의 자금으로 다양한 유가증권과 실물자산 등 우량 종목들을 동시에 매입하는 분산투자기능이 있어 투자 리스크 감소효과를 기대할 수 있다.

5. 펀드매입비용의 평균단가를 낮춰 안정된 투자수익을 올릴 수 있는 코스트 애버리징 효과가 있다.

6. 펀드운용 전문가에 의한 대행투자로서 직접투자로 야기될 수 있는 투자의 미숙으로 인한 투자위험을 줄여준다.

7. 펀드의 투자시점과 환매시점에 따라 수익률에 큰 차이를 보인다.

8. 펀드 대행투자를 해주는 대가로 투자자들로부터 수수료를 받는다.

9. 추가 납입제도를 활용, 주가하락 시 역행투자를 실시하여 시간분산 효과와 위험회피 효과를 가져온다.

10. 판매사와 운용사, 수탁회사, 관리회사가 모두 각기 달라 펀드자금에 대해 상호견제와 보완역할을 한다.

변액보험과 적립식펀드의 차이점 15TIPS

1. 상품의 기본특성과 구조의 차이

변액보험과 적립식펀드는 개발단계에서부터 상품특성과 수익구조가 다르다. 적립식펀드는 투자자의 돈이 대부분(보수비용 및 수수료 제외) 펀드로 투입되므로 순수하게 재테크를 목적으로 하는 투자자에게 적합한 상품이다. 변액보험은 하이브리드(Hybrid)형으로 상품

구성 내용이 매우 복잡하다. 위험을 보장하는 보험 성격을 그대로 유지하는 보험상품이며 은행의 적금기능도 있으므로 재테크와 동시에 생활보장 플랜도 감안하여 설계해야 한다. 적립식펀드와 같이 펀드로 운용되는 특별계정과 보험으로 운용되는 일반계정이 분리되어 있고, 신탁보수비용 이외에 사업비가 별도로 부과되며, 위험보험료 등 부수적으로 들어가는 비용이 있다.

2. 펀드투자 목적과 기대수익 및 그에 따른 선택 수단의 차이

변액보험과 적립식펀드의 수익률은 운용목적과 기간에 따라 각기 다르다. 적립식펀드는 주로 3년 이상 10년 이하의 중단기간 목적자금 마련을 위해 가입하는 상품이고, 변액보험은 10년 이상의 장기목적자금 마련을 위해 가입하는 상품이다. 투자 기간을 놓고 볼 때 10년 이하 단기간에는 초기사업비와 보장성보험료 등이 없는 적립식펀드가 유리하다. 그러나 10년 이상 장기투자할 경우에는 후취수수료 부담으로 수익률 정체현상을 빚게 된다는 단점이 있다.

변액보험은 10년 이상 장기간 투자하면 이자소득세 비과세혜택이 있고 후취수수료 부과 규모가 적립식펀드보다 작으며 특히 사업비 일부 적용(신계약비 이연상각기간)이 끝나 펀드 투입금액이 커지므로 상대적으로 유리하다. 단, 변액보험은 단기간 운용 후 해지할 경우 보험특성이 가미되어 많은 손실이 발생하게 된다.

3. 펀드운용 형태의 차이

적립식펀드는 투자금액 대부분을 유가증권 등에 투자하여 투자수익을 투자자에게 지급해 준다. 변액보험은 투자금액(보험료) 중 사업비와 위험보험료를 제외한 나머지 부분(특별계정)을 유가증권 등에 투자하여 자산 운용실적에 따라 보험금을 지급한다. 따라서 적립식펀드는 만기가 정해져 있지만 변액보험은 종신형 상품으로 만기 구분이 없다. 만기 이전에 수익이 발생하였을 경우 적립식펀드는 환매하는 것이고 변액보험은 해지(해약)하는 것이다.

4. 펀드 가입 후 펀드변경 가능 여부의 차이

적립식펀드는 가입 시 한 번 선택한 펀드는 환매 전에 변경할 수 없다(단, 엄브렐러펀드는 제외). 변액보험은 주식형, 채권형, 혼합형, 인덱스형 등 주식과 채권시장의 변화에 따라 펀드투자 포트폴리오를 조정할 수 있다. 펀드기준가의 변동성이 심할 경우 가입자가 원하는 방향으로 해당 펀드를 언제든 변경해 적기에 위험을 회피할 수 있다. 펀드변경 기능은 중장기 펀드투자 시 변동성에 따른 위험회피 수단으로 최적의 수단이 된다.

5. 유동성 확보 및 자금 납입 휴지기능 가능 여부

긴급자금이 필요할 때 적립식펀드는 약관대출과 중도인출기능이 허용되지 않아 환매해야 하지만 변액보험은 유니버설보험의 접목으로 자금의 중도인출기능이 있고 약관대출을 활용하여 환매하지 않고 유동성자금을 마련할 수 있다.

6. 펀드수수료 규모와 그외 비용지출 여부

두 상품 모두 판매사와 운용사에 관련 수수료를 부과하지만 규모에 차이가 있다. 적립식펀드는 수수료부과율이 연 1.0~2.5% 정도이고, 변액보험은 0.2~1.0% 정도이다. 펀드투자 시 보수비용은 공시된 펀드수수료 이외에 주식매매 시 부과되는 매매수수료, 감사보수비용, 운용보고서 작성·발송비용, 평가보수 등 수수료 명목의 각종 부대비용이 지출된다. 매매수수료 이외의 비용은 판매사 및 운용사마다 다르게 적용한다. 변액보험은 보험성격상 초기사업비가 많이 지출되어 가입 초기에 원금손실이 발생하는 것이 가장 큰 약점이다. 또 보험의 주요 기능을 완수하기 위해 위험보험료를 별도로 공제한다.

7. 고령화 장수시대 연금전환 기능 여부

노후를 대비해서 연금으로 전환할 수 있는 기능이 변액보험에는 있지만 적립식펀드에는 없다. 대부분 변액연금이 개개인의 노후 계획에 맞춰 만 45세 이후부터 연금으로 전환할 수 있다. 적립식펀드는 평가금액에 대해 은퇴 후 연금식 수령은 불가능하다.

8. 펀드 종류의 다양성과 판매처의 세분화 차이

적립식펀드는 상품 종류가 약 15,000여 개 이상으로 매우 많다. 판매사도 은행, 증권사, 운용사, 보험사 등 다양하고 판매영업점도 세분화되어 손쉽게 찾을 수 있다. 변액보험의 상품 종류는 약 400여 개 정도로 적립식펀드보다 매우 적다. 생명보험사에서 판매하고 방카슈랑스 상품으로 은행에서도 시판하지만 주로 보험컨설턴트의 방문판매 형태로 이루어지고 있다.

9. 각종 세금과세 및 절세 여부에 따른 차이

적립식펀드는 배당수익, 채권매매차익, 이자소득세에 대해서는 과세를 적용하지만 주식매매차익에 대해서는 완전비과세혜택이 주어진다. 변액보험은 10년 이상 유지하면 발생한 이자에 대해서는 이자소득세가 전액 면제된다. 자금의 중도인출 시 또는 해약 시 발생한 이자차액(보험차익)에 대해 전액 비과세혜택이 주어진다. 단, 10년 미만 유지 후 해지 시 이자가 발생하면 일반 이자소득세율이 적용된다. 변액보험은 보장성특약보험료 선택 시(변액종신보험은 주보험 및 특약 전체에 적용) 연간 100만 원까지 세액공제 혜택이 부여된다.

10. 만기 이전 환매 시 패널티 적용 차이

적립식펀드는 만기 이전에 환매하여 적립금을 인출하면 패널티를 적용하여 환매수수료를 부과한다. 일반적으로 가입 후 3개월 이

내에 수익금의 70%를 환매수수료로 차감한 후 나머지 금액을 돌려준다. 또한 만기 이전 3개월 이내에 환매하면 이익금을 기준으로 90일 미만 이익금의 70%를 환매수수료로 부과한다. 단, 환매수수료는 운용 기간 중 발생한 수익금 범위 내에서 일정 비율만큼 부과되므로 수익금이 발생하지 않으면 환매수수료도 부과되지 않는다.

변액보험은 가입 초기 중도환매하면 환매수수료는 없지만 사업비 부과로 원금손실을 볼 수 있다. 또한 환급금과 적립금액 사이에 신계약비 이연상각에 따르는 차이가 발생하여 적립금액을 다 받지 못할 수도 있다.

11. 일단 유사시 목적자금 마련 방법 차이

적립식펀드와 변액보험을 가입하는 최대 목적은 일정 기간이 경과한 후 필요한 목적자금 마련인데, 적립식펀드는 목표를 달성할 때까지 납입해야 하지만 변액보험은 생활안전보장 장치가 있어서 가입과 동시에 목표 달성이 가능하다. 변액보험은 사망보험금이라는 든든한 백그라운드가 항상 투자자 뒤를 든든히 받쳐주므로 나중에 적립금액을 가족을 위해 활용할 경우 자신이 일상생활에서 만약의 사고를 당할까 그리 염려하지 않아도 된다. 특히 변액보험은 정액보험금이 아닌 변동보험금이 지급되므로 시드머니의 미래가치를 충분히 드높여 안정된 보장자산을 마련하게 해준다.

12. 펀드를 가족에게 물려줄 경우 재산상속 효과 차이

변액보험은 재테크상품 기능뿐만 아니라 세테크상품으로 절세기능 역할도 해준다. 10년 후 변액보험은 이자소득세에 대해 완전비과세혜택이 주어지므로 적립식펀드의 주식매매차익이 비과세이기는 하지만 주식배당과 채권이자, 채권매매차익에는 정상과세를 적용하므로 이에 따른 상속금액에 차이가 발생하게 된다. 또 살아생전에 증여할 경우 적립식펀드는 증여수단이 마땅치 않은 데 비해 변액보험은 중도자금의 인출과 약관대출을 통해 사전증여 방식으로 증여세와 동시에 상속세도 절감할 수 있다.

13. 투자수익률이 가입자에 따라 달라지는가의 여부

적립식펀드는 펀드운용 주체가 펀드운용사의 자산운용 전문가인 펀드매니저이고 이들의 역량에 따라 선택한 펀드수익률이 달라지는 기본 구조를 갖고 있다. 따라서 가입자가 누구든 간에 그의 신상에 따라 투자수익률에 아무런 영향을 주지 않는다. 그러나 변액보험은 운용사의 능력 이외에 가입자 나이가 매우 중요하다. 피보험자의 나이와 성별에 따라 보험료에 적용되는 위험보험료의 부과규모에 차이가 발생하며 이로 인해 특별계정투입금액이 작아져 상대적으로 수익률이 저하된다.

특히 다른 일반보험과 달리 가입 초기 보험료 규모를 줄이기 위해 평준보험료방식이 아닌 자연보험료방식을 선택해 보험료를 산출하므로 나이가 들면 들수록 위험보험료 규모가 점점 커져 수익률 제고에 막대한 영향을 미칠 수 있다. 또한 보험료납입 규모, 보험가입금액 여부 등의 변수에 따라서도 수익률이 달라진다.

14. 펀드유형별 포트폴리오 구성방법 상이

적립식펀드는 펀드 특성상 공격적으로 운용하는 까닭에 주식형펀드가 80% 정도를 차지하지만, 변액보험은 보수적으로 운용하는 까닭에 주식형펀드는 20% 정도이다. 적립식펀드는 투자자들의 선호도를 고려하여 단기 또는 중기 투자목적으로 고수익을 올릴 수 있는 주식형펀드를 많이 개발하여 출시한다.

변액보험은 다수 보험가입자들의 보험가입금액에 대한 안전을 보장하기 위하여 자금을 최소 10년 이상 장기간 보수안정적으로 운용해야 하므로 고수익·고위험상품인 주식형펀드의 비중을 더 적게 하면서 펀드종목 간 포트폴리오를 적절히 조정할 수 있도록 시스템을 구축한다. 장기 유지할 경우 가입자들이 펀드기준가 변동성이 발생할 때 유효적절하게 대처해 나갈 수 있도록 다양한 자산운용옵션과 은행적금상품의 특성을 접목하여 보험혜택을 제공함으로써 투자 리스크 회피 수단으로 활용해 리밸런싱 효과를 지속적으로 실현할 수 있도록 안전장치가 마련되어 있다.

15. 예금자보호 적용 대상 여부의 차이

예금자보호는 금융기관이 파산하여 지급의무를 이행하지 않을 때 국가에서 원금과 이자를 포함해서 5,000만 원까지 원리금을 보장해 주는 제도인데 실적배당상품인 펀드는 예금자보호법이 적용되지 않는다. 펀드는 운용결과에 따른 이익 또는 손실이 모두 투자자에게 귀속되어 예금자보호법에 따라 보호되지 않으므로 적립식 펀드는 예금자보호 대상 상품이 아니다.

그러나 변액보험은 최저보장보험금을 기준으로 보험사가 지급 불이행 시 예금보호공사가 보장해 준다. 변액보험은 적립식펀드와 달리 보험 특유의 최저보장보험금 지급보장제도가 있어서 확정보험금을 지급하므로 예금자보호 규정을 적용하도록 했다. 금융기관이 파산했을 때 투자한 돈(원리금)을 보호받을 수 있는지는 향후 투자한 펀드의 적립금 관리에 매우 중요한 요소이다.

펀드에 숨어 있는 진짜 투자 비밀

상품에 대한 판매자와 가입자 간의 인식 차이

금융상품은 어떻게 선택해 가입하는가? 은행과 증권사의 상품은 일반적으로 창구 담당 직원이 안내해 주는 대로 가입한다. 적립식펀드 또한 마찬가지다. 그러나 변액보험은 대부분 방문판매 채널조직인 보험컨설턴트(보험대리점 포함)를 통해 가입한다. 이때 적립식펀드는 판매자가 조언해 주게 되는데 판매처가 어디인가에 따라 그 설명의 폭과 깊이가 사뭇 다르게 나타난다. 또 가입자가 어느 선까지 질문하고 궁금한 내용을 피력하느냐에 따라 돌아오는 응답의 범위가 다르게 나타난다. 변액보험의 경우 어느 보험사를 선택하고 어떤 보험컨설턴트를 만나느냐에 따라 상품 정보와 선택한 상품의 질에 상당한 차이를 보이게 된다.

적립식펀드나 변액보험 모두 상품 내용에 대해 조언을 잘해주는 경우도 있지만 판매자가 상품을 설명하는 목적과 투자자가 상품을 선택하고자 하는 목적이 항상 같지 않을 뿐만 아니라 서로 매우 다르다는 사실을 명심해야 한다. 투자자가 상품을 선택하는 목적은 궁극적으로 더 많은 이익을 안겨줄 상품을 고르는 데 있다. 반면 판매사들이 펀드를 판매하는 최우선 목적은 더 많은 수수료를 받아 이익을 창출하려는 것이다. 이처럼 판매자와 가입자 간 상품 인식에는 현격한 차이가 있다.

특히 장기투자상품인 변액보험의 경우 변액보험판매관리사가 고객의 미래를 위해 컨설팅을 얼마나 제대로 하고, 그러한 차원에서 최적의 상품을 제안하며, 펀드기준가 변동 시 다양한 위험회피 수단의 활용 방법 등 사후관리를 어떻게 해주느냐가 상품 선택 시 매우 중요한 기준이 된다. 하지만 판매자는 아무리 고객을 위해 제안하는 상품이라도 어디까지나 첫째 목적은 판매사와 판매자의 소득 파이를 늘리는 데 있다는 사실을 간과해선 안 된다. 특히 상품의 단점보다는 장점을 더 부각할 것이므로 이들이 말하는 모든 내용을 액면 그대로 믿지 말아야 한다.

알면 이익, 모르면 손실과 후회로 돌아온다

상품에 대해 어느 정도 알고 난 후 판매사를 상대하는 것과 아예 모르고 상대하는 것은 향후 선택한 상품의 투자 결과와 만족도에서 매우 다르게 작용한다.

간접투자상품인 적립식펀드와 변액보험 모두 가입 후 손익 여부에 대한 책임은 투자자 자신에게 귀속되므로 펀드를 가입하기 전에 먼저 관련된 정보와 지식에 대한 사전 인프라 구축과 투자원칙을 지켜나가는 기술과 더불어 시장의 흐름을 읽을 줄 아는 지혜가 필요하다. 왜 투자해야 하는지 확고한 투자철학을 확립한 가운데 펀드 인프라를 구축하고, 자신이 선택하고자 하는 펀드상품의 내용을 알고 난 다음 질문을 던져 궁금증을 해소하며, 의문점을 날카롭게 파헤쳐 시행착오 없이 가입하여 조금이라도 더 수익을 높일 수 있는 최적의 방법을 모색하는 마인드가 먼저 있어야 한다.

다시 강조하지만 판매자가 고객의 이익보다 자신들의 이익을 먼저 생각하는 것은 지극히 정상적인 일처리 방식이라는 사실을 인지해야 한다.

따라서 해당 상품의 전문가인 판매자의 조언은 귀담아들어야 하지만 군중심리에 이끌려 가입하지 말고, 다른 상품과의 비교 분석 및 최종 선택과 리스크 문제에 따른 자기책임에 대한 확실한 주체의식과 분명한 투자철학을 갖고 투자원칙을 확실히 지켜나가야 한다. 그래야만 일시적인 시장 흐름에 편승하거나 부화뇌동하지 않고 스스로 설정한 펀드투자의 길을 따라 시드머니의 미래가치를 더 드높일 수 있게 된다. 때론 똑똑한 체리피커(Cherry Picker)가 되어야 실속을 더 많이 챙겨 고수익을 실현할 수 있다.

고수익 실현 위한 숨겨진 펀드 재테크 방법 모색

펀드를 가입하기 위해 맨 처음 상품을 선택하는 과정에서 투자 수익률에 큰 변수로 작용하는 요소들을 등한시한다면 추후 재테크의 열매를 올바로 맺는 데 가장 큰 걸림돌로 작용하게 된다. 수많은 펀드상품 중에서 옥석을 잘 가려내 자신이 원하는 목표자금을 더 빨리 달성할 수 있도록 기간을 단축해 줄 상품을 식별하는 방법을 모색해야 한다.

특히 변액보험은 해당 상품에 들어가는 사업비 부과 규모의 차이에 따라 또는 보장 내용과 자산운용옵션의 리밸런싱 방법에 따라 수익률이 아주 다르게 나타난다. 그리고 만기가 없어 환매 시점의 적기 포착 여부가 관건인데 이런 요소들은 장기 재테크에서 매우 중요한 변수로 작용한다.

간접투자상품은 상품 구조상 중장기적으로 운용해 나가야 그 효용가치와 효력이 뚜렷하게 나타난다. 특히 변액보험은 최소한 10년 이상은 유지해야 어느 정도 시드머니에 대한 자산가치의 빛을 볼 수 있는 최장기 상품이다.

흔히 '72Rule'을 인용하여 복리 1% 차이가 몇십 년 후에는 놀랄

72Rule
복리를 전제로 자산이 두 배로 늘어가는 데 걸리는 시간을 계산하는 방식.
72/수익률(%) = 기간(년)

만큼 큰 수익률 격차를 가져온다고 설명한다. 그러나 이는 목돈을 한꺼번에 투자하는 거치식상품에 해당되는 논리이지 매월 정기·정액으로 투자하는 적립식펀드와 변액보험의 수익 개념은 아니다. 따라서 수익률 1% 차이가 향후 어떠한 결과치를 가져다줄지 살펴보는 단편적인 수익률 점검도 중요하지만 이보다는 어떠한 상품을 어떻게 선택하고 관리하여 목적한 바대로 이끌고 나가 소기의 목표를 달성할 수 있는지가 더 중요하다. 펀드는 해당 상품을 처음부터 어떻게 조립하여 가입하느냐에 따라 그 결과가 천양지차로 나타나기 때문이다.

또한 어떤 금융사 상품을 선택해 가입하는가에 따라 수익률과 더불어 만족감의 척도인 서비스 혜택도 다르게 나타난다. 특히 변액보험은 해당 상품에 들어가는 사업비 규모 및 보장 내용에 따라 수익률과 보험 혜택이 매우 다르게 나타난다. 따라서 펀드 선택 시 투자수익률에 많은 변수로 작용하는 이런 요소들을 등한시한다면 고수익을 올리기 어렵다. 많은 펀드 중 자신이 바라는 목적자금을 가능한 한 빨리 마련할 수 있는, 듀레이션이 짧은 상품을 어떻게 잘 가려낼지를 모색해야 한다.

펀드투자를 할 경우 상품에 대해 미리 종합적으로 알고 난 다음 신중하게 선택하는 것과 남들이 좋다고 하니 내용도 잘 모르면서 내심 '고수익 좀 올려볼까?' 하는 생각으로 선택하는 것의 차이는 추후 환매 시 투자수익의 규모 차이로 선명하게 판가름 난다는 사실을 명심해야 한다.

2장

좋은 펀드 잘 고르는 최상의 꿀팁

훌륭한 투자자가 되려면

지식, 열정, 냉철함, 직관력, 인내심을 갖춰라.

– 앙드레 코스톨라니

펀드 가입 전 꼭 알아야 하는 4가지 꿀팁

펀드 가입 전에 꼭 확인해야 하는 네 가지가 있다.

첫째, 목적의식이 분명하고 뚜렷하게 설정되어 있어야 한다.

펀드투자의 목적과 목표자금, 기대수익률, 투자 기간(환매 시점)을 분명히 설정하고 투자 시 위험도를 고려하면서 투자 성향에 맞는 최적의 펀드를 선택하는 것이 중요하다.

둘째, 생애재무설계를 먼저 한 다음 재무목표를 실현하기 위한 일환으로 펀드를 선택해야 한다.

셋째, 가계자금에 대한 포트폴리오를 철저히 구성해서 재정 상황에 맞는 계획을 수립하고 여유자금으로 투자해야 한다.

넷째, 펀드운용전략을 잘 수립하여 유효적절하게 운용해 나가야 한다.

펀드 가입 전 투자자들이 매우 궁금해하는 요소 중 하나는 펀드 운용전략일 것이다. 기대수익을 높이기 위해 변동성을 낮추면서 초과수익을 얻으려면 어떤 펀드를 가입하는 것이 가장 바람직한지 금융회사에서 제시하는 펀드 모델 포트폴리오를 참고하여 관련 펀드에 담은 자산이 어떻게 운용되는지 알고 난 다음 펀드 자산을 안분비례하는 기술이 필요하다.

생활비를 쪼개 만든 알토란 같은 자금으로 특별한 목적 없이 무작정 펀드투자를 해서 돈을 모아보자는 생각은 절대 금물이다.

적립식펀드는 은행적금과 상품 특성이 완전히 다르고 상품유형과 종류도 매우 다양하다. 실적배당형으로 원금손실 우려가 있으며 투자 책임이 모두 투자자 본인에게 귀속되기 때문에 신중하게 결정해야 한다. 특히 펀드의 기대수익은 환매 시점에 따라 결정된다는 사실을 명심해야 한다.

따라서 돈을 모으려는 목적이 무엇이고 언제까지 얼마를 어떻게 모을지 뚜렷한 재테크 철학이 있어야 한다. 그런 것들이 정립된 후 현재의 재무 상태와 가계금융자산의 포트폴리오 구성 현황을 분석한 다음 향후 가계소득의 안정성과 성장성 등을 종합적으로 고려해 생애재무설계를 하고, 그 일환으로 중단기투자상품인 적립식펀드와 장기투자상품인 변액보험을 선택하는 것이 가장 바람직한 재테크 로드맵이다.

세계 자산배분의 아버지라 일컬어지는 게리 브린슨(Gary Brinson)은 "자산의 효율적 배분이 종목 선택보다 더 중요하다. 장기적인 관점에 초점을 맞추면서 투자해 나가야 한다"고 했다. 먼저 가계자산에 대한 재무설계를 한 다음 그에 따라 금융자산의 포트폴리오 차원에서 투자의 길로 들어서라는 것이다.

즉, 펀드투자는 목표 기간에 따라 더 적합한 상품을 선택하고 납입액을 조정해 투자의 효율성을 높임으로써 궁극적으로는 좀더 쉽고 안정적인 방법으로 자신이 세운 재무목표를 달성해 나가는 차원에서 접근해야 한다.

간접투자로 고수익을 올리려는 경우에는 뚜렷한 목적을 세운 뒤 펀드에 대한 어젠더를 확실하게 정하고 어떠한 상황에서도 장기가치투자, 분산투자, 적립식투자 등 투자 3원칙을 고수하면서 투자해 나가야 투자 성과를 거둘 수 있다.

펀드를 알고 난 후 투자의 길로 들어서라

가치투자의 아버지라 불리는 벤저민 그레이엄(Benjamin Graham)은 처음 주식투자를 할 때 경제 전반에 관한 책은 물론 증권분석 책을 10권 이상 읽지 않고는 절대 주식투자를 하지 않겠다고 결심했다고 한다. 워런 버핏도 스승의 영향을 받아 사전지식을 쌓는 데 몰입했으며 그가 후계자로 지명한 루이스 심슨(Louis Simpson)도 "투자 결정을 내릴 때는 경제지를 많이 읽고, 어떤 기업을 매입할 때는 먼저 광범위하게 연구한다"면서 "매일 최소한 8시간 이상을 경영금융 관련 책과 자료를 습득하고 갖가지 파일, 연차보고서, 산업보고서 등 정보를 분석하는 데 보내며 거기서 좋은 아이디어를 얻는다"고 말했다. 그만큼 사전지식 습득과 투자 인프라 구축이 투자 성공의 필수요소이다.

앙드레 코스톨라니는 "펀드투자를 할 때는 상품의 구조를 정확히 파악하고 투자전략을 치밀하게 세우며 유형별로 비교·분석·평가하는 능력을 기른 다음 투자의 길로 들어서라"고 했다. 그래야만 언제든 발생할 개연성이 있는 일상적 위험에 익숙하게 대응할 수 있는 역량이 구축된다는 것이다.

편드투자를 할 때는 반드시 원하는 기대수익률과 더불어 변동성 발생 시 투자 리스크를 고려하면서 투자목적과 투자 성향에 맞는 펀드상품을 선택해야 한다. 또한 자신이 어느 정도 아는 대상에 투자해야 돈을 잃지 않고 이익을 실현할 수 있다.

펀드가 무엇이고 펀드투자방식에는 어떤 것들이 있으며 상품은 얼마나 되고 유형은 어떠한지 요목조목 따져보고 확인하면서 정확히 알고 난 다음 확신이 섰을 때 자신의 투자궁합과 일치하는 펀드를 골라야 하자가 없다. 그리고 목표자금 마련 시점과 기대수익률에 따른 수익 기준(목표설정치)을 잘 정해야 한다.

또한 펀드의 현재 수익률이 미래 수익을 보장해 주지 않으므로 가입하고자 하는 펀드 상품이 장래 일정 시점에서 기대수익을 가져다줄 수 있는 상품인지 잘 파악하고 선택해야만 투자 리스크를 줄이고 원하는 기대수익을 올릴 수 있음을 반드시 유념해야 한다.

초보자는 시행착오를 겪기 전에 펀드 책, 인터넷 해당 사이트, 펀드전문가 등을 통해 미리 간접적인 지식을 쌓아 어느 정도 펀드투자 노하우를 습득하고 맨 처음에는 소액적립식으로 출발하여 투자경험을 쌓은 후 투자금액을 늘려나가는 것이 바람직하다.

특히 펀드투자 초보자는 가입하고자 하는 펀드의 기대수익률과 과거 변동성을 알아볼 수 있는 비교지수인 벤치마크(Bench Mark)를 반드시 확인하는 것이 중요하다. 벤치마크를 보면 해당 펀드의 시장 정보를 쉽고 간편하게 많이 얻을 수 있으므로 벤치마크는 펀드 초보자들이 펀드투자를 위한 초석을 다지는 데 도움이 된다(벤치마크에 대한 자세한 내용은 121쪽 참조).

투자목적과 성향에 맞는 최상의 펀드 포트폴리오 수립

투자목적과 기간에 따른 상품별 포트폴리오

단기투자를 할지 장기투자를 할지 결정한다. 3~5년 정도 중단기 투자자는 적립식펀드를 선택한다. 변액보험은 단기간 운용 시 원금 보전이 불가능하다. 그러나 은퇴 이후를 고려한 10년 이상 장기투자자는 변액보험을 선택하는 것이 유리하다. 동일한 수익률일 경우 약 13년 이상 경과 시 이자소득에 대한 완전비과세혜택은 물론 펀드수수료 후취 규모가 저렴해 수익률 측면에서 유리할 뿐만 아니라 유동성 확보 및 자산운용옵션, 연금전환, 생활보장 등 다양한 활용이 가능하기 때문이다.

다양한 목적으로 자금을 유효적절하게 활용하려면 변액유니버설보험을 선택하고, 노후자금이 목적이라면 변액연금보험을 선택해야 더 유리하다. 변액유니버설보험은 연금전환 시 가입 시점의 경험생명표를 적용하기 때문에 평균수명이 늘어나 실질적으로 지급 받는 연금액이 변액연금보다 적게 된다.

투자 리스크 고려한 연령대별 펀드 포트폴리오

펀드투자 대상도 투자자의 운용 스타일이나 특성에 맞춰 국내외 여러 펀드에 분산하는 것이 바람직하다. 특히 향후 자산 규모와 자금인출 시기를 고려하면서 그에 맞는 상품을 선택한다.

펀드에 투자할 자금은 리스크가 발생할 개연성을 늘 염두에 두어야 하므로 앞으로의 경제력과 가정의 자산형성 구조, 투자 성향, 현재 나이 등을 종합적으로 고려한 후 확정해서 운용해 나가야 하자가 발생하지 않는다. 따라서 자신이 갖고 있거나 발생할 유동성자산 중에서 연령대별로 나이와 반비례하여 고위험펀드에 대한 투자비율을 구성해 나가는 것이 바람직하다. 일반적으로 20~30대는 60~70%, 40대는 40~50%, 50대는 30%, 60대 이후는 20% 정도를 주식형펀드에 투자하는 것이 바람직하다고 한다.

나이에 따라 자신이 갖고 있는 유동성자산 대비 펀드매입비용을 반비례하여 투자하는 것은 젊은 사람의 경우 향후 경제적 활동 여력이 충분해서 투자 리스크가 발생해 손해를 보더라도 만회할 시간 여유가 있지만 나이가 많은 사람은 그럴 여유가 별로 없기 때문이다. 따라서 펀드 수익을 지속적으로 더 올리기 위해서는 전체적인 자산을 단기·중기·장기로 구분해서 포트폴리오에 입각해 유동성과 환금성, 수익성을 종합적으로 고려하면서 분산투자를 해야 한다. 그래야만 진정한 인생재테크가 이루어진다.

펀드투자 시 투자목적 & 투자 성향 체크리스트

간접투자상품인 펀드를 선택하여 가입하기 전에 먼저 투자하는 목적의식과 투자 성향을 스스로 체크해 확인하는 것이 중요하다. 자신의 경제적 또는 투자능력상 투자 리스크를 부담할 범위가 얼마나 되는지 파악할 수 있기 때문이다.

먼저 다음 질문 내용에 대한 답을 스스로 명확히 내놓아야 한다. 이 중 한 가지라도 명쾌한 답변이 나오지 않으면 대안을 강구해야 한다. 현명한 판단과 확신 없이 무작정 투자했을 경우에는 중도해지로 오히려 원금손실이라는 최악의 상황을 몰고 올 수도 있기 때문이다.

펀드투자 시 투자목적 & 투자 성향 체크리스트 12

1. 평소 재테크에 관심이 많으며 재테크 수단으로서 투자에 익숙한가?

2. 왜 펀드투자를 하려 하는지, 변액보험은 왜 가입하는지 등 목적의식이 분명하며 자신의 투자 성향을 알고 있는가?

3. 펀드투자 시 투자 기간을 정확하게 어느 정도로 생각하고 계획을 수립하는가? 기대수익률은 어느 정도를 생각하는가? 투자목적으로 충분히 고려한 후 펀드에 가입하려 하는가?

4. 목적자금 마련 시 유동성자산의 운용 계획은 확실히 설정되어 있는가? 포트폴리오를 재조정할 수 있는가?

5. 자신과 가족의 인생 5L(Life Cycle, Life Style, Life Stage, Life Scale, Life Way)을 토대로 라이프 맵(Life Map)을 올곧게 만들고 그에 맞춰 자금을 운용할 줄 아는가?

6. 향후 목적자금 마련 시까지 경제적 여력은 어느 정도 비축되어 있고 또 발생소득의 여유분이 충분한가?

7. 투자하고자 하는 금액이 전체 가계금융자산에서 차지하는 배분비율은 얼마나 되는가?(이 경우 일시납과 월납을 구분해서 판단)

8. 장기적인 목적자금 마련을 위해 일시적인 단기적 손실을 감수할 수 있는가?(시장의 변동성을 늘 염두에 두어야 함)

9. 어떤 일이 있더라도 목적자금 마련을 위해 중도해지하지 않고

끝까지 유지해 나갈 자신이 있는가?

10. 평상시 재테크 및 세테크 지식과 금융지식을 알고 있으며 더 쌓으려고 노력하는가? 금융시장에 대해 전반적인 지식을 쌓아놓았는가?

11. 투자하려는 펀드에 대해 속속들이는 아니더라도 펀드 유형, 상품구조 등을 파악할 줄 알고, 각 펀드상품들에 대하여 개략적으로 장단점을 파악하였는가?

12. 스스로 어느 정도 펀드투자에 자신 있을 정도로 지식을 습득했고, 리스크 발생 시 헤지 방안과 포트폴리오 리밸런싱 방법도 모색했다고 생각하는가?

펀드투자 시 꼭 알아야 할 핵심 실천 꿀팁

펀드투자 시에는 목표자금의 마련 시점과 기대수익률에 따른 수익기준, 즉 목표설정치를 잘 정한 다음 그에 부합하는 펀드를 선택해야만 기대수익률을 더 높일 수 있다. 초보자는 처음부터 고수익을 바라고 변동성이 많은 펀드에 투자하는 것보다는 상대적으로 투자 리스크가 적으면서 안정적인 수익을 올릴 수 있는 펀드에 투자하는 것이 바람직하다. 특히 펀드는 환매 시점이 매우 중요하므로 환매 시기를 잘 포착해야 한다.

펀드투자를 할 경우 아래에 명시한 실천사항을 숙지하여 그대로 실행한다면 좋은 결과를 얻을 수 있으니 사전에 꼭 알아두도록 한다.

1. 생애재무설계 차원에서 자산 포트폴리오를 먼저 구성한다.

2. 긴 안목을 갖고 단기·중기·장기별로 투자목표를 명확히 한다.

3. 관련 지식을 사전 습득하고 금융 트렌드에 대한 시야를 넓혀 나간다.

4. 투자 어젠더를 설정하고 펀드운용전략을 잘 수립한다.

5. 유동성 자금을 고려하여 너무 빠듯한 투자는 하지 않는다.

6. 투자목적과 투자 기간, 기대수익률 등 투자궁합에 맞는 최적의 펀드를 고른다.

7. 펀드판매사와 운용사는 맞선 보듯 신중히 결정한다.

8. 펀드 사후관리를 가장 잘해줄 펀드전문가를 멘토로 삼는다.

9. 듀레이션을 짧게 하면서 투자성과를 높이는 방법을 모색한다.

10. 투자 시 위험성은 얼마나 되는지 미리 꼼꼼하게 살펴본다.

11. 펀드는 수익성과 안정성을 고려하여 신중히 선택한다.

12. 가입했다고 안심하지 말고 환매 시점까지 변동성을 꼼꼼히 체크한다.

13. 중장기간 유지할 경우 수수료 등 비용지출 규모를 살핀다.

14. 환매(해지) 시 어떠한 불이익이 있는지 꼭 알아둔다.

15. 꼼꼼히 벤치마킹한 다음 가장 적합한 상품을 선택 가입한다.

16. 가능한 한 절세 상품을 골라 가입한다.

17. 자산운용옵션을 최대한 활용하여 리밸런싱 효과를 노린다.

18. 펀드변경 시 독단적으로 하지 말고 전문가 조언을 구한다.

19. 투자위험 발생 시 즉각 후속조치를 취할 방안을 모색한다.

20. 손품과 머리품, 발품을 팔면서 지식과 재테크 깜냥을 기른다.

좋은 펀드가 갖추어야 할 조건 14

비슷한 유형의 펀드를 비교 분석하라

펀드 종류가 많고 부침 또한 심하다 보니 선택 시 많은 고민을 하게 될 것이다. 금융사 판매직원이 권하는 펀드를 무작정 선택하기도 내키지 않고, 그렇다고 직접 팔을 걷어붙이고 정보자료를 수집해 펀드를 일일이 분석하기도 어렵다. 이때 펀드운용 대가로 역사상 가장 위대한 펀드매니저라 불리는 피터 린치(Peter Lynch)가 "펀드 스타일에 대해 확실히 알고 난 다음 같은 유형의 펀드 중 그 가치를 비교하여 가장 좋은 펀드를 고르라"고 한 말을 유념할 필요가 있다. 비슷한 투자대상과 전략을 가진 펀드끼리 비교한 후 선택하라는 것이다.

펀드를 잘 선택하려면 먼저 카테고리별로 분리한 다음 자신의 투자 성향과 유사한 성격의 펀드들을 동일 유형(Peer group)으로 묶어 개별 펀드의 유형 내 순위를 비교 분석한 후 선택하는 것이 가장 바람직한 방법이다. 나름대로 다양한 펀드 중 어떤 것이 좋은지 펀드 선택의 기준을 설정하고 더불어 동종의 펀드 중 비교해서 선택하는 요령을 터득하는 것이 선결 과제이다. 노력 없이 얻어지는 이익은 없다.

지속적으로 안정적 수익 올리는 가성비 높은 양질의 펀드

어떤 펀드가 좋은 펀드인지 구별하려면 어떻게 해야 할까? 확실한 것은 지속적으로 안정적인 수익을 실현해 나가는 가성비가 높은 펀드가 좋은 펀드라는 사실이다. 주식형펀드나 인덱스펀드의 경우 상승장이나 하락장을 불문하고 위험관리의 비교기준지표인 벤치마크(Bench Mark) 수익률을 꾸준히 상회하는 펀드가 좋은 펀드라 할 수 있다.

중장기투자상품인 적립식펀드는 단기수익률보다는 장기수익률이 더 중요하므로 해당 펀드운용사의 장기운용실적이 지수와 큰 오차가 발생하지 않도록 운용되어야 좋은 펀드라 할 수 있다. 구체적으로 어떤 펀드가 좋은 펀드인지 알려면 먼저 다음과 같은 기준에 부합하는 펀드를 찾아보는 것이 가장 바람직하다.

투자 가이드

좋은 펀드가 갖추어야 할 조건 14

❶ 추적하는 지수보다 더 높은 수익률 추이를 지속적으로 보이는 펀드

❷ 오랫동안 꾸준히 벤치마크 수익률 이상의 초과수익을 달성한 펀드

❸ 우량 운용사와 판매사에서 안정적으로 운용하는 가성비 좋은 펀드

❹ 각종 위험관리지표상 리스크가 상대적으로 적은 우량 펀드

❺ 펀드수수료는 낮으면서도 상대적으로 수익률이 높은 펀드

❻ 변동성이 적으면서도 지속적으로 수익을 올리는 안정적인 펀드

❼ 펀드운용 규모가 충분히 크고 장기적으로 성장세가 충분한 장기 대형 펀드

❽ 펀드운용능력이 뛰어난 리서치 조직의 전폭적인 지원을 받는 펀드

❾ 많은 판매사가 벤치마킹하면서 장기간 지속하여 판매하는 펀드

❿ 해당 펀드 내에 편입된 주식종목들이 매우 우량한 펀드

⓫ 우량 기업에 투자하며 장기간 좋은 운용 성과를 보이는 펀드

⓬ 해당 운용 기간 중 설정좌수가 해지좌수보다 많은 펀드

⓭ 펀드매니저가 바뀌지 않고 계속 잘 운용해 나가는 펀드

⓮ 매매회전율이 낮으면서 장기적으로 안정적인 수익을 내는 펀드

시장수익률을 초과하는 양질의 펀드를 선택하라

수익률이 시장수익률보다 일시적으로 높은 펀드보다는 목표수익률은 시장수익률을 약간 상회하는 정도지만 목적자금을 마련해 나가는 기간까지 지속적으로 기대수익률을 유지해 나갈 수 있는 펀드가 가장 좋은 상품이다. 해당 펀드가 관련 기관에서는 가장 수익률이 높다 할지라도 시장수익률을 상회하지 못한다면 좋은 펀드가 아니다. 시장수익률을 상회하면서도 기대수익률과 요구하는 목표수익률이 같아야만 좋은 펀드이다.

시장수익률을 상회하는 투자수익률은 해당 금융시장에서 거래되는 상품수익률을 의미하며, 펀드시장의 평균수익률을 뜻한다. 펀드투자의 적정 기대수익률은 실질이자율에다 약간의 투자 리스크 프리미엄을 더한 것이다. 투자의 원리는 최소의 투입으로 최대의 효과를 내야 한다는 경제성의 원칙과 일맥상통한다. 즉, 최소의 위험으로 최대의 수익률을 내는 데 목적이 있음을 명심한다.

투자 가이드

고수익 우량 펀드를 고르는 꿀팁 4

❶ 현재 고수익 펀드라 할지라도 주식형펀드 중 운용하는 펀드의 주식들이 고평가되어 있다고 판단된다면 가입하지 않아야 한다. 또 매매회전율이 너무 높거나 일시적으로 고수익을 올리는 상품은 신중을 기해 선택한다.

❷ 일단 자신의 궁합에 맞춰 가입하고자 하는 펀드를 선택했다면 비슷한 유형의 펀드 중 과거 실적(3년 이상 통계치)이 파레토 법칙에 입각해 연환산수익률 기준으로 상위 약 20% 안에 드는 펀드를 선택하는 것이 바람직하다.

❸ 펀드수익률을 제고하기 위해서는 환매 시점의 펀드기준가 형성이 제일 중요한 관건이므로 지속적으로 판매되는 해당 펀드의 투자수익률이 벤치마크 초과수익률을 무난히 달성할 것으로 판단되는 우량 펀드를 골라 가입한다.

❹ 상기 요건을 두루 달성하면서 우량사에서 판매하고 우량 자산운용사의 펀드매니저가 변동 없이 책임지고 운용해 나가면서 펀드판매사가 지속적으로 사후관리를 잘해줄 것 같은 확신이 드는 안정성 있는 펀드종목을 선택하는 것이 가장 좋은 고수익 펀드를 잘 고르는 요령이다.

펀드수수료가 낮은 상품을 선택하라

홍길동 씨는 4년 전 가입한 주식형펀드의 매입계좌를 보고 깜짝 놀랐다. 재테크를 고려하여 장기투자한 펀드인데 기간이 경과할수록 펀드수수료(보수 및 판매수수료)로 빠져나가는 돈이 생각보다 너무 많았기 때문이다.

헤지펀드의 대부로 20세기 최고의 펀드매니저로 불리는 조지 소로스(George Soros)는 "펀드투자 시에는 반드시 펀드의 높은 수수료를 생각하라"고 갈파했다. 펀드수수료 차이가 단기투자 시에는 큰 영향을 미치지 못하지만 '가랑비에 옷 젖는다'는 속담처럼 장기투자를 하게 되면 0.5~1%포인트 차이라도 수익률 격차에 큰 영향을 줄 수 있으므로 비슷한 유형의 상품이라면 수수료가 적은 펀드를 선택하는 게 훨씬 유리하다.

특히 저금리·저성장이 지속되어 펀드수익률이 저조해지면서 1~2%대 펀드보수 및 수수료는 펀드 선택 시 중요한 요소가 되었다.

펀드는 운용보수, 판매보수, 수탁보수, 일반보수 등의 보수와 회계 감사 비용, 세금 등 기타 비용이 매일 차감된다. 이들을 합친 것이 총비용비율(TER)이다. 이를 통해 연간 기준으로 펀드 비용 수준을 가늠할 수 있다. 주식형펀드는 5년 이상 장기간 운용할 경우 펀드 수익률보다 수수료로 빠져나가는 돈이 더 많은 황당한 일도 있으므로 가입 시 꼼꼼히 따져봐야 한다.

예를 들어, A와 B가 매월 100만 원씩 적립식펀드에 투자하고 있다고 하자. A는 펀드수수료(후취)가 연 1.5%인 펀드를 가입했고 B는 연 2.5%인 펀드를 가입하여 둘 다 똑같이 5년 동안 유지하였다. 만약 투자수익률이 똑같은 수준으로 발생한다면 A와 B가 가입한 두 펀드 간 수수료 1%포인트 차이는 어떻게 나타날까?

펀드수수료는 후취의 경우 원금이 아닌 펀드평가금액(원금 + 평가손익)을 기준으로 매일 공제(이 경우 공식은 '펀드평가금액×연간수수료×1/365'이다)되는데 여기서는 계산상 편리와 이해를 돕기 위해 간단히 매월 1회 공제되는 것으로 계산한다. 그리고 투자수익률 또한 무시하고 원금에 대해서만 계산하기로 한다.

A가 가입한 펀드의 경우 후취수수료는 1.5%이므로 수수료는 첫 달에는 한 달치만 공제하여 1,250원(15,000원÷12)이 될 것이다. 이 경우 1년 동안 지불하는 수수료 공제금액은 1,250원×[12×(12+1)]÷2=97,500원이 된다. A는 5년 동안 적립식펀드에 투자하므로 총수수료 규모는 1,250원×[60×(60+1)]÷2=2,287,500원이 된다.

⇒ ① B가 가입한 펀드의 후취수수료는 2.5%이므로 같은 방식으로 계산하면 가입 초년도에는 총 162,474원이 수수료로 공제되고, 5년 동안 지불되는 수수료 총액은 3,811,890원이 된다. ⇒ ② 따라서 ①－②=-1,524,390원의 차이가 발생한다. 즉, 비슷한 펀드에 A와 B가 동시에 투자하였고 똑같은 수익률이 발생하였는데 만기 시 받는 금액은 1,524,390원 차이가 난다는 것이다.

물론 실질적으로는 이보다 더 많이 차이 난다. 투자수익률과 매일 차감되는 경우의 변수를 모두 생략하고 원금에 대해서만 수수료 공제 규모를 계산했기 때문이다.

펀드수수료는 기간이 경과할수록 복리 형식으로 눈덩이처럼 불어나 이처럼 어마어마하게 커진다. 이에 따라 수익률이 나도 실속은 없는 속 빈 강정 같은 안 좋은 형국이 발생할 수도 있다. 20세기 최고의 과학자 알베르트 아인슈타인(Albert Einstein)은 "복리는 이 세상의 여덟 번째 불가사의다"라고 말했다. 펀드수수료를 후취로 적용할 경우 가입 기간이 길어질수록 펀드수수료 부과 규모가 큰 펀드의 수익률은 상대적으로 저하된다는 사실도 반드시 유념하면서 펀드를 선택해야 한다.

중장기투자는 현재 수익률의 고저보다는 미래 수익률을 높이는데 걸림돌이 되는 펀드수수료가 저렴한 상품을 선택해야 환매 시 만족감을 준다.

펀드수수료를 줄이기 위해서는 증권사나 은행의 매개 없이 시중에서 판매되는 펀드들을 한곳에 모아 파는 온라인 펀드 쇼핑몰인 펀드슈퍼마켓(Fund Supermarket), 우량한 펀드에 효율적으로 분산투자를 하는 계좌인 펀드 플랫폼(Fund Platform), 투자자의 돈을 모아 다시 다른 다양한 펀드에 재투자함으로써 위험을 분산하고 투자 기회를 극대화하여 재간접 투자기구라 칭하는 펀드오브펀드(Fund of Funds), 하나의 펀드에 가입한 투자자들에 대해 동일한 펀드수수료 체계가 아닌 다양한 수수료 체계를 적용하고 기간이 길수록 보수가 낮아지는 멀티클래스펀드(Multiclass Fund) 등에 가입하는 것이 바람직하다.

특히 펀드 지식이 있는 재테크 고수는 비용 대비 수익성이 높은, 즉 가성비가 양호한 펀드, 펀드수수료가 매우 낮게 형성되고 있는 인터넷 전용 펀드를 잘 골라 가입하면 좀더 유리하다.

펀드수익률을 제고하기 위한 핵심 실천 꿀팁 10

수많은 펀드 중 어떤 펀드를 골라 가입해야 좋을까? 가입한 후에는 어떻게 관리해야 기대수익을 달성할 수 있을까? 펀드로 돈을 한 푼이라도 더 벌려면 어떻게 해야 할까?

주식과 펀드투자의 귀재이며 현인이라고 칭송받는 워런 버핏의 투자원칙은 ① 돈을 잃지 않는 것, ② 맨 처음 세운 원칙을 끝까지 지켜나가는 것 두 가지다. 따라서 투자한 돈을 잃지 않는 방법을 익히면서 원칙을 지켜나간다면 성공할 수 있다. 평소 투자수익률을 어떻게 높일지 고민하는 자세를 견지해 나가면서 방법론을 물색하는 열정이 중요하다. 또한 목적자금 규모의 달성 여부와 투자 기간의 합일치가 중요하다.

1. 펀드별 특성 충분히 고려하여 선택 투자

펀드투자 시 투자수익률도 중요하고 운용회사의 투자운용능력도 중요하지만 가입상품이 어떤 성격을 띠고 개발되었는지도 눈여겨 봐야 한다. 채권형인가 혼합형인가, 인덱스형인가 주식형인가, 장기적으로는 성장주형인가 가치주형인가에 따라 기대수익률이 다르게 나타난다.

처음부터 기대수익률과 그에 따른 위험도를 어떻게 잡고 투자할지 확실히 설정한 다음 어떤 펀드를 선택하여 어느 운용사에 가입할지 결정한다. 주식시장이 활황인 상황에서는 안정형펀드가 주식형펀드의 수익률을 따라가기 어렵고, 반대의 경우에는 안정성장형이 더 강력한 수익률 방어력을 가질 확률이 높다. 성장주형 주식펀드라 해도 운용 스타일에 따라 수익률은 엇갈린다. 장기적으로 안정적인 수익을 목표로 하는 가치주형 펀드가 성장주형 펀드의 수익률을 단기간에 따라잡기는 어렵다. 약세장이나 변동성이 큰 장세에서는 배당주펀드가 제격이다.

노(老)테크까지 염두에 둔다면 연금저축펀드가 가장 좋다. 장기투자는 상장지수펀드를 선택하는 것이 바람직한데 이 경우 주식형펀드가 아닌 인덱스펀드가 더 안정적인 수익을 가져다준다. 펀드 변동성을 감안하면서 공격적으로 투자하고 싶다면 해외펀드를 선택한다. 펀드 초보자라면 펀드오브펀드로 수익을 올린다. 요즘처럼 시장의 변동성이 심화되는 상황에서는 펀드매니저의 직관에 따라 지속적으로 펀드수익률을 내기가 어려우므로 컴퓨터에 운용을 맡기는 AI펀드(Artificial Intelligence Fund)를 선택하는 것도 하나의 방법이 될 수 있다. 펀드종목별 특성을 살펴본 다음 본인의 투자계획과 투자금을 충분히 고려하여 선택 투자하는 것이 바람직한 펀드 투자 방법이다.

2. 목적자금 마련 시기 설정 후 만기 지정

펀드투자는 위험도와 목표자금 시점이 맞아떨어져야 한다. 언제 어느 때가 되어야 자신이 원하는 목적자금을 마련할 수 있는지 라이프맵을 정확히 설정한 후 투자 방법을 선택한다. 미리 선택해야 하는 이유는 목표 기간에 따라 선택하는 상품과 가입 기간이 각기 다르고 이로 인해 발생하는 위험의 척도 또한 다르게 나타나기 때문이다. 이 경우 '인생 5L'을 토대로 본인의 투자자금, 목표 기간, 위험요소 등을 감안하면서 투자 방법을 신중히 모색한다.

투자 기간은 유연하게 설정해야 목적자금 마련에 차질이 없다. 단순히 고수익을 실현하겠다는 생각으로 위험도가 높은 펀드만 선택하려 한다면 수익률은 높일 수 있을지 모르지만 자신이 원하는 시기에 투자 리스크가 많이 발생하여 목적자금을 제대로 마련하지 못할 수 있다. 목적자금 마련 시점에 만기가 되는 상품인지도 눈여겨본다. 펀드투자는 위험도와 목표자금 마련 시점, 펀드투자전략, 환매전략이 상호 맞아야 자신이 원하는 시점에 환매하여 수익을 올릴 수 있다.

3. 펀드투자의 4대 원칙에 주목하며 시장 움직임에 순응

인덱스펀드의 창시자인 존 보글(John Bogle)은 "미래에 어떤 일이 일어날지 알기 어려우므로 펀드투자의 4대 원칙인 ① 수익, ② 리스크, ③ 시간, ④ 비용 4가지 관리를 철저히 하라"고 말했다. 목적자금이 필요한 시기를 정확히 계산하여 기대수익을 따져보고, 시장 자체의 리스크에 너무 민감한 반응을 보이지 말며, 매입한 펀드의 듀레이션을 짧게 가져갈 방법을 강구하면서 판매수수료를 비롯한 유무형의 비용과 세금 등 제반 지출 비용을 최대한 적게 내는 펀드를 선택하여 효율성을 극대화해 나가라는 것이다. 펀드투자로 수익을 올리려면 이 네 가지 원칙을 지켜나가면서 목표자금이 완성될 때까지 시장 움직임에 너무 민감하게 반응하지 말고 순응해 나가는 자세를 견지한다.

4. 적립금액만 살피지 말고 펀드보유좌수 체크

얼마를 투자하였고 적립금은 얼마인지를 체크하는 것보다 지금 현재 펀드보유좌수가 얼마나 되는지를 체크하는 것이 중요하다. 펀드보유좌수를 체크하는 습관을 들여야 어떻게 하면 펀드보유좌수를 늘려나가 목표 기간 내에 목적자금을 마련할 수 있는지 그 방법론을 다방면으로 모색해서 수익률을 더 높일 수 있다. 쉬어가는 달이 있으면 적립식의 장점인 코스트 애버리징 효과가 발생하지 않으므로 자동이체하도록 한다.

5. 투자위험도가 어느 정도인지 파악

펀드 선택 시 투자수익률이 가장 중요한 요소이지만 이에 못지않게 펀드의 위험도를 체크하는 일도 중요하다. 특히 고수익·고위험 펀드일수록 위험도 체크는 더욱 중요하다. 위험요소를 알고 대처한다면 미리 위험을 회피할 수 있으므로 그만큼 투자 리스크가 상쇄되고 수익을 올릴 발판이 조성되기 때문이다. 위험을 관리하는 기술과 투자종목을 신중히 선택하는 습관은 투자성공률을 높이는 중요한 열쇠가 된다.

6. 꼼꼼히 자로 재듯 살펴본 후 신중히 결정

펀드설정일은 언제이며 투자수익률 기준이 거치식인지 적립식인지, 자산운용회사는 믿을 만한지 등을 사전에 꼼꼼히 살펴볼 필요가 있다. 펀드에 대한 전반적이고 기본적인 사항을 확인하면서 최종적으로 가입하는 상품에 대한 충분한 이해와 좀더 자세한 검증이 선행되어야 한다. 펀드운용사와 판매사, 수탁회사, 해당 펀드의 고수익 창출 가능성 등 펀드의 내구성을 꼼꼼히 체크한 후 결정한다.

펀드는 은행 예금과 달리 원금손실이 생겨도 보호받지 못하므로 가입 전에 과거 수익률 성과만 보지 말고 투자 위험성도 꼼꼼히 따져본다. 스스로 결정하여 선택 가입하지 말고 반드시 주변 전문가와 상담하여 결정하는 지혜를 발휘한다.

과거 수치만 보지 말고 기간수익률과 연환산수익률, 세전수익률과 세후수익률, 과거 수익률의 변동폭을 확인하며, 위험관리지표와 비교한 수익률을 점검하고 구분해야 한다. 또한 선택 가입할 보험사와 보험사가 선정한 운용사를 눈여겨본다.

7. 투자비용으로 지불한 값 이상의 정보를 받아내라

펀드투자는 사업비와 판매수수료로 지불된 본전은 반드시 뽑으려 노력하는 의지에서 시작된다. 수수료는 펀드 가입에 대한 대가성 보수이므로 그 대가를 펀드 가입자가 확실히 받아야 펀드수수료를 지불한 효용가치가 있다. 대충 가입하지 말고 펀드판매자에게 모든 정보자료를 달라고 당당히 요구하며 상품 내용을 꼬치꼬치 캐물어 판매수수료(사업비 포함)를 지불한 값을 판매사에서 확실히 받아낸다.

미국은 펀드 판매수수료율이 상대적으로 한국보다 적은 편인데도 투자자들이 각종 정보자료를 받아내는 데 적극성을 보인다. 그 적극성이 자신의 소득증가로 귀결되는 것은 당연하다. 모르는 것은 당당히 묻고 정보자료도 당당히 요구하며, 마음에 안 들면 당당히 거절하고 마음에 들면 사후관리 서비스 여부도 당당히 요구해야 한다. 가입자로서 권리 행사를 해야 한 푼이라도 더 이익을 볼 수 있다.

8. 인기 높은 장기 대형펀드 가입

여러 판매회사에서 비슷한 유형의 펀드상품을 많이 판매할 때는 그 펀드를 가입한다. 좋은 상품은 맨 처음 만든 회사에서 3개월 동안 독점적 지위에 놓이게 되어 다른 회사에서 판매할 수 없다. 그러나 3개월 이후에는 가능한데 이때 다른 회사들이 그 상품을 덩달아 판매한다면 좋은 상품이라 할 수 있다. 잘 팔리는 상품은 다른 곳에서도 비슷한 상품구조로 취급하므로 이런 상품을 골라 가입하는 것이 상책이다. 변액보험이나 적립식펀드 모두 마찬가지다. 펀드매니저 1인당 펀드운용액이 적은 소형펀드는 생명력이 짧을 수 있고 펀드운용사에 이익이 별로 발생하지 않아 수익관리에 소홀해질 우려가 있으므로 장기적으로 안전 수익을 창출하는 대형펀드를 찾아 가입하는 것이 바람직하다.

9. 국내펀드와 해외펀드 간 포트폴리오 리밸런싱

펀드투자 시 어느 한 펀드에만 투자하면 펀드기준가에 변동성이 심할 경우 투자 리스크를 헤지해 나갈 방법이나 회피할 묘책이 없다. 이런 경우를 대비해 국내펀드와 해외펀드에 적절히 투자해 운용한다면 시장의 변동성에 능동적으로 대처해서 실익을 챙길 수 있다. 이 경우 가계자산의 안분비례를 먼저 하고 난 후 분산투자를 한다. 단, 모르는 길을 개척해 나가야 하는 만큼 그에 따른 위험성도 생각하면서 더 많은 펀드 내공을 쌓는 일 또한 잊지 않는다.

10. 고수는 온라인 판매채널 전용펀드 활용

온라인 판매채널 전용펀드는 은행이나 증권사 지점을 찾지 않고도 인터넷사이트를 통해서만 가입이 가능한 온라인 전용 펀드로 오프라인 판매채널보다 수수료가 상대적으로 매우 저렴하다. 대부분 온라인 전용펀드의 총보수는 판매사 지점 또는 컨설팅하는 설계사들이 판매하는 펀드보다 매우 낮다. 펀드수수료는 중장기 투자 시 펀드수익률 제고에 상당한 영향과 효과를 발생하게 하는 주요인이 되므로 스스로 펀드를 관리할 수 있을 정도로 역량이 구축된 고수만 이용하는 것이 바람직하다. 이 경우 불법펀드를 조심한다.

펀드 위험도 알려주는 6가지 위험관리지표 꼭 체크

위험관리지표 알아야 안전수익 가능

가장 이상적인 투자란 위험은 적고 수익률은 높은 것이다. 모든 투자에는 투자한 돈(원금)에서 손실을 볼 확률(투자위험)이 크면 클수록 기대수익은 상대적으로 더 커지는 위험과 수익의 반비례법칙이 적용된다. 펀드투자의 기본 원칙은 'No Risk No Gain & High Risk High Return'이다. 이는 실적배당형 상품에 가입할 경우 언제나 투자 리스크가 상존하므로 항상 위험도를 고려하면서 투자에 임해야 함을 의미한다.

위험부담이 크면 수익도 많이 나서 그 파이도 커지지만 잃을 때는 또 많이 잃게 된다. 반대로 위험을 적게 부담하면 얻을 때는 조금 얻고, 잃을 때 또한 조금만 잃게 된다. 투자한 펀드에 대해 적극적으로 위험을 관리하기 위해서는 위험에 능동적으로 대처해 나갈 수 있도록 펀드에 가입하기 전 조금이라도 위험요소를 회피할 방법을 찾아야 한다.

펀드 위험도 체크하는 다섯 가지 방법

펀드투자로 고수익을 올리려면 반대편 대척점에 위험요소가 상존하기 마련이다. 펀드를 고를 때는 수익률 성과만큼이나 위험도도 비례하여 높아지므로 다양한 위험관리지표를 따져본다. 특히 펀드 투자 기간이 길수록 위험관리지표를 살펴봐야 하는데, 이는 수익률 제고에서 매우 중요한 요소이다. 펀드투자에서 '위험'이란 시장의 변동성을 의미한다. 주식, 채권, 파생상품 등 시장의 가격은 항상 변하기 때문에 펀드도 지속적으로 가격 변동이 발생하며, 이런 자산의 변동성을 '위험도'라고 한다.

펀드 위험도를 체크하는 방법은 크게 ① 펀드의 자산 보유 내역을 확인하고 체크하는 방법, ② 최근 펀드 규모 증가 여부를 확인해 체크하는 방법, ③ 미래 위험 측정의 지표로 삼기 위해 과거 수익률의 변동성을 살펴보는 방법, ④ 펀드매니저의 교체 여부로 확인하는 방법, ⑤ 목표수익률을 고려하여 펀드 구성 내용을 살펴보는 방법 등이 있다.

이런 위험을 미리 감지하도록 바로미터 역할을 해주는 것이 바로 표준편차, 샤프지수, 트레이너지수, 베타(β)계수, BM초과수익률, 젠센지수 등 6가지 위험관리지표이다. 위험관리지표들은 서로 밀접한 상관관계가 있어서 분산투자가 잘되어 있는 펀드일수록 이들 지수의 평가가 유사하게 나타난다.

표준편차 낮을수록 수익률이 안정적인 펀드

표준편차(Standard Deviation)는 개별 펀드의 수익률이 동종의 펀드 유형 평균에서 어느 정도 움직이는지 측정한 값으로, 한 펀드의 수익률이 얼마나 큰 폭으로 오르내리는지 펀드수익률의 총변동성을 나타내는 대표적 위험관리지표이다.

표준편차가 크면 클수록 수익률이 아래나 위로 많이 움직였다는 뜻이며, 그만큼 해당 펀드의 투자위험도가 높다는 것을 의미한다. 반대로 표준편차가 낮으면 낮을수록 안정성이 높은 펀드이다. 따라서 동일한 수익률 수준이라면 변동성이 작은 것이 더 안정적으로 수익률을 유지해 주는 것이라 할 수 있으므로 동일 유형의 펀드가 수익률이 엇비슷하다면 표준편차가 낮은 것을 선택하는 것이 바람직하다.

샤프지수가 클수록 수익률이 좋은 펀드

샤프지수(Sharpe Ratio)는 특정 펀드가 투자 기간에 1단위의 위험자산에 투자함으로써 획득한 초과수익의 정도를 나타내는 지표이다. 즉, 수익률을 표준편차로 나눈 값으로 1이라는 위험을 부담하는 대신 얻은 대가인 초과수익이 얼마인지 측정하는 지표이다. 샤프지수의 값이 높으면 높을수록 위험을 감안한 후 투자성과의 결과물인 펀드수익률이 우수하다는 것을 의미한다. 샤프지수는 매주 또는 매년 투자수익률로부터 펀드수익률을 비교하는 기준 수익률인 벤치마크 수익률을 차감하여 산출한다.

트레이너지수가 클수록 수익률이 좋은 펀드

트레이너지수(Treynor Ratio)는 펀드의 체계적 위험인 베타계수를 이용하여 펀드 성과를 평가하는 지표이다. 한 단위당 무위험 초과수익률을 나타내는 지표로 수익률 대 변동성 비율이라고도 하며, 그 값이 클수록 펀드 성과가 우월한 것으로 평가된다.

샤프지수와 트레이너지수는 모두 위험이 수익에 기여한 정도를 측정하는 지표인데 샤프지수는 분산투자를 고려하지 않고 펀드의 전체 위험을 사용한 것이고, 트레이너지수는 분산투자를 전제로 체계적 위험만 고려하여 측정한다는 점이 다르다.

베타(β)계수가 클수록 시장수익률이 더 높다

베타(β)계수(Beta Coefficient)는 표준편차 다음으로 펀드의 체계적 위험을 측정하는 대표적 지표로, 증권시장 전체의 수익률 변동이 발생했을 때 이에 대해 개별 기업의 주가수익률이 얼마나 민감하게 반응하는지 개별 자산 수익률의 민감도를 측정하는 계수로 활용하고 있다.

베타계수가 1이면 펀드수익률이 종합주가지수 상승률을 그대로 반영한다는 의미로 펀드수익률이 주식시장과 동일한 흐름을 나타낸다. 따라서 베타계수가 1보다 높으면(커지면) 그만큼 시장수익률을 상회한다는, 즉 시장평균보다 해당 증권의 위험 및 기대수익률이 크다는 의미이다. 반대로 1보다 작거나 마이너스(-)값이면 시장수익률보다 펀드수익률이 떨어지거나 마이너스 수익률을 보인다는 것으로 위험과 기대수익률도 작아짐을 의미한다.

베타계수의 값이 1보다 높으면 주가의 탄력성이 좋아 강세장에서는 고수익을 올릴 수 있지만 반대로 약세장에서는 다른 종목보다 더 많은 손해를 볼 수 있다. 예를 들어, 종합주가지수를 벤치마크로 하는 A펀드의 베타계수가 1.2라면 종합주가지수가 10% 움직였을 때 해당 펀드는 12%를 움직여 그만큼 수익률을 더 낸 것이고, 반대로 베타계수가 0.8이라면 해당 펀드는 8%를 움직여 시장수익률보다 더 적은 수익률을 올리는 것이다.

벤치마크(BM)초과율이 높은 상품일수록 좋은 상품

BM, 즉 벤치마크(Bench Mark)는 모든 펀드가 가지고 있는 자산운용의 목표를 일컫는 비교지수로 펀드운용 성과를 비교하는 기준이 되는 지표를 말한다. 투자성과인 펀드의 수익률을 평가·비교하기 위한 측정기준이 되는 지표(비교지수)로 펀드매니저의 운용능력을 평가하는 기본 잣대로 사용된다. 따라서 BM수익률은 운용사가 설정한 시장에서 해당 펀드에 기대하는 목표수익률 기준치를 말한다. 펀드가 BM수익률을 초과하는 성과(BM초과수익률)를 나타낸다면 시장수익률보다 더 나은 성과를 얻고 있으므로 펀드운용이 잘되고 있다고 보면 된다.

펀드 유형에 따라 벤치마크 수익률도 다양하게 구성된다. 주식형펀드는 주식시장의 수익률을 벤치마크로 삼는데 일반적으로 KOSPI 또는 KOSPI200 등 시장지수가 BM수익률을 나타내는 지표로 활용된다. MMF는 콜금리나 CD금리가, 채권형펀드는 3년 만기 국채 또는 1년 만기 통안채 금리가 BM수익률이 된다.

BM초과수익률은 시가평가를 원칙으로 하는 펀드의 경우 절대수익률을 벤치마크로 삼을 수 없는 속성이 있어 대부분 펀드평가회사가 절대수익률보다는 BM초과수익률로 펀드를 평가한다. 그러나 펀드평가사마다 각기 다른 BM 적용기준을 갖고 있으므로 잘 살펴본다.

펀드의 기대수익률과 과거 변동성, 시장규모, 업종, 배당률 등을 한눈에 볼 수 있는 벤치마크는 펀드투자 전과 투자 후에 모두 사용되는 지표로 펀드가 투자하는 시장의 정보와 향후 기대수익의 예상치를 가장 쉽고 간편하게 획득하는 매우 유용한 방법이다. 따라서 펀드를 가입하기 전 먼저 해당 펀드의 벤치마크를 살펴보는 것이 선결 과제임을 유념한다.

젠센지수가 높은 펀드가 고수익 실현

젠센지수(Jensen's ratio)는 특정 펀드에 기대하는 수익률과 실제로 달성된 수익률의 차이를 나타내는 지표이다. 개별 펀드의 실제 수익률이 시장균형을 가정한 경우의 수익률보다 얼마나 높은지 나타내는 지표로 젠센척도 또는 젠센알파지수라고도 한다.

젠센지수가 높을수록 펀드의 평가(위험 대비 운용 성과)가 우수하여 실제 투자가 성공적이었다는 것을 나타낸다. 즉, 젠센지수가 '－'를 나타내면 펀드수익률이 시장수익률보다 못하다는 뜻이고, '+'를 나타내면 해당 펀드수익률이 시장수익률보다 우수하다는 것을 의미한다. 따라서 젠센지수가 높은 펀드를 선택해 가입해야 고수익을 실현할 수 있다.

앞에서 설명한 위험관리지표들이 펀드의 위험도 등을 측정하는 절대적 지표는 아니다. 투자 결과는 본인이 책임져야 하므로 본인이 좋은 펀드를 선택할 수 있는 전문가가 되어야 한다. 특히 단기간 수익률과 연관성을 갖기는 더욱 어렵기 때문에 절대적으로 의존하지 말고 펀드 가입에 필요한 여러 고려사항 중 하나로 인식하면서 주시하는 것이 바람직하다. 또한 이들 지수의 산출방식은 매우 복잡해 일반 투자자들이 직접 구하기는 쉽지 않은 만큼 펀드평가사 홈페이지 등에서 파악한 후 펀드 가입 시 참고하면 많은 도움이 된다.

펀드 유형별 기대수익률과 투자 성향 비교 분석

펀드 유형별 기대수익률과 투자 성향을 종합적으로 살펴보면 다음 표와 같다. 이 책에서는 개개 펀드별 구체적인 상품 내용은 취급하지 않고 개략적인 펀드 가입 솔루션을 제시한다.

펀드 유형별 기대수익률과 투자 성향 비교 분석

구분	펀드 유형	투자위험	투자 성향	투자 적정기간	투자 방법	기대 수익률	이익 추구
적립식 펀드	MMF	저위험	저수익	1년 이하 최단기	적립식, 거치식	시장금리	안정 수익
	단기채권형	저위험	저수익	3개월~1년 이하 단기		시장실질 금리	안정적인 단기 이자 수익
	채권형	저위험	중수익	1년 이상		시장실질 금리	안정 수익
	혼합형	중위험	중·고수익	3~5년		중수익률	안정 수익
	연금저축펀드 (TDF 등)	저위험	저수익	5년 이상(55세 이후 연금수령) 장기		시장금리 이상	장기 안정 수익

구분	펀드 유형	투자위험	투자 성향	투자 적정기간	투자 방법	기대 수익률	이익 추구
적립식펀드	ETF	중위험	고수익	3~5년	적립식, 거치식	고수익률	중기 안정 수익
	비과세 종합저축펀드	저위험	중수익	1년 이상		중수익률	안정 수익
	레버리지펀드	고위험	고수익	1년 이상		고수익률	단기 고수익
	인버스펀드	고위험	고수익	1년 이상		고수익률	단기 고수익
	특별(실물)자산펀드	고위험	고수익	중장기		고수익률	장기 안정 수익
	엄브렐러펀드	중위험	중 · 고수익	3~5년		중수익률	안정 수익
	사모펀드	고위험	고수익(사적 계약형태)	1년 이상		고수익률	단기 또는 중기 수익
	멀티클래스펀드	중위험	중수익	장기		중수익률	장기 안정 수익
	펀드오브펀드	중위험	고수익	3~5년		고수익률	중기 이자 수익 및 자본소득(목표자금 마련 시점에서 적기 환매 중요)
	인덱스펀드	중위험	고수익	3~5년		고수익률	
	부동산펀드	중위험	고수익	2년 이상		고수익률	
	주식형펀드	고위험	고수익	3~5년		고수익률	
	해외펀드(역내 · 외 펀드)	고위험	최고수익	3년 이상		최대수익률	
	하이일드펀드	고위험	최고수익	3~5년		최대수익률	
변액보험	변액유니버설보험	저위험	보수적 운용, 고수익 지향	10년 이상(목적자금 달성 시까지)		펀드종목별 상이	장기 이자수익, 자본소득, 생활보장
	변액연금보험	저위험		10년 이상(연금전환 시까지)		펀드종목별 상이	
	변액종신보험	저위험	생활 보장 우선, 안정지향	종신		상품 및 펀드종목별 상이	생활 보장(보장자산)

1. 펀드종목은 적립식펀드가 변액보험의 특별계정보다 훨씬 많고 매우 다양함
2. 변액보험의 펀드 유형(종목)은 적립식펀드와 유사하므로 별도로 제시하지 않고 펀드, 즉 특별계정으로 운용되는 상품 유형만 제시함
3. ISA계좌는 하나의 계좌에 모든 펀드 유형 가입 가능
4. 장기투자상품인 변액보험의 운용방식은 적립식펀드보다 보수지향적으로 이루어지므로 기대수익률은 적립식펀드의 해당 종목보다 약간 낮은 수준에서 형성됨
5. 변액연금보험의 펀드운용은 다른 상품과 달리 은퇴 후 노후의 안정적 삶이 투자목적인 분배형 펀드

펀드투자에 성공하기 위해 꼭 지켜야 할 실천 원칙 7

펀드투자로 돈을 많이 벌어 부자가 되려면 펀드투자 성공을 위한 7원칙인 ① 궁합투자, ② 장기투자, ③ 분산투자, ④ 정액적립식투자, ⑤ 여유투자, ⑥ 선택투자(판매사 및 판매도우미), ⑦ 재무투자의 룰을 반드시 지켜나가야 한다.

펀드투자로 성공하기 위해 반드시 지켜나가야 할 7가지 투자 로드맵을 자세히 살펴보면 다음과 같다.

① '인생 5L'을 기초로 하면서 자신의 투자 성향에 가장 알맞은 펀드를 선택하는 궁합투자

② 단기간 고수익을 올리려는 것이 아닌 장기간 지속적으로 안정적인 고수익을 실현하려는 장기투자

③ 어느 한 펀드에만 투자하지 말고 투자 리스크를 헤지하기 위해 펀드종목별 또는 투자지역별로 적절히 투자하는 분산투자

④ 매월 정기 정액식으로 균등히 투자하여 코스트 애버리징 효과를 누리는 정액적립식투자
⑤ 빠듯한 자금으로 투자하는 것이 아니고 어느 정도 여유자금으로 투자에 임하는 여유투자
⑥ 자신이 투자할 판매사와 운용사, 특히 지속적으로 조언을 구할 펀드 도우미인 판매원을 올바로 선택하는 선택투자
⑦ 일시적 고수익 실현이 아닌 생애 전반에 걸친 재무설계의 일환으로 투자하려는 재무투자

투자목적과 성향 판단 후 펀드투자 수단을 찾아라

펀드도 속궁합과 겉궁합이 잘 맞아야 한다. 펀드의 겉궁합은 투자목적과 목적자금 마련 기간, 투자 성향, 투자 방법, 투자 여력 등을, 속궁합은 펀드상품과 펀드 내 포트폴리오 구성 방법, 펀드 개별 상품의 특성 등을 의미한다. 자신의 투자 성향과 투자목적을 고려하여 가장 적합한 펀드 유형과 스타일을 선택하는 눈높이 투자 전략이 중요하다.

투자목적과 성향을 고려하지 않고 투자수단만 찾는 것은 투자의 맥을 잘못 짚는 것이다. 뚜렷한 재테크 목적의식 없이 가계자금에 대한 자산배분과 종목 선정에 치우쳐 너무 앞서가는 투자를 한다

면 낭패를 볼 수 있다.

펀드투자에 앞서 먼저 어떤 성격의 펀드에 가입할지 선택한다. 내 몸에 맞는 옷이 자연스럽게 어울리듯 자신의 투자 성향이 보수적인지, 안정지향적인지, 중도지향적인지, 공격지향적인지 체크한다. 또 위험회피형인지, 위험중립형인지, 위험선호형인지 판단한다. 그래야만 주식편입비율이 높은 펀드를 선택할지, 채권편입비율이 높은 펀드를 선택할지, 선물 및 옵션 등 파생상품 비중이 높은 펀드를 선택할지 결정할 수 있다.

과감한 투자로 높은 수익을 얻고 싶다거나 고수익을 위해서는 어느 정도 위험을 감수할 수 있다면 투자 메리트가 있는 주식편입비율이 높은 펀드 중 가치주형 펀드를 선택할지, 성장주형 펀드를 선택할지, 해외 주식투자 전용 펀드인 해외펀드를 선택할지 등을 결정한다. 해외펀드 중 역외펀드는 역내펀드와 달리 펀드 내 환헤지(Foreign Exchange Hedge)가 어려워 환율변동에 따른 위험도가 크므로 신중히 선택한다.

주가지수가 오르는 만큼 수익을 내길 원한다면 주가지수와 관련 있는 상장주펀드나 인덱스펀드, 주가연계투자형상품 아니면 배당주형펀드를 선택할지 등을 결정한다. 은행예금보다 높은 수익을 낸다면 좋겠지만 큰 위험은 피하고 싶다면 비과세형펀드를, 주가와 상관없이 투자 원금을 지키면서 꾸준한 수익을 내길 원한다면 채권형펀드가 바람직하다.

주식편입 비중이 높은 상품일수록 고수익을 올릴 확률이 높다는 장점이 있지만, 위험손실을 입을 가능성 또한 더 크다는 단점이 있다. 반대로 채권형펀드는 투자안정성은 매우 높지만 고수익률을 기대하기는 어렵다는 단점이 있으므로 투자 성향과 기대수익률, 목적자금 마련 기간 등을 종합적으로 고려하여 선택한다.

가입 초기부터 환매 시까지 안정성과 수익성, 유동성 모두 다 충족해 주는 펀드는 없으므로 이들이 적절히 조화되도록 하면서 자신이 어느 쪽을 더 선호하는지 판단해 그에 부합하는, 즉 자신과 가장 궁합이 잘 맞을 것 같은 펀드상품들을 눈여겨보면서 비교·선택하는 것이 바람직하다.

3장

주요 펀드 상품 분석 및 가입 꿀팁

사람들의 예상보다 더 수익이 높아질 펀드를 잘 고르려면
일상생활에서 지속적으로 관심을 가져야 한다.

– 포스터 프리스

고수익과 고위험이 상존하는 주식형펀드

주식형펀드(Stock Fund)는 펀드운용 비중의 50% 이상이 주식으로 구성되고 나머지는 단기자금으로 운용되는 고수익 추구형 펀드를 말한다. 즉, 증권거래소 상장종목 중 우량 기업 주식에 총자산의 50% 이상 투자하고 현금성 자산의 확보와 안정적인 수익을 획득하기 위해 국공채 및 우량회사채 등에 총자산의 50% 이하로 투자하며 기타 나머지 부분은 투자의 위험회피를 목적으로 선물(先物, Futures Contract), 옵션(Option), 즉시 현금화할 수 있는 유동성자산에 투자하는 펀드를 말한다.

주식형펀드는 투자금의 일정 부분 이상을 주식에 투자해 주식편입률이 펀드 중 가장 높아 고위험과 고수익이 동시에 있는 대표적인 'High Risk High Return'형의 액티브펀드(Active Fund)이므로 위험관리를 잘해야 한다.

주식형펀드는 주식편입비율 정도에 따라 크게 ① 주식편입비율이 40% 이하인 안정형펀드, ② 40~70% 정도인 안정성장형펀드, ③ 50% 이상~60% 미만인 주식혼합형펀드, ④ 70~100%를 주식에 편입하는 성장형펀드 4가지로 분류한다.

고위험을 감수하더라도 높은 수익률을 올리고 싶은 공격적인 투자 성향의 투자자라면 성장주형 펀드를 가입하는 것이 바람직하다. 또한 투자하는 주식의 특성에 따라서는 ① 현재 주가가 내재가치(Intrinsic Value)와 비교 시 저평가되어 주당 순이익에 비해 낮은 가격으로 거래되는 종목에 투자하는 가치주형 펀드, ② 주가가 내재가치와 비교 시 다소 고평가되어 있지만 미래 기업가치가 올라갈 것으로 예상되는 우량종목과 성장 가능성이 매우 높은 기업의 주식에 투자하는 성장주형 펀드, ③ 가치주와 성장주의 중간 형태인 혼합주형 펀드 3가지로 구분한다.

성장주형 펀드는 가장 대표적인 주식형펀드이자 공격적인 펀드로, 가치주형 펀드는 방어적인 펀드로 불린다.

주식형펀드는 소형주에 집중 투자하는 펀드부터 대형주 위주로 투자하는 펀드까지 다양하지만 주식혼합형펀드는 펀드에 편입하는 종목이 대부분 업종대표주로 구성되어 있다. 따라서 주식혼합형은 대부분 상품의 수익률이 엇비슷하게 나타나지만, 주식형펀드는 펀드운용사의 능력과 선택주식의 가치에 따라 매우 다르게 나타나므로 주식형펀드를 선택할 경우 주식혼합형을 선택할 때보다 해당 펀드운용사의 운용능력뿐만 아니라 리스크 관리능력도 함께 고려해 신중하게 결정한다.

주식형펀드의 장점은 주가 상승 시 기대수익률을 매우 높일 수 있다는 점이다. 주식형펀드는 장기적·안정적으로 투자할 경우 일반적으로 시장수익률을 상회하는 만큼의 투자성과는 달성할 수 있는 것으로 나타나고 전망되므로 자산배분 전략상 주식과 채권에 대한 투자비중을 먼저 결정하여 주식혼합형을 결정하고 난 다음 주식형펀드를 선택하는 것이 바람직하다.

발생 소득에 대한 세금부과 여부에서 국내펀드의 경우 주식 및 주식 관련 파생상품의 주식 매매차익(평가차익)은 비과세 상품으로 분류되어 세금이 부과되지 않으므로 종합소득세 과세대상자인 투자자들에게 유리하다. 그러나 주식배당수익, 채권이자소득, 채권매매(평가)차익, 현금성자산 이자소득에 대해서는 과세(15.4%)를 한다. 해외펀드는 주식 매매차익(평가차익)과 환차익 등 모든 발생소득에 대하여 과세(15.4%)한다.

주식형펀드 가입 시에는 펀드투자 운용 기간과 주식트렌드를 종합적으로 분석하고 검토한 후 선택해야 한다. 나름대로 펀드투자 원칙과 펀드선택 방법을 염두에 두면서 꼼꼼하게 따져보고 가입하는 지혜가 필요하다.

주식형펀드 가입 시 꼭 알아둘 꿀팁 7

1. 투자대상의 분산과 더불어 시간을 분산해 위험관리를 슬기롭게 처리한다.

주가는 언제나 상승 장세와 하락 장세를 반복하므로 너무 일희일비하지 말고 3년 이상 중기적으로 운영해 나가면서 자금이 필요한 적절한 시기에 환매한다면 물가상승률 이상의 기대수익을 얻을 수 있다.

2. 목표자금의 마련 시점과 수익기준을 정한다.

현재의 수익률이 미래의 수익을 보장해 주지는 않으므로 가입하고자 하는 펀드 상품이 장래 일정 시점에서 기대수익(목표수익률)을 가져다줄 수 있는 상품인지 잘 파악한다.

3. 지속적으로 우수한 운용 성과를 내는 운용사의 펀드를 선택한다.

모든 주식형펀드의 운용실적이 똑같다면 걱정이 없겠지만 운용사와 펀드 유형에 따라 실적이 각기 다르므로 신중하게 선택한다. 주식형펀드 선택 시에는 분기 평균수익률이 전체 펀드 중 상위 30% 이내를 유지하는 펀드를 선택하는 것이 바람직하다.

4. 펀드에 편입된 주식의 투자 비중, 상위 보유종목과 업종을 확인한다.

주식의 투자 비중과 보유종목 및 업종에 따라서 실제 운용 성과가 다르므로 펀드에 편입된 주식의 비중과 더불어 주식의 상위 보유종목 수가 얼마나 되며 어느 업종이고 업종별 투자 비중은 어떠한지 확인한 후 선택한다.

5. 펀드의 매수와 환매 시점을 신중히 결정한다.

주식시장이 급락할 것으로 예상될 경우 손실 위험이 크므로 향후 주가지수의 움직임에 대한 예측 전망이 필요하다. 주가가 계속 상승한다고 마냥 손 놓고 있다가 곤두박질칠 즈음 자금이 필요해 환매한다면 주가 하락 시 손실폭이 매우 클 수 있으므로 환매 시기를 잘 포착해야 한다.

6. 주가 하락 시 변동성이 크므로 손실 범위를 최소화한다.

주식형펀드는 펀드운용 구성 비중에서 주식편입비율이 높아서 주가상승 시에는 다른 펀드보다 상대적으로 수익률이 높지만 하락장세가 이어질 경우 더 많이 떨어져 리스크가 크다. 즉, 주가 하락기에는 시장 자체의 피할 수 없는 위험이 매우 커 손절매(損切賣, Stop-Loss)가 힘들므로 주가 변동성 발생 시 추가손실위험을 최소화할 수 있도록 스스로 손절매 원칙을 정해놓는다.

7. 현재 수익률이 양호한 펀드 중 표준편차가 작은 상품을 선택한다.

주식형펀드는 대부분 3년 이상 중장기로 운용하는 상품이다. 현재 수익률이 아무리 높다 하더라도 앞으로 수익률을 보장해 주지는 못하니 펀드 가입 시 해당 펀드의 현재 투자수익률과 더불어 수익률의 변동성을 의미하는 표준편차 및 벤치마크, 베타계수, 샤프지수 등 위험관리지표를 세밀히 관찰한다.

안정적 수익 실현에 적합한 컨버전스형 혼합형펀드

주식의 수익성과 채권의 안정성을 동시에 추구하는 펀드

식당에 가서 식사할 때 반찬이 달랑 한 개 나오는 것을 선택할 수도 있고 가정식백반처럼 많은 반찬이 나오는 것을 골라 먹을 수도 있다. 그런데 바쁘다든지 입맛이 없을 때는 처음부터 맛깔스럽게 밥과 반찬이 함께 버무려져 나오는 비빔밥을 선호하는 경우도 있다.

적립식펀드 또한 마찬가지다. 시장 상황에 따라 적극적으로 분산투자를 해나가야 위험관리가 가능하므로 버무린 비빔밥과 같은 혼합형펀드를 선택할 필요가 있다. 주가가 조정국면이라면 그리고 공격적인 주식형펀드가 다소 부담된다면 주식투자 비중을 낮추면서 채권에도 투자해 수익성과 안정성을 동시에 누리는 컨버전스

(Convergence)형 상품인 혼합형펀드가 안성맞춤이다.

요즘처럼 경기 전망을 예측하기 어려운 시점일수록 기대수익률과 위험을 고려하여 중립적 투자 성향에 맞는 펀드 상품을 선택하는 것이 중요하다. 급변하는 금융환경에서 변동성을 낮추면서 초과수익을 얻으려는 투자자들이 주목하는 대표적 투자상품이 주식과 채권을 한번에 투자하는 혼합형펀드이다. 혼합형펀드는 주식형펀드보다 상대적으로 변동성을 완화하고 안정적인 수익을 쌓아나가는 구조로 펀드 포트폴리오가 형성되어 있다.

혼합형펀드(Mixed Fund)는 급변하는 경제·금융환경과 주식시장의 변동성에 탄력적으로 대처하기 위해 채권과 유동성 자산의 비중을 50% 이상으로 설정하고 주식 비중을 50% 이하로 설정하여 신축성 있게 조정·운용하는 펀드이다. 즉, 주식과 채권의 효율적 배분으로 주식의 수익성과 채권의 안정성을 동시에 추구하는 혼합형펀드는 펀드투자의 변동성을 줄이기 위해, 즉 투자 리스크를 상쇄하기 위해 개발된 자산배분형 펀드이다.

펀드매니저가 주식에 따라 편입 종목만 결정하는 것이 아니라 증시 전망에 따라 전체 자산의 주식편입비율까지 조절하기 때문에 자산배분형펀드라고도 한다. 주식형펀드는 주식의 편입 비율을 60% 이상(자산의 60~95% 정도)으로 유지하는 데 반해 혼합형펀드는 최저 주식편입 비율을 0~60%로 정하여 증시 상황에 따라 0~60% 범위 안에서 주식편입비율을 조절하도록 설정되어 있다.

혼합형펀드의 상품 유형은 크게 ① 약관상 허용하는 주식 최대 편입비율이 50% 이상으로 주식투자 비중이 높은 주식혼합형, ② 약관상 허용하는 주식 최대 편입비율이 50% 미만으로 채권투자 비중이 높은 채권혼합형 2가지 형태로 구분된다.

세부적으로는 주식과 채권뿐만 아니라 채권과 파생상품, 주식 및 채권과 파생상품, 주식과 채권 및 파생상품에 주로 투자하면서 장외옵션 등을 이용해 손익구조를 미리 결정하는 펀드 등 종류가 다양하다. 혼합형펀드는 현재 펀드 판매 비중이 가장 큰 상품으로 ELS 펀드, 원금보존추구형 펀드 등도 혼합형펀드에 포함된다.

채권혼합형펀드는 주요 투자대상이 채권이지만 일정 부분의 주식투자로 인한 수익률 변동으로 순수 채권형펀드보다 위험성이 크다. 따라서 보수적인 투자자보다는 채권의 수익률에 만족하지 못하거나 주식과 채권에 분산투자하기 어려운 투자자 또는 약간의 투자 리스크를 감수하면서 은행예금 이상의 안정적 수익률을 얻고자 하는 중립적인 성향의 투자자들에게 적합한 상품이다.

혼합형펀드의 장점 3가지

1. 안정성과 수익성을 동시에 실현해 주는 컨버전스 기능이 있다.

주식과 채권에 혼합하여 분산투자함으로써 주식형보다는 시장의 위험성을 낮추고, 채권형보다는 기대수익을 더 높일 수 있다.

2. 주가가 큰 폭으로 하락할 경우 수익률 방어가 상대적으로 용이하다.

주가 하락 시 주식형펀드는 충격을 고스란히 떠안지만 혼합형은 주식 비율을 적절히 조절하며 리스크를 어느 정도 상쇄해 나갈 수 있다.

3. 운용사의 판단 오류로 인한 손실이 상대적으로 적다.

주식형펀드는 주가 하락기에도 주식편입비율을 낮출 수 없기 때문에 탄력적인 대처가 어렵지만, 혼합형펀드는 자산배분형으로서 펀드매니저의 증시 전망에 대한 판단 오류로 인한 손실 위험이 상대적으로 적다.

혼합형펀드의 단점 4가지

1. 상승장에서는 주식형펀드에 비해 수익률이 떨어진다.

2. 주식시장이 활황이어서 펀드수익률이 급상승할 경우에도 신탁계약서상 주식에 투자할 수 있는 한도가 정해져 있어 3개월 이내에 주식을 팔아 주식 비중을 한도 이내로 낮춰야 한다는 취약점이 있다.

3. 혼합형펀드는 투자수익률에 주식편입비율의 영향력이 크기 때문에 채권형펀드보다 상대적으로 펀드 관리가 소홀해지기 쉽다.

4. 주식과 채권이 혼합되어 개인투자자들이 펀드 성과의 판단이나 환매시점 등 투자와 관련된 의사결정이 쉽지 않다.

혼합형펀드 가입 시 주의할 점 5가지

1. 펀드별로 주식편입비율이 얼마나 되는지 실제 투자되는 주식과 채권의 비율을 미리 체크한다.

약관상 비중은 최대·최소 편입 한도를 규정해 놓았을 뿐 실제 주식과 채권 편입 비율은 펀드매니저의 운용 방침에 따라 각기 다르므로 꼼꼼히 살펴본다.

2. 채권의 안정적인 이자소득과 주식의 시세차익으로 시장 상황에 따라 유연하게 운용되는 점을 적극적으로 활용한다.

3. 자산배분에 따라 수많은 형태의 상품이 존재하고 유형에 따라 위험과 기대수익도 각기 다르므로 가입 시 해당 펀드의 특성을 잘 파악한 후 투자 여부를 결정한다.

4. 펀드의 운용 성과가 운용사의 운용방침에 따라 실현되는지 살펴본다.

5. 기대수익과 위험도를 감안하여 투자목적과 투자 성향에 맞는 펀드 유형을 선택한다.

투자 위험이 가장 낮고 안전성이 높은 채권형펀드

채권형펀드(Bond Fund)란 주식 외에 채권이나 현금성자산(Money Market Instrument) 등을 편입하여 국가 또는 지방공공단체, 회사 등에서 발행하는 채권에 투자하는 펀드를 말한다.

채권형펀드는 신탁재산인 펀드 자산 대부분을 주식보다는 국공채나 회사채 등 단기채권(주로 우량 금융채)과 단기금융상품(CP, CD, CALL 등) 등 현금성자산에 투자하여 운용하는 펀드를 말한다. 즉, 'Income Gain 중심'의 안정적인 수익을 유지하기 위해 채권과 유동성 자산 등에 100% 자금을 투자하는 순수채권형펀드를 말한다.

채권형펀드는 채권의 이자수익과 매매차익을 추구하는 펀드로 수익률이 상대적으로 낮지만 투자위험도 매우 낮다는 강점이 있다. 수익률은 높지 않지만 주식 시황이 하락세에 있거나 금융시장이 불안정할 때 안정적으로 확정수익률을 기대할 수 있는 펀드이다.

채권형펀드는 보유하고 있는 채권에서 정기적으로 이자가 지급되고 채권을 편입한 펀드의 기준가격은 그에 비례해 상승하므로 이자율이 높은 채권을 많이 보유하면 채권형펀드의 수익률은 더 올라간다. 현재 대부분 채권형펀드는 단기채권과 우량등급 위주로 운용되며 수익률은 연 4~5% 정도이다. 채권도 주식처럼 매일매일 거래되며 채권발행자의 신용과 금리(할인율)가 계속 변경됨에 따라 매일매일 평가금액이 달라진다.

채권형펀드는 크게 신용등급에 따라 ① 국공채, ② 회사채로 나누는데 회사채의 경우 다시 투자등급인지 투기등급인지로 구분한다. 그리고 잔존만기, 즉 투자 기간에 따라 ① 투자 기간이 3개월 이상인 단기채형, ② 6개월 이상인 중기채형, ③ 1년 이상인 장기채형 등으로 구분한다. 채권형펀드 중 주로 채권에 투자하면서 일부 자금을 주식으로 운용하는 펀드를 채권혼합형펀드라고 한다. 이때 순수 주식투자비율은 최고 50% 미만으로 주식보다 채권의 투자비중이 높아 주식형펀드에 비해 비교적 안정적인 수익률을 실현할 수 있다.

채권형펀드는 주로 우량채권과 단기채권이므로 안정적인 수익률을 실현할 수 있다. 경기둔화 가능성이 부각될 때는 적립식펀드 중 채권형펀드의 기대수익률이 가장 높다. 그러나 수익률 곡선의 평탄화(Flattening)가 지속될 수 있는 대표적 펀드이다.

세금우대제도 활용에 가장 적합한 펀드

채권형펀드는 일반적으로 투자수익률(연환산수익률)이 특별한 경우가 발생하지 않는 한 한 자리 숫자로 나타나므로 이자를 제외하고 물가상승률을 감안하면 실질적 수익률이 다른 펀드보다 상대적으로 낮다. 또한 채권형펀드는 매매차익(펀드 내 보유채권의 매매로 인한 양도차익)과 이자소득(펀드 내 보유채권에서 발생하는 이자수익)에 대하여 세금을 정상과세(일반과세 15.4% 적용)한다. 그러나 주식형펀드는 매매차익이 비과세된다.

따라서 채권형펀드 가입 시 세금우대저축제도를 우선적으로 적극 활용하여 세금우대를 받도록 하는 것이 가장 바람직하다. 채권형펀드를 세금우대종합저축으로 가입할 경우 해당 저축에서 발생하는 이자소득 및 배당소득에 대해 세금우대를 적용하고 종합소득세 계산 때 해당 저축액은 과세표준에서 제외되므로 펀드 재테크 시 여러모로 유리하다.

조세특례제한법 제89조에서는 세금우대 적용상품에 대해 ① 계약기간이 1년 이상일 것, ② 모든 금융회사 등에 가입한 세금우대종합저축의 계약금액 총액이 20세 이상인 자의 경우 1명당 1,000만 원까지 세금우대 적용(미성년자는 해당 안 됨), ③ 65세 이상인 거주자, 장애인, 독립유공자와 그 유족 또는 가족의 경우에는 1명당 3,000만 원까지 세금우대(9.9%)를 적용한다고 명시하고 있다(세금우대 적용률이 금융사마다 조금씩 다름).

만약 채권형펀드에 1,000만 원을 초과하여 투자할 경우 65세 이상 부모님 명의로 펀드를 가입하면 1명당 3,000만 원까지 세금우대 혜택을 받을 수 있다. 단, 이 경우 미리 자금 출처 소재를 명확히 해두는 것이 좋다. 채권은 거래단위가 주식에 비해 높은 편이므로 운용규모가 적은 펀드는 투자할 수 있는 채권의 한계 때문에 시장상황에 따라 탄력적으로 운용할 수 없다. 신용등급이 우량한 투자적격채권인지, 만기까지 잔존기간은 얼마인지 등을 살펴보고 운용규모가 큰 펀드를 선택하는 것이 바람직하다.

가장 안정적인 수익으로 보수적 투자에 적합한 펀드

채권형펀드는 금리와 밀접한 반비례 관계가 성립한다. 금리가 인상되면 시중은행 금리도 인상되므로 채권이익은 상대적으로 떨어지게 된다. 반대로 금리하락으로 펀드가 편입한 채권가격이 오르면 채권형펀드 수익률도 상승한다.

즉, 금리가 하락하면 기존 채권형펀드 가입자는 큰 수익률을 얻는다. 그러나 신규매입자는 채권 보유 수익률이 금리하락폭만큼 떨어지므로 추가로 금리가 하락하지 않는 한 기존펀드 가입자만큼 수익률을 얻을 수 없다는 것을 유념한다.

채권형펀드는 기준가격 하락으로 평균매입단가 하락의 효과를 볼 여지가 그리 크지 않으므로 주식형펀드에 투자했을 경우보다 투자수익률이 상대적으로 낮지만 투자자로서는 자산형성과 관리상 모든 자산을 주식형펀드에만 투자할 수 없으므로 투자 리스크를 줄이면서 좀더 안정적인 수익률을 원한다면 채권형펀드도 눈여겨보는 것이 바람직하다.

변액보험에서 채권형펀드는 주식형펀드, 인덱스펀드, 배당주형펀드 등을 가입한 계약자가 자산운용옵션을 이용하여 유가증권의 변동 리스크를 회피하는 수단으로 활용하는 경향이 많다.

채권형펀드는 최소 가입 금액이 없고 언제든 환매가 가능하다. 변동성이 적으므로 투자위험을 최소화하면서 안정적인 자산운용을 추구하는 보수적인 투자자들에게 적합한 펀드이다.

채권형펀드 가입 시 주의할 점 4가지

1. 펀드운용실적에 따라 수익금을 분배하는 시가평가제를 적용하는 실적배당상품이므로 원리금이 반드시 보장되지는 않는다는 사실을 유념한다.

2. 채권형펀드는 주식형펀드와 같이 전략적인 투자 로드맵이 필요 없으므로 이를 선택할 때는 수익률보다는 먼저 투자대상 채권

의 특성을 분석한다.

즉, ① 펀드 내 편입된 투자대상 채권의 특성(잔존기간과 신용등급 등)을 확인한 다음 선택하고 ② 여러 가지 채권에 투자하는 펀드보다는 회사채펀드와 국공채펀드와 같이 전문화된 펀드 중에서 선택하며 ③ 선택한 회사채펀드와 국공채펀드에 대해 추가적으로 단기, 중기, 장기형 중 하나의 유형을 선택하는 것이 바람직하다. 이때 장단기 구분은 환매수수료 부과 기간이 아니라 편입채권의 평균잔존만기나 듀레이션(Duration: 잔존만기)으로 한다.

3. 단기투자자가 아닌 장기투자 대상으로는 고수익 실현이 불가능하여 적합하지 않다.

4. 우리나라 금리는 미국 금리와 상당히 밀착되어 있으므로 채권형펀드를 매입할 경우 미국의 금리 추이를 잘 살펴보는 것도 투자전략상 유리하다.

시장 평균수익률을 따라가는 인덱스펀드

"어떤 종목을 선택해야 좋을지 종목선정에 너무 어려움을 느끼고 있다. 그냥 쉽게 종합주가지수를 따라가도록 펀드수익률에 연동되어 있는 상품은 없을까?"

펀드투자의 장점과 주식투자의 장점을 모두 갖고 있는 펀드가 바로 인덱스펀드(Index Fund)이다. 인덱스펀드는 주식시장의 장기적 성장 추세에 맞추어 수익률을 얻기 위해 펀드수익률이 종합주가지수의 인덱스를 목표지수로 삼아 이와 연동되도록 포트폴리오를 구성한 펀드를 말한다.

인덱스펀드는 주식시장의 장기적 성장추세를 전제로 주가지수에 영향력이 큰 KOSPI200, KOSPI 등의 종목들을 편입해 운용하여 이들 지수와 펀드수익률이 유사한 수익을 시현하고자 만든 대표적인 패시브펀드(Passive Fund)이므로 시장 상황에 따른 주식과 채권의 포트폴리오 조정이 거의 없다.

인덱스펀드가 증권거래소에서 추적하는 목표 인덱스, 즉 벤치마크는 주로 코스피지수(KOSPI, Korea Composite Stock Price Index), KOSPI200지수, S&P500, 한경지수, 매경지수 등이다. 인덱스펀드의 투자종목은 주로 시가총액 상위의 우량종목이므로 개별 주식 및 중소형주식에 투자하는 주식형펀드에 비해 수익률 변동성이 적어 안정적이다.

KOSPI200

증권거래소에서 주식시장의 상황, 즉 종합주가지수에 가장 큰 영향을 미치는 200개 우량종목을 시가총액에 따라 가중평균해 만든 주가지수의 일종이다.

S&P500

미국의 스탠더드앤드푸어스(Standard & Poor's)가 기업규모 · 유동성 · 산업대표성을 감안하여 선정한 보통주 500종목을 대상으로 작성해 발표하는 주가지수로 미국에서 가장 많이 활용되는 대표적 지수이다.

인덱스펀드는 시장의 평균수익률과 비슷한 추세의 수익 창출을 실현하는 것을 목표로 하는 포트폴리오 운용기법으로 주식편입 비중의 변동도 크지 않으므로 위험회피를 중시하는 보수적 투자자들에게 적합한 펀드라 할 수 있다.

인덱스펀드의 수익률이 단기간 지수상승률을 초과하였다고 해서 무조건 좋은 펀드라고 생각하면 안 된다. 인덱스펀드는 과거 운용실적을 확인해 추종하는 특정 지수의 수익률과 펀드 수익률의 오차가 적어야 좋은 펀드이므로 이런 펀드를 골라 가입해야 한다. 인덱스펀드는 중장기 펀드이므로 펀드 수익률이 단기적으로 추적하는 지수상승률보다 높은 펀드가 좋은 것이 아니라 장기적으로 운용실적이 추적 지수의 움직임과 비교하여 오차가 크지 않아야 기대수익을 올릴 수 있다.

매매회전율이 높고 수수료를 많이 떼어가는 주식형펀드보다는 매매회전율도 낮고 상대적으로 수수료 공제 규모도 작은 인덱스펀드가 장기적으로는 더 큰 수익률을 올릴 수 있다. 장기적으로 목적자금을 만들기 위해 펀드에 가입할 경우 주식형펀드보다 상대적으로 수수료가 낮고 조정 장세에서는 좀더 안정적인 수익률을 가져다주는 인덱스펀드를 선택하는 것이 바람직하다. 특히 보험투자상품인 변액유니버설보험과 변액연금보험을 통해 장기적으로 수익률을 올리려면 인덱스펀드에 가입하는 것이 더 유리하다.

인덱스펀드의 장점 5가지

1. 분산투자로 투자 리스크가 작고 수익 예측이 가능하다.

주가지수를 구성하는 여러 종목에 분산하여 투자하기 때문에 리스크 헤지가 가능하고 수익예측력이 상대적으로 용이하다.

2. 펀드운용 방법이 간단하고 투명하다.

해당 지수가 채택하는 종목을 대부분 매수하기 때문에 펀드 선택이 용이하고 펀드 포트폴리오 구성 내역을 쉽게 알 수 있다. KOSPI의 한 달 수익률이 10% 상승했으면 투자한 인덱스펀드의 수익률도 10% 정도 된다.

3. 시장수익률과 비슷한 안정적인 수익 창출이 가능하다.

자동으로 우량주 비중을 높여주고 지속적으로 주가지수를 따라가므로 장기적으로는 주식형펀드 또는 중소형주펀드보다 수익률 변동성이 적어 시장수익률(KOSPI 수익률)과 비슷한 안정적 수익을 창출할 수 있다.

4. 테마별로 다양한 지수의 수익률을 추구한다.

KOSPI200, KOSPI뿐만 아니라 반도체지수, 시가총액 상위의 우량종목 등 다양한 지수를 추적하는 인덱스펀드에 투자하므로 테마(Thema) 및 섹터(Sector)별로 지수 수익률을 올릴 수 있다.

5. 주식형펀드에 비해 펀드보수 및 운용비용이 저렴하다.

주식형펀드는 펀드수수료가 연 2.0% 내외이지만, 인덱스펀드는 연 1.0% 정도이다. 또한 인덱스에 포함된 종목에 투자하여 장기로 보유하기 때문에 상대적으로 매매를 자주 할 필요가 없어 매매회전율이 낮고 이에 따른 운용비용이 절감된다. 따라서 장기적으로 운용하면 주식형펀드보다 고수익을 낼 수 있어 보수적인 투자자들에게 적합하다.

인덱스펀드의 단점 3가지

1. 주가 약세장에서는 수익률이 낮아질 수 있다.

주식편입비율을 적극적으로 조절하지 않으므로 주식편입비율이 낮은 펀드보다 약세장에서는 수익률이 낮아질 수 있다. 그러나 개별종목에 비해서는 분산투자 효과로 수익률 하락폭이 상대적으로 작다.

2. 꾸준히 성장하는 우량주를 찾기 어렵다.

주식시장의 변동성이 심할 경우 박스피(BoxPI)를 넘어 꾸준한 우상향을 나타내는 우량주를 발굴하기 쉽지 않다.

3. 주식형펀드처럼 단기간 고수익 창출은 어렵다.

인덱스펀드는 장기적으로 적립하는 투자이기 때문에 주식형펀드처럼 단기간에 고수익을 올리기는 쉽지 않다. 따라서 주식형펀드는 단중기 투자에, 인덱스펀드는 중장기투자에 적합하다.

인덱스펀드 가입 시 주의할 점 4가지

1. 투자목적과 투자 성향을 분명히 하고 선택한다.

인덱스펀드는 중장기적으로 추종하는 해당 지수의 움직임만큼 수익을 얻기 위해 가입하는 상품이다. 단기적으로 해당 지수보다 훨씬 높은 투자수익을 원한다면 주식형펀드를 선택한다.

2. 추종지수를 정확히 파악하면서 향후 수익 전망을 알아본다.

인덱스펀드 투자 적합시기는 추종하는 지수의 상승 전망이 밝을 때이므로 이를 눈여겨본다.

3. 추종지수의 수익률과 펀드수익률 간 오차가 적은 펀드를 선택한다.

인덱스펀드는 단기수익이 아닌 중장기 수익 실현을 목적으로 가입하는 상품이므로 장기적인 운용실적이 지수의 움직임과 오차가 크지 않은 펀드를 선택한다.

4. 안정된 수익을 올려주는 운용사의 사전 검증된 안전한 펀드를 선택한다.

중장기투자 펀드라서 우량한 운용사 선택이 수익률 제고의 바로미터가 되므로 잘 살펴본다. 또 인덱스펀드는 펀드 설정 규모가 일정 수준 이상으로 사전 검증된 안정적인 펀드를 선택한다.

초보자가 투자하기 적합한 상장지수펀드

"증권거래소에 상장된 회사는 2,400개가 넘을 정도로 많은데 이 중 어떤 회사의 주식을 사야 좋을지 정말 막막하다. 사고 싶은 주식은 많은데 돈은 부족하고. 이럴 때 속 시원히 해결해 줄 펀드는 없을까? 직접 주식에 투자하듯이 수익도 좀 올리고 위험성을 최대한 줄이면서 안정성 있게 간접투자할 펀드가 있을까?"

이런 문제로 고민한다면 파생상품으로 인덱스펀드의 일종인 상장지수펀드(ETF, Exchange Traded Fund)를 선택해 가입하면 효과적인 결과를 가져올 수 있다. 펀드투자 시 수익성이 높을수록 위험도 커짐은 모든 투자에서 일반적인 법칙이다. 그러나 조금이라도 위험을 줄이고 높은 수익을 올리고 싶은 것이 투자자들의 바람인 만큼 이에 어느 정도 부응하는 펀드가 바로 ETF라 할 수 있다.

ETF는 인덱스펀드를 증권거래소에 상장시켜 투자자들이 주식처럼 편리하게 거래할 수 있도록 만든 상품이다. 즉, 주가지수를 펀드로 만들어 주식시장에서 원하는 가격에 언제든지 매매할 수 있는 펀드를 말하며 약칭하여 ETF라고 한다. ETF는 인덱스펀드와 주식을 합쳐놓은 구성종목들로 펀드를 구성하기 때문에 ETF를 매수하면 지수의 구성종목 전체를 매수하는 것과 동일한 효과를 얻을 수 있다. ETF 유형은 지수형ETF, 국내시장지수ETF, 해외지수ETF, 국내섹터ETF, 테마ETF, 파생상품ETF, 채권ETF, 원자재(실물자산) ETF, 기타 ETF 등으로 다양하고 유형별 종류도 매우 많다.

ETF는 주식시장의 변동 위험성을 덜 안고 고수익을 바라는 투자자에게 상대적으로 적합한 'Low Risk High Return'형 파생상품이라 할 수 있다.

일반 사람들이 직접적으로 주식투자를 하게 되면 자금의 한계상 몇몇 종목에만 집중적으로 투자할 수밖에 없고 그렇게 되면 투자 리스크 분산이 어렵게 되어 위험에 노출될 가능성이 매우 크다. 설령 자금이 많다 하더라도 분산투자를 하려면 일정액 이상의 투자 규모가 돼야 가능하고 또 주식투자기법에 해박해야 하므로 이를 모두 충족하기는 투자가 본업이 아닌 개인으로서는 곤란하다. 그래서 직접적으로 주식에 투자한 사람들이 이익을 본 경우가 별로 없는 것이다. 그러나 ETF는 펀드를 매입하는 것만으로도 어느 정도 투자 리스크가 분산되는 효과를 거둘 수 있다.

주가가 특정 기업의 가치를 나타낸다면 ETF 가격은 특정 업종이나 증시 전체의 가치를 대변한다. ETF는 환매가 대량으로 발생할 경우 편입 자산의 매도가 집중돼 자산가격이 떨어지고 펀드 수익률이 폭락하는 인덱스펀드의 문제점을 해결하기 위해 출시된 상품으로 주가지수등락률과 똑같거나 비슷하게 수익률이 결정되도록 시장에서 지수 영향력이 높은 주식들을 편입하여 만든 펀드이다.

목표 주가지수 구성 종목들로 형성된 주식꾸러미를 현물로 납부해 펀드를 구성하고 이를 바탕으로 발행된 ETF증권을 거래소에 상장해 증권거래소나 코스닥시장에 상장된 일반 주식과 똑같이 손쉽게 거래할 수 있다. 이 경우 작은 단위로 매수 또는 매도 주문을 내도 되므로 펀드 내 포트폴리오 조정에 따른 매매비용이 거의 발생하지 않아 주식형펀드보다 운용비용이 저렴하고 환매수수료, 증권거래세 등도 과세되지 않는다.

그리고 주식거래 시간 안에는 언제라도 거래가 가능하므로 투자자 판단에 따른 신속한 투자가 결정되어 편리하다. 다만 직접투자 결정에 따른 리스크가 동반된다는 점을 유념한다.

다른 펀드와 비교 시 ETF의 장점 7가지

1. 실시간 거래로 시장 변동성에 적극 대응이 가능하다.

실시간 거래가 불가능한 주식형펀드와 달리 ETF는 ETF증권을 만들어 매매하므로 투자자가 실시간으로 가격을 보면서 매도할 수 있어 장중 변동성에 적극 대처할 수 있다.

2. 다른 펀드들보다 운용보수가 저렴하다.

ETF는 개별회사 주식을 구매하는 것이 아니라 주가지수를 추종하는 인덱스형이므로 주식형펀드에 비해 상대적으로 운용비용이 적고 거래소에 상장되어 거래되므로 판매 관련 비용이 거의 발생하지 않는다. 펀드수수료가 평균치로 환산할 때 일반적으로 주식형펀드는 약 2.5%, 인덱스펀드는 약 1.5%이지만 ETF는 0.5% 내외로 매우 저렴하다.

3. 거래상 편의성이 뛰어나고 환금성이 용이하다.

주식형펀드나 인덱스펀드는 가입 또는 환매 시 일정 기일(2~4일)이 필요한 반면 ETF는 주식투자와 메커니즘(증권거래소에 상장)이 똑같아서 일반 주식처럼 언제든 현재 가격으로 매매할 수 있고 지정가 주문도 가능하므로 편의성과 환금성이 좋다.

4. 개별기업의 경영상태나 재무구조 등에 큰 신경을 쓸 필요가 없다.

일정 특정 주식에 투자하는 것이 아닌 주가지수를 쫓아가는 펀드이므로 해당 기업의 경영상태나 재무구조 등에 일일이 신경을 쓸 필요가 없다.

5. 투자 리스크가 분산되는 효과로 안정적인 수익을 올릴 수 있다.

소자본으로 수많은 종목에 분산투자하는 효과를 누릴 수 있어 개별종목 투자 시 나타나는 리스크를 자연스럽게 분산할 수 있다. 특

일반펀드와 상장주식펀드(ETF) 비교

구분	일반펀드(주식형)	상장주식펀드(ETF)
거래처	증권사, 은행 (거래소 거래 불가능)	증권사, 은행, HTS 등 주식거래가 가능한 모든 매체
매매대상	주식형펀드	코스피200지수 추종 EFT
투자 방법	간접투자	직접투자
투자 리스크	High Risk High Return	High Risk High Return
펀드 변동성	큼	해외상품, 파생형 상품은 큼
펀드수수료	0.5~2%	0.1~0.5%
환매수수료	○	×
공매도, 신용거래, 차익거래	×	○
시장충격비용 발생 여부	의사결정과 실행 간의 불일치로 기회비용 손실 발생 가능	시장에서 형성되는 ETF의 매수/매도 호가 간 시장충격 비용 발생 가능
부과 세금	펀드 내 보유주식의 매매차익 비과세	주식형 ETF는 매매차익 비과세. 다른 ETF는 분배금에 대해 배당소득 과세: 보유기간 과세(과표기준 증가분과 매매수익 중 작은 값), 해외상장 ETF는 배당소득세(15.4%)와 양도소득세(250만 원 공제 후 22%)
금융소득종합과세	해당 없음	주식형 ETF는 해당 없음. 기타 다른 ETF는 2천만 원 초과 시 초과액을 다른 소득과 합산하여 과세, 해외 ETF는 2023년부터 적용

* HTS(Home Trading System)

히 증시 향방을 가늠하기 어려운 혼조세가 지속된다면 다른 종목에 비해 상대적으로 안정성이 높은 섹터 ETF가 위험손실 최소화 차원에서 효과적 대안이 될 수 있다.

6. 다른 펀드보다 세제혜택이 많다.

주식시장에 상장되어 상장 주식을 거래할 때와 마찬가지로 과세되지 않는다. 특히 주식거래 때 부과되는 증권거래세도 면제된다.

7. 장기투자 시 수익률이 더 높아지도록 설계되어 있다.

ETF는 단기투자보다는 장기투자에 적합한 상품이다. 수익증권이지만 주식처럼 거래되면서도 주식을 사고팔 때 증권회사에 내는 수수료와 국가에 내는 증권거래세 등 각종 세금을 내지 않아도 되고 수수료가 저렴하므로 장기투자 시 적합하다.

ETF의 단점 5가지

1. 인덱스펀드는 간접매수라 하락 시 리스크 헤지를 어느 정도 하는 데 반해 ETF는 직접매수라 매수 타이밍을 나름대로 잘 잡아야 하고 매수주문도 잘 내야 한다.

2. 운용사의 전문가들이 평소 관리해 주지 않으므로 주가가 급락할 경우 인덱스펀드보다 더 큰 손해를 볼 수 있다.

3. 주식과 비슷하게 거래되기 때문에 종합적인 경기흐름과 특정 산업분석 능력 등 어느 정도 주식시장에 대한 기초지식을 쌓고 투자해야 한다.

4. 사이버상에서 거래할 경우 주식투자처럼 단타 위주로 할 수 있어 단기간 운용 시 손해 볼 수 있다.

5. 거래 규모가 작아 매매 유동성이 부족해 매매체결이 바로 되지 않을 경우 환금성에 어려움을 겪을 수 있다.

ETF 가입 시 주의할 점 5가지

1. 추적 오차를 줄이면서 초과수익을 올리는 운용사를 선택한다.

ETF는 같은 기초자산을 담았더라도 운용사의 운용능력에 따라 수익률이 각기 다르므로 운용사 선택도 중요하다. 추적오차(Tracking Error)를 줄이면서 초과수익을 올리는 운용사를 선택한다.

2. ETF에 투자 시 사전에 반드시 거래량을 살펴본다.

거래대금 규모가 일정 수준 이하로 지속되는 등 상장 요건을 충족하지 못한 ETF는 상장 폐지될 우려가 있으므로 거래량이 너무 적은 ETF도 피한다.

3. ETF가 추종하는 지수 하락 시 원금 손실 가능성이 있음을 유념한다.

원금보장상품이 아닌 실적배당형 상품으로 가입한 ETF가 어떤 기초지수를 추종하느냐에 따라 투자 결과가 달라질 수 있으므로 투자 기간을 고려해서 신중히 투자한다.

4. 반드시 기초지수가 담고 있는 납입자산구성내역(PDF)을 확인한다.

ETF 포트폴리오의 순자산가치(NAV, Net Asset Value)는 기초지수를 담고 있는 납입자산구성내역(PDF, Portfolio Deposit File) 가치의 합계이므로 PDF를 보면 투자 예정 ETF가 어떤 종목에 투자하는지 확인할 수 있으므로 반드시 살펴본다.

5. 투자성향과 투자 기간을 고려하여 적합한 ETF를 가입한다.

레버리지 효과를 이용하여 기초자산(주식, 지수, 업종, 실물자산, 채권 등)의 수익률보다 더 큰 폭의 배율로 투자 수익을 올릴 수 있도록 설계된 레버리지 ETF와 반대로 해당 지수의 가격이 내려가야 투자 수익을 올릴 수 있도록 설계된 인버스 ETF는 변동성이 많아 리스크가 크므로 장기투자로는 부적합하다. 또한 해외에 상장된 지수나 농산물 또는 원자재, 선물 등을 기초자산으로 하는 ETF는 환율변

레버리지펀드(Leverage Fund)

레버리지 효과를 이용하여 기초자산(주식, 지수, 업종, 실물자산, 채권 등)의 수익률보다 더 큰 폭의 배율로 투자 수익을 올릴 수 있도록 설계된 펀드를 말한다. 레버리지펀드는 대표적으로 기초자산 2배의 수익을 추구한다. 예를 들어 코스피200이 2% 상승하면 레버리지펀드는 4% 수익이 발생하고, 반대로 코스피200이 2% 하락하면 4% 손실이 발생한다. 따라서 단기간 높은 투자 수익을 올릴 수 있지만, 반대로 높은 수익률을 올릴 수 있는 만큼 큰 위험도 따른다.

인버스펀드(Inverse Fund)

해당 지수의 가격이 내려가야 투자 수익을 올릴 수 있도록 설계된 펀드를 말한다. 인버스펀드는 해당 지수(기초자산)와 반대 방향으로 움직이도록 구성한 펀드로서 가격이 내려가야만 수익이 발생한다. 즉, 추종하는 지수가 상승하면 손해를 보고, 하락하면 수익을 내는 펀드이다. 예를 들어 코스피200을 기초자산으로 하는 코덱스(KODEX) 인버스펀드 가입 시 코스피200이 2% 하락하면 2% 수익이 발생하고, 반대로 코스피200이 2% 상승하면 2% 손실이 발생한다.

동 위험이 늘 내재하므로 신중히 결정한다.

ETF 투자 시 발생하는 세금 부과 여부

ETF에서 발생하는 수익은 크게 매매차익과 분배금으로 구분된다. 펀드 내 보유주식의 매매차익에 대해 국내 주식형 ETF는 비과세된다. 그러나 기타 ETF는 배당소득세를 과세한다. ETF가 보유한 주식에서 발생한 배당금과 채권이자 기타 운용수익을 투자자에게 나눠주는 분배금에 대해서는 매수·매도 시점 사이에 발생한 실제 매매차익과 과표 기준가격의 차이를 비교해 적은 금액에 배당소득세 15.4%를 부과한다. 분배금에 과세하는 방법은 국내 주식형 ETF와 기타 ETF 모두 동일하게 적용된다.

해외 ETF(국내상장 해외 ETF, 해외상장 ETF)는 매매차익에 각각 배당소득세(15.4%)와 양도소득세(250만 원 공제 후 22%)가 부과된다. 금융소득종합과세의 경우 주식형 ETF는 해당 없다. 그러나 기타 다른 ETF는 이자나 배당금과 같은 금융소득이 연간 2,000만 원 초과 시 초과액을 다른 소득과 합산하여 과세한다. 해외 ETF는 2023년부터 금융소득종합과세 대상에 포함된다.

시세차익과 배당소득을 올리는 배당주펀드

"만약 증시가 앞으로 상당 기간 약세나 횡보장세를 지속적으로 보일 것이란 전망이 나온다면 펀드투자 전략을 어떻게 세워야 좋을까? 2~3년 정도 투자한 후 목돈을 마련하고 싶은데 주가가 자꾸만 출렁거릴 것 같아 걱정이다. 이럴 때 투자하면 상대적으로 안전한 펀드는 없을까?"

투자자들이 가장 걱정하는 부분이 바로 이런 상황이 연출되어 환매 시점에서 목표한 대로 기대치가 달성되지 못할 거라는 우려감일 것이다. 미래 경제에 대해 낙관할 정도로 또는 미리 점지하듯이 어떻게 잘 풀리게 될 거라는 섣부른 진단을 하지 못하는 이유는 투자자들이 전문가도 아닐뿐더러 설령 전문가라 하더라도 우리나라 경기 동향의 변수는 국내보다는 국제적인 문제에 더 많이 좌우되기 때문이다. 따라서 앞으로 10년 후 경제가 어떻게 변할 것이라는 단정적인 의견을 피력하지 못하고 두루뭉술하게 대답하는 것이다.

만약 이러한 상황이 지속된다면 투자수익을 안정적으로 올릴 수 있는 상품 중 하나인 배당주펀드를 가입하는 것도 바람직한 펀드 재테크 방법이다.

배당주펀드(Stock Dividend Fund)는 배당 성향(배당수익률)이 더 높은 종목에 집중적으로 배당투자를 하여 주가 상승으로 인한 시세차익 이외에 안정적인 배당수익까지 동시에 추구하는 혼합형펀드를 말한다. 배당주펀드는 배당수익률이 높은 중형 우량 가치주에 투자하므로 시장 상황에 따라 수익률이 들쭉날쭉한 주식형펀드와 달리 주로 시가배당률이 높은 고배당 우량주를 편입하여 운용한다. 주식시장이 하락할 경우에도 해당 기업의 주가는 변동폭이 심하지 않은 방어주 성격을 띠어 주가 등락에 비교적 영향을 덜 받고 주식시장의 상승에 따른 자본이득과 매년 배당에 따른 안정적인 추가 수익을 모두 실현해 줄 수 있다. 배당소득에는 비과세혜택이 주어진다.

배당주펀드의 종류는 크게 ① 한국배당지수(KODI)를 그대로 복제·운용해 수익률을 얻는 인덱스(배당지수)펀드, ② 배당률이 높은 종목으로 구성된 배당지수를 구성종목으로 편입해 주가상승 시 주가상승에 따른 고수익을 추구하는 액티브형펀드, ③ 주가 차익보다는 안정적인 연말 배당수익을 목표로 안정적으로 운용되며, 비과세혜택을 높이기 위해 배당수익과 이자수익을 많이 얻고자 하는 인덱스형이나 액티브형보다는 상대적으로 증시 변화에 따른 주가 하락 위험이 낮고 안정적인 수익률을 내기 좋은 안정형펀드, ④ 미국이나 유럽 등 해외 고배당주에 집중 투자하는 펀드로 분산투자(Diversified Investment)를 하여 안정적인 수익률을 확보할 수 있는 해외형 배당주펀드 등으로 구분된다.

배당주펀드에 가입하여 투자 효과를 높이려면 해당 펀드의 배당기준일에 해당 기업 주식의 보유 여부가 제일 중요하다. 배당기인 연말이 다가올수록 배당주가 주목받고 가격도 덩달아 오르는 경향이 있다. 대부분 상장기업이 12월 결산법인으로 연말에 배당하므로 배당주 및 배당주펀드에 대한 관심도 연말로 갈수록 높아지는 경향이 있어 많은 투자자가 자연스럽게 몰리는 것이다.

외국인과 기관투자가들은 배당을 노리고 하반기부터 본격적으로 배당투자에 나서기 때문에 배당수익률이 높은 종목의 하반기 상승률은 대부분 종합주가지수를 웃돌게 된다. 따라서 배당주펀드에 투자하여 배당수익의 효과를 충분히 누리고자 한다면 상반기 이전에 고배당이 예상되는 주식에 투자하는 펀드를 골라 가입하는 것이 가장 좋다. 만약 이 기회를 놓쳤다면 연말 배당기준일을 넘기기 전, 즉 중형 우량주들의 가격이 하락하기 전 관련 펀드를 가입하는 것이 차선책이라 할 수 있다.

일반적으로 배당금은 2~3월경에 있는 주주총회에서 배당금 지급결의를 한 후 5월까지 회사에 따라 다른 날짜에 지급된다. 배당금 지급 효과는 배당금 지급이 모두 완료된 5월까지 기다려야 나타나는데 이때 주식배당락은 있지만 현금배당락은 없다.

배당주펀드 가입 시 주의할 점 7가지

1. 해당 펀드의 과거 수익률과 배당금 지급 내역을 확인한다.

해당 펀드가 과거 기대수익을 실현했는지, 배당금을 안정적으로 지급하였는지 지급 내역을 꼼꼼히 살펴본다.

2. 가입하려는 펀드가 주로 어떤 기업에 투자하며 배당률은 어떠한지 체크한다.

해당 기업의 순이익이 줄면 배당수익도 줄어들므로 반드시 순익 규모를 확인한다. 그리고 현재 주가에서 배당률은 얼마로 책정되어 있으며 앞으로 배당금이 오르거나 내릴 요소들은 무엇인지 살펴본다.

3. 해당 배당기업의 유동성과 배당 성향을 살펴본다.

주식시장에서 유동성이 풍부하고 안정성이 있으며 향후 주가 상승을 기대할 수 있는 우량한 배당주, 즉 배당 성향이 높은 기업의 배당주를 선택한다.

4. 전체적인 주식시장을 예측해 본 다음 가입을 결정한다.

배당주펀드가 방어주 성격을 띠지만 주식시장의 변동성이 심할 경우 손해가 발생할 수 있으므로 향후 주식시장의 흐름을 예측하면서 신중히 결정한다.

5. 미래 기대수익은 주식형펀드보다 다소 떨어질 수 있다.

고배당종목의 경우 주가변동성이 일반종목보다 작기는 하지만 주가가 너무 올랐을 때 가입한 경우 주가가 떨어지면 배당수익률보다 주가하락분이 커서 자칫 손해를 볼 수도 있다.

6. 배당주펀드의 투자목적으로 알고 가입한다.

배당주펀드에 투자하는 목적은 주가의 시세차익보다는 매년 안정적 수익을 가져다주는 배당수익이 주목적이므로 경기에 민감하지 않으면서 안정적인 영업이익을 실현하는 종목을 많이 발굴하여 편입하는 자산운용사의 펀드를 골라 가입하는 것이 바람직하다.

7. 중장기적으로 안정적인 수익을 바라는 투자자들에게 적당하다.

일반적으로 배당주에 편입되는 종목들은 대부분 현재 시점에서 배당수익률이 높은 종목이다. 미래가치가 있지만 변동성이 내재한 IT분야보다는 이미 성장한 전통적인 제조업 분야 업체들이 많이 편입되어 있으므로 성장성이라는 측면에서 볼 때 미래 기대수익은 다소 떨어질 수 있다.

100세 시대 은퇴자산 마련에 적합한 TDF

"어떻게 해야 100세 장수시대 노후생활을 경제적 어려움 없이 보낼 수 있을까? 기나긴 노후를 편히 보내려면 은퇴자산이 많아야 하는데 노후생활자금 마련에 적합한 펀드는 무엇일까?"

누구나 경제적 활동이 없는 은퇴 이후 삶을 생각하는데 이에 적합한 펀드상품이 바로 금융선진국인 미국에서 노후 준비를 위한 은퇴자산 마련 수단으로 가장 인기 있는 은퇴 준비용 연금펀드 TDF(Target Date Fund)이다.

TDF는 투자자의 예상 은퇴 시점을 타깃 데이트(Target Date)로 상정하고 사전에 정한 생애주기에 맞춰 자동 자산배분 프로그램(Glide Path: 자산 간 배분 비율을 나타내는 곡선)에 따라 포트폴리오를 조정하는 자산 배부형의 재간접펀드이다. 즉, 은퇴 시점이 다가올수록 글라이드패스에 따라 채권 등 안전자산의 비율을 늘리는 펀드이다.

TDF는 연금저축계좌와 퇴직연금계좌(IRP)에서 운용할 수 있는 펀드 중 하나이며, 투자자의 은퇴 시점을 목표 시점으로 하여 투자자의 생애주기에 따라 해당 시점에 자산가치가 최대한 불어날 수 있도록 자산운용사가 가장 좋은 포트폴리오를 알아서 조정(설정)해주는 자산배분 펀드로 라이프사이클펀드(LCF, Life Cycle Fund)의 일종이다. 주식과 채권의 비중을 연금 수령 시점에 따라 조정할 수 있으며 TDF 자체적으로 세제혜택이 주어지지는 않지만 연금저축계좌와 퇴직연금계좌(IRP)에 담으면 세액공제도 받을 수 있다.

펀드투자를 통해 노후생활 자금을 마련하려면 장기간 펀드투자를 해야 하는 만큼 라이프사이클에 따라 주식과 채권의 비중을 달리하는, 즉 적극적인 투자에서 안정적인 투자로 리밸런싱 기술이 필요하다. 젊은 시절에는 주가가 떨어지면 저가 펀드를 매수할 수 있고 위험자산에 투자해 공격적으로 운용할 수 있지만 은퇴 시점이 다가오면 주가 하락 시 연금 수령 시점에서 큰 손실을 볼 수 있다. 따라서 주식의 비중을 줄이고 채권의 비중을 늘려 장기안정적으로 수익을 창출하는 펀드투자 전략이 필요한데, 이에 적합한 펀드가 바로 생애주기에 맞춰 펀드를 운용하는 TDF이다.

TDF는 투자자의 은퇴 시점과 생애주기에 맞춰 위험자산과 안전자산 비중을 조절하는 상품이므로 주식형펀드(액티브펀드)보다는 낮지만 예·적금보다는 높은 수익률을 낸다. 최근 베이비붐 세대의 퇴직이 본격화되고 연말 연초 주식시장 변동성이 커지면서 상대적으로 수익이 안정적인 TDF에 대한 관심이 늘고 있는 것으로 보인다.

TDF는 펀드운용사가 5년 주기로 시장 상황에 맞춰 주식, 채권, 대체자산에 알아서 투자하도록 설계돼 있어 직접 투자상품을 관리해야 하는 부담을 덜 수 있다.

주식형펀드는 시장 상황에 따라 수익 편차가 크지만 TDF는 주식과 채권에 분산투자해 꾸준히 안정적인 수익을 낸다는 장점이 있다. 참고로 TDF를 도입한 지 15년이 넘는 미국 TDF 시장의 연평균 수익률을 분석한 결과 7~10%를 일정하게 유지해 왔다고 한다. TDF에 가입할 때는 자신의 투자 성향과 라이프사이클을 고려하여 펀드 포트폴리오를 어떻게 구성하는지, 후취수수료는 얼마인지 살펴본다. 또 시장 상황에 능동적으로 잘 대응하면서 은퇴 자금을 마련하기 위해 장기적으로 안정적인 수익을 추구하는 펀드운용사를 잘 선택한다.

TDF는 자신이 생각하는 은퇴 시기에 맞춰 자산을 알아서 재분배해 준다. 자산을 불려 나가야 할 젊은 시기에는 주식형펀드 등 위험자산에 더 많이 투자했다가 은퇴 시기가 다가오면 채권형펀드 등 안전자산의 비중을 늘리는 식이다. 은퇴 자금 형성을 위한 기존 상품들의 경우 투자자가 자산 재분배 등에 신경 쓰지 않으면 저조한 수익률을 거두는 경우가 있었다. 하지만 TDF는 투자자가 크게 신경 쓰지 않아도 되며 주식 외에 채권, 예금, 부동산 등 다양한 자산에 분산투자하는 효과도 거둘 수 있다.

개인형퇴직연금(IRP, Individual Retirement Pension)

개인형퇴직연금(IRP계좌)은 근로자가 퇴직하거나 이직할 때 받은 퇴직금을 자기 명의의 퇴직계좌에 적립한 후 적립금을 운용하기 위하여 금융기관에 설정한 퇴직연금전용계좌로 IRP계좌라고도 한다. IRP의 상품유형은 기업형IRP와 개인형IRP가 있다. 기업형IRP는 상시 근로자 수 10인 미만 사업장에서 모든 근로자의 동의하에 IRP계좌를 설정하는 제도로 운용 방법은 확정기여형(DC)과 동일하다. 개인형IRP는 근로자가 이직 시 퇴직연금을 유지하기 위한 연금통산 장치로 근로자가 적립금 운용방법을 결정한다. IRP계좌는 자영업자 등 소득이 있는 모든 취업자가 가입할 수 있다.

세제혜택이 주어지는 절세형 펀드 7가지 반드시 체크

적립식펀드에 투자해 똑같은 투자수익률이 발생했다고 해서 환매 시 똑같은 수익을 거두어들이지는 못한다. 그 이유는 수익분에 대한 과세 여부에 따라 실질적으로 돌아오는 수익폭이 다르기 때문이다. 표면적인 수익률이 같다고 해서 실수령액이 같아지는 것은 아니므로 세금을 공제한 후 실질적 수익률(세후수익률)이 얼마인지 꼼꼼히 따져봐야 한다.

금융상품에 가입할 경우 이자소득세 또는 배당소득세에 대한 15.4%의 원천징수는 목돈마련에서 매우 큰 걸림돌로 작용한다. 이는 펀드투자 시에도 투자수익률 제고에 막대한 영향을 미치게 된다. 이러한 요소는 장기투자를 할 때 특히 더 큰 영향을 미치므로 비과세 펀드를 가입해야 재테크 목적달성에 훨씬 유리하다.

예를 들어 비슷한 유형의 펀드에 가입하여 똑같은 투자수익률을 냈다고 가정할 경우 이자소득세가 완전히 비과세되는 상품은 투자

수익률을 1.54% 더 올린 것과 마찬가지다. 쉽게 말해 이익이 100만 원 발생했다면 비과세 상품은 100만 원이 모두 자신에게 돌아오지만 일반상품은 이 중 15.4%를 원천징수한 후 나머지 84만 6,000원만 실질적으로 지급된다. 특히 장기투자 시 투자수익률 1.54%는 매우 크게 작용한다. 10년 이상 장기투자해서 투자수익이 1억 원이라면 이 중 1,540만 원을 이자소득세로 내야 한다. 이 경우 환매 당시 수익률이 기대치에 못 미쳐 심적 또는 경제적으로 많은 타격을 볼 수 있는데 이 문제를 해결하는 방법이 있다.

세제혜택이 주어지는 펀드상품은 절약된 세금만큼의 이자수익을 제한 없이 누릴 수 있는 가장 안정적인 재테크상품이다. 적립식펀드 상품 중에는 비과세상품과 세액공제상품, 세금우대상품 등 절세형상품이 있는데 이들 상품은 장기적으로 여유를 갖고 투자할 때 적합하다. 따라서 펀드투자를 처음 한다면 최초 가입 때 절세형펀드를 선택해 추가수익을 올리는 것이 가장 중요하다.

현재 판매되는 세액공제 또는 비과세혜택이 주어지는 펀드에는 다음과 같은 7가지 유형이 있다.

1. 개인종합자산관리계좌인 ISA계좌

만능통장이라는 개인종합자산관리계좌인 ISA(Individual Savings Account)계좌에 가입하면 발생한 수익에 대하여 의무 납입기간인 3년 이후(만기 3년 이상) 인출 시 200만 원(서민형 등은 400만 원)까지 비과세혜택을, 200만 원 초과 수익분은 9.9%(지방소득세 포함)로 분리 과세혜택을 받을 수 있다. 연간납입한도는 2,000만 원까지이고 만 19세 이상 거주자는 누구나 가입 가능하다(단, 15~19세는 근로소득이 발생한 경우 가입 가능).

2. 연금저축펀드

연금저축펀드는 5년 이상 유지하면 매년 400만 원(50세 이상은 600만 원) 한도 내에서 13.2~16.5%까지 세액공제가 되는 유일한 펀드 상품이다. 단, 퇴직연금계좌(IRP)까지 합산할 경우 연간 세액공제 한도는 700만 원(50세 이상은 최대 900만 원)까지 가능하다.

3. 변액보험

변액보험은 월 납입보험료가 150만 원 이하이고 보험료 납입기간이 5년 이상이면서 보험 유지 기간은 10년 이상이어야만 완전 비과세 감면 혜택(이자소득세 15.4% 면제)을 받을 수 있다.

4. 펀드 내 보유주식의 양도차익 비과세

펀드 내 보유주식의 매매로 인한 양도차익에 대해 비과세한다. 주식형·인덱스형 등 국내펀드 모두 해당된다.

5. 연금저축계좌에서 운용되는 TDF

TDF는 자체적으로 세제혜택이 주어지는 펀드는 아니다. 단, 연금저축계좌와 퇴직연금계좌(IRP)로 운용할 경우 가입자가 자기부담금으로 납입한 금액(추가 납입보험료)은 연금저축계좌(펀드)의 납입액과 합산하여 연간 700만 원(50세 이상은 최대 900만 원) 한도 내에서 13.2~16.5%의 세액공제가 가능하다.

6. 비과세 종합저축펀드

비과세 종합저축은 조세특례제한법 제88조의2의 비과세종합저축에 대한 과세특례에 의거, 국가에서 취약계층의 생계형 저축에 한하여 1인당 5,000만 원까지 투자 기간에 관계없이 이자소득과 배당소득에 대하여 모두 비과세혜택이 주어지는 제도로 대상 금융상품에는 펀드도 포함된다. 가입대상은 만 65세 이상 거주자 또는 장애인, 상이용사자, 생활보호대상자, 독립유공자 등이다. 단, 최근 3년간 금융소득종합과세 대상자가 아닌 경우 가입할 수 있으므로 미리 확인한다.

비과세 종합저축펀드는 1년 이내의 단기투자를 할 경우에도 비과세혜택이 주어진다. 비과세 펀드 중 투자 기간 등 일정 조건 없이 무조건 비과세혜택이 주어지는 펀드는 비과세 종합저축펀드뿐이다. 비과세 종합저축펀드의 가입 기간(만기일)은 1일~무한이고, 납입 한도는 전 금융사 합산 5,000만 원이며 가입 시한(일몰)은 2022

년 말까지이다. 만약 부모님이 65세 이상일 경우 부모님 명의로 펀드에 가입하면 펀드 재테크에 도움이 된다.

7. 자녀 명의로 가입한 펀드

직계비속인 자녀 이름으로 펀드에 가입할 경우 성인인 자녀에게 증여세가 부과되지 않게 자녀 명의로 가입해 주려면 10년마다 증여재산 공제 한도 범위 이내에서 증여하면 된다. 즉, 10년 단위로 성년 자녀는 5,000만 원까지, 미성년 자녀는 2,000만 원까지 증여세 공제 혜택을 받을 수 있다. 이 경우 세무서에 증여세 신고를 해야 함을 유념한다.

이들 비과세상품과 세금우대상품 등 절세형 상품은 중장기적으로 여유를 갖고 투자할 때 적합한 펀드이다. 펀드투자를 처음 한다면 최초 가입할 때 절세형 펀드를 선택해 추가수익을 올리는 것이 가장 중요하다.

절세형 펀드는 대부분 장기투자를 전제로 하기 때문에 세제혜택을 받을 수 있는 일정 기간 불입, 연금수령 등 신탁약관상에 명시한 충족요건을 채우지 못하고 중도에 해지하면 절세혜택이 모두 물거품이 될 수 있다. 또한 투자 기간과 세제혜택 조건이 다소 복잡한 만큼 가입하기 전에 자신의 수입 규모나 투자 기간, 자금계획과 지속적인 투자 가능 여부 등을 꼼꼼히 따져보고 난 다음 신중히 결정해야 한다.

주가, 금리, 환율 등의 방향이 종잡을 수 없어 위험에 대한 변동성이 확대된다고 판단될 경우 절세형펀드는 수익률을 높이는 가장 좋은 방법이므로 단기목적자금을 제외하고 해당 금액 범위 내에서 세제혜택이 주어지는 펀드를 가입하는 것이 중요하다. 이 경우 자신의 세금우대 및 비과세 한도를 체크한 다음 비과세펀드, 세금우대펀드, 일반펀드 순으로 가입하는 게 바람직하다.

세액공제 및 계약이전이 가능한 연금저축펀드

연금저축펀드(Annuity Savings Fund)는 펀드 중 세액공제 혜택이 있는 대표적 연금계좌 상품이다. 연금계좌는 연금취급기관인 금융회사와 체결한 계약에 따라 연금저축이라는 명칭으로 설정하는 계좌를 말한다. 이에는 연금저축계좌와 퇴직연금계좌 두 종류가 있다. 연금저축계좌는 소득세를 납부하는 근로소득자 또는 자영업자는 누구나 가입할 수 있는 개인연금저축계좌를 말한다.

퇴직연금계좌는 근로자퇴직급여보장법에 의거 ① 확정기여형퇴직연금제도(DC형)에 따라 설정하는 계좌, ② 개인형퇴직연금제도(IRP)에 따라 설정하는 계좌, ③ 과학기술인공제회법에 따라 퇴직연금급여를 지급받기 위하여 설정하는 계좌를 말한다. 펀드로 운용되는 연금저축계좌는 연금지급을 펀드보유좌수의 분할방식으로 한다.

연금계좌에 대한 세제혜택은 크게 두 가지다. 첫째, 연금저축과 퇴직연금 등 연금계좌 납입액의 일정 비율에 해당하는 금액을 연말정산 또는 종합소득 산출세액에서 공제해 주는 세액공제제도이다. 둘째, 가입 기간에 과세가 이연됨에 따라 종합과세에서 제외되어 연금소득이 분리 과세되는 절세효과(저율과세)이다. 세액공제를 받기 위해서는 해당 요건을 충족해야 한다.

연금저축펀드의 세액공제 요건

1. 계약자는 종합소득이 있는 거주자 또는 근로소득자 중 연금저축계좌 가입자일 것

2. 납입기간은 5년 이상일 것

3. 인출조건은 55세 이후부터 연금으로 지급받을 것(연금 개시 후 추가 납입 불가)

이는 55세부터 최초 10년간 수령연차별 한도액 이내에서 연금을 수령하는 것을 의미하며 이 경우 연금소득세를 저율과세(5.5~3.3%)한다. 연금소득은 과세이연효과가 발생하므로 과세폭이 작다. 그러나 연금수령요건을 충족하지 못하면 기타소득세(16.5%)가 부과된다. 중도에 해지하면 기타소득세로 중과세한다.

연금계좌의 세액공제 인정한도 및 인정금액

연금계좌의 세액공제 적용 시 일정 금액을 초과한 연금계좌 납입액에 대해서는 세액공제의 적용을 배제하도록 한도를 두고 있다. 연금계좌는 연금저축과 퇴직연금을 모두 합산하여 연간 총 1,800만 원까지 납입이 가능하다. 이 중 연간 세액공제한도는 700만 원(50세 이상은 최대 900만 원)까지만 가능하고, 700만 원(900만 원)을 초과하여 납입한 1,100만 원(900만 원)에 대해서는 세액공제 혜택이 없는 대신 중도해지나 연금수령 시 비과세혜택이 적용된다. 즉, 세액공제 혜택은 없지만 소득세 절감효과를 얻을 수 있다.

세액공제 혜택이 적용된 범위의 금액은 나중에 인출할 때 과세(연금소득세 또는 기타소득세)되는 구간이고, 그 범위를 초과하여 개인이 납입한 금액은 세제혜택이 적용되지 않기 때문에 인출할 때 과세기준이 적용되지 않으므로 세액공제를 받지 않은 금액(1,100만 원 또는 900만 원)에 대해서는 언제, 어떤 방법으로 인출해도 비과세에 해당한다. 만약 세액공제를 받지 않았다는 사실을 증명하려면 관할 세무서와 국세청 홈택스(www.hometax.go.kr)에서 '연금보험료 등 소득·세액공제 확인서(세액공제확인서)'를 발급받아 퇴직연금 사업자에게 제출하면 된다.

연금저축펀드의 세액공제 인정한도 금액은 연금저축만 가입한 자는 400만 원(50세 이상은 600만 원)까지이고, 연금저축 및 퇴직연금

(IRP)을 모두 펀드로 가입한 자는 연금저축을 포함하여 최대 700만 원(50세 이상은 900만 원)까지 세액공제를 해준다. 연금저축은 없고 퇴직연금만 가입했을 경우 세액공제 인정한도는 연간소득금액과 관계없이 연간 700만 원(50세 이상은 900만 원)까지이다. 연금저축 세액공제 인정한도액은 가입자의 연간소득 구간별로 차등적용되는데, 해당 과세기간에 근로소득 발생자(근로소득만 있는 경우)는 총급여 1억 2,000만 원 이하, 사업소득자는 종합소득금액 1억 원 이하 시에는 연간 400만 원(50세 이상은 600만 원)이고, 근로소득이 총급여 1억 2,000만 원 초과 또는 사업소득이 종합소득금액 1억 원 초과 시에는 연간 300만 원까지만 세액공제를 인정한다.

연금계좌의 세액공제율 인정한도

연금계좌(연금저축계좌 및 퇴직연금계좌)의 세액공제율은 연간 총급여와 종합소득금액을 기준으로 해당 과세기간의 발생소득에 따라 차등 적용한다. 해당 과세기간의 종합소득금액이 4,000만 원 이하 또는 근로소득만 있으면서 총급여액이 5,500만 원 이하일 경우에는 연금계좌 납입액에 대하여 16.5%(지방소득세 포함)의 공제율을 적용한다. 그러나 해당 과세기간의 종합소득금액이 4,000만 원 초과 또는 근로소득만 있으면서 총급여액이 5,500만 원 초과 시에는 연금계좌 납입액의 13.2%(지방소득세 포함)의 공제율을 적용한다.

세액공제를 받으려면 연금납입확인서를 해당 과세기간의 다음 연도 2월분 급여를 받는 날 또는 종합소득과세표준 확정신고 기한까지 원천징수의무자, 납세조합 또는 납세지 관할 세무서장에게 제출하면 된다.

연금계좌 납입금액별 세액공제 인정한도 및 인정금액

연간 보험료 납입금액		세액공제 인정한도	연금계좌별 세액공제 인정금액	연간 최대 절세금액
연금저축	퇴직연금 (DC형, IRP)			
700만 원	0	**400만 원**	연금저축 400만 원	660,000원
600만 원	200만 원	**600만 원**	연금저축 400만 원 + 퇴직연금 200만 원	990,000원
400만 원	400만 원	**700만 원**	연금저축 400만 원 + 퇴직연금 300만 원	1,155,000원
300만 원	400만 원	**700만 원**	연금계좌전액(연금저축 300만 원 + 퇴직연금 400만 원)	1,155,000원
200만 원	500만 원	**700만 원**	연금계좌전액(연금저축 200만 원 + 퇴직연금 500만 원)	1,155,000원
0	700만 원	**700만 원**	퇴직연금 700만 원 전액	1,155,000원

* 50세 미만의 경우 예시자료임
** 50세 이상의 세액공제 인정한도는 연금저축과 퇴직연금을 합산하여 900만 원이므로 위에 제시된 연간 최대 절세금액보다 많음

운용수익률 저조 시 계약이전 적극 추진

연금저축과 퇴직연금을 포함한 모든 연금계좌는 상호 이전이 가능하다. 즉, 연금저축(보험, 펀드)계좌 간 이체는 물론 연금저축계좌와 개인형 퇴직연금계좌(IRP) 간 계약이전도 가능하다. 계약이전 시에는 해지에 따른 세제상의 페널티 없이 어디로 이체하든 각각 동일한 세제혜택을 받을 수 있다.

따라서 연금저축펀드 가입 이후 운용수익률이 저조하게 나타날 경우 언제든 다른 금융기관의 연금저축상품 또는 퇴직연금계좌(IRP) 상품으로 계약이전을 한다. 연금저축계좌 상호 또는 연금저축계좌와 퇴직연금계좌(IRP) 간 이체조건은 연금저축(보험, 펀드) 계좌는 가입자 나이가 만 55세 이상으로 연금 수급 요건을 충족하고 연금 불입기간이 가입일로부터 5년 이상 경과한 연금저축계좌나 IRP계좌를 전액 이체할 경우에만 가능하다(전액이 아닌 일부 자금이체는 제한됨).

IRP계좌는 퇴직소득이 있을 경우 가입일로부터 5년이 지나지 않아도 이체가 가능하다. 또한 이미 실효되었으나 아직 해지환급금을 받지 않은 계약을 다른 연금계좌로 이전할 경우에는 부활(효력회복) 없이 계약을 이전할 수 있다.

연금저축보험 가입대상은 개인으로 직장인, 자영업자, 금융소득종합과세자, 공무원 등 누구나 가입할 수 있다. 무직자도 연금저축계좌를 가입할 수 있지만 연말정산을 받지 않기 때문에 가장 이익이 되는 세액공제 혜택을 받을 수 없어 메리트가 별로 없다.

연금저축계좌 금융사별 상품유형 종합 비교 분석

구분	연금저축신탁	연금저축펀드	연금저축보험
판매사	은행	자산운용사, 증권사	보험회사 (생명보험, 손해보험)
가입대상	종합소득이 있는 거주자 또는 근로소득자		
납입기간	5년 이상(금액 납입 여부 상관없이 상품 가입일부터 기산)		
가입금액	연간 1,800만 원(모든 금융기관 합계액)		
상품성격 (이율 형태)	실적배당(신탁형) 최저보증이율 없음	실적배당(펀드형) 최저보증이율 없음	공시이율 적용(변동금리형), 최저보증이율 적용
가입 형태	개인형	개인형	개인형, 부부형
납입방식	자유납(1만 원 이상 자유, 추가 납입 가능)		정액적립(추가 납입 가능)
기대수익률	낮음(저수익)	높음(고수익)	낮음(저수익)
운용 방법	안전자산위주 운용	공격적 운용, 비교적 높은 투자위험	안정적 운용
상품구성 (운용자산)	채권형, 안정형 (주식 10%까지 가능)	국내외 주식형(주식 80% 이상), 채권형(채권 60% 이상), 혼합형	금리연동형(월 변동공시이율), 확정이율형
리스크 정도	저위험	고위험	저위험
연금지급 방법	정액형, 확정형 중 선택 (중도연장 가능)	정액형, 실적배당형 중 선택	생명보험은 종신형, 확정형, 손해보험은 확정형
수수료 공제	신탁보수 공제	신탁보수 공제	사업비(부가보험료) 공제
연금수급 요건	5년 이상 납입, 만 55세 이후부터 연금으로 지급받을 것(연금 개시 후 추가 납입 불가)		
계좌이체	계약자 요청에 따라 타 금융기관으로 이체가능(단, 전부이체만 가능)		

구분	연금저축신탁	연금저축펀드	연금저축보험
계좌승계	가입자 사망 시 배우자의 안정적 노후소득 보장 위해 계좌승계 가능		
예금자보호	보호(5천만 원 한도)	적용대상 제외	보호(5천만 원 한도)
운영책임	은행	가입자	보험회사
특약부가	기능 없음		별도 부가 가능
해약환급금	원금보장	납입기간에 따라 원금보다 적을 수 있음	
장점	납입금액 자유설정, 납입원금보전, 연금수령 시 원금보장	납입금액 자유설정, 다양한 펀드투자 포트폴리오, 높은 기대수익률	최저보증이율 수준 원리금 보장, 종신연금 지급 가능
단점	낮은 운용수익, 상품 단일화로 수익 제고 한계	원금보장 안 됨, 펀드변동성 따른 수익률 변화	해약 시 손해, 자산 리밸런싱 불가능
세액공제	연간 납입액의 400만 원(단, 50세 이상은 600만 원) 한도 내에서 13.2%(16.5%) 세액공제		
적용 과세	중도해지 시 해지수수료 부과, 연금수령 시 연금소득세 부과 – 5.5%(55~69세), 4.4%(70~79세), 3.3%(80세 이상), 연금외수령 시 기타소득세 16.5% 원천징수, 연간수령액 1,200만 원(공적연금 제외) 초과 시 종합과세		

*** 은행의 연금저축신탁 상품은 2018년 1월 1일부터 판매 중지됨**

임대수익과 시세차익을 추구하는 부동산펀드

부동산펀드(Real Estate Fund)는 투자자들로부터 자금을 모아 자산운용사에 일임하여 부동산 및 부동산 관련 자산과 권리에 투자하는 실물자산펀드를 말한다. 부동산펀드는 펀드 재산의 50%를 초과하여 부동산 외에 부동산을 기초자산으로 하는 파생상품과 아파트 등 부동산개발사업 및 매입, 부동산 관리 및 임대, 시행사 대출, 프로젝트 파이낸싱(Project Financing: 금융기관들이 프로젝트사업을 담보로 대출해 주고 추진사업으로부터 얻는 수익금으로 자금을 되돌려받는 금융거래 방식) 등에 투자하여 얻은 수익을 분배해 주는 간접투자상품이다.

부동산펀드는 운용 형태에 따라 다음과 같이 7가지 상품으로 구분된다.

1. 임대형 부동산펀드

업무용 부동산(오피스빌딩) 또는 상업용 부동산(상가)을 매입하여 임대한 후 임대수익과 향후의 부동산 자산가치 증가에 따른 매각 차익의 확보를 운용목적으로 하는 펀드로 부동산펀드 중 비중이 가장 크다.

2. 대출형 부동산펀드

부동산개발사업을 영위하는 법인(시행사) 등에 대한 자금대여를 통해 대출 이자수익을 추구하는 것을 운용목적으로 하는 프로젝트 파이낸싱 방식의 부동산펀드

3. 경·공매형 부동산펀드

법원이 실시하는 경매 또는 자산관리공사, 금융기관 등이 실시하는 공매를 통해 주로 업무용 또는 상업용 부동산을 저가에 매입한 후 임대하거나 매각함으로써 임대수익과 시세차익을 추구하는 부동산펀드 가치투자형 부동산펀드

4. 파생상품형 부동산펀드

부동산을 기초자산으로 한 파생상품에 주로 투자하는 부동산펀드

5. 개발형 부동산펀드

부동산펀드가 시행사 역할을 함으로써 직접 부동산개발사업을 추진하여 분양이나 임대를 통해 개발이익을 얻는 개발 방식의 부동산펀드

6. 권리형 부동산펀드

신탁 관련 수익권, 부동산 담보부 금전채권, 부동산펀드(집합투자) 증권 등에 투자하는 펀드

7. 증권형 부동산펀드

리츠(REITs) 주식, 부동산 개발회사(PFV) 발행 증권, 부동산투자목적회사 발행 지분 증권 등에 투자하는 펀드. 참고로 주식을 발행해서 리츠(REITs) 투자자금을 마련한 다음 주식회사(부동산투자회사) 형태로 시장에서 거래한다.

부동산펀드는 펀드운용 기간이 대부분 2~3년이고 중도환매가 금지되어 있으므로 반드시 여유자금으로 투자한다. 또 투자실적에 따른 성과를 배분받는 간접투자상품이므로 경우에 따라 자금이 장기간 묶이거나 손해를 볼 수 있다는 점을 반드시 확인해야 한다.

부동산펀드는 적은 금액으로 펀드를 통해 부동산에 직접 투자하여 수익을 올릴 수 있으며 부동산의 매입 및 매도 시점에 따라 높은 수익을 얻을 수 있다. 반면 경기가 하락할 경우에는 원금손실이 크고 중도환매가 거의 불가능하며 운용 기간이 자칫 길어질 수 있고 하나의 부동산에 집중투자하므로 투자위험이 증대하는 단점이 있다.

부동산펀드는 공모펀드보다 주로 사모펀드 형태로 운용되고 있다. 펀드투자자에 제한이 없는 공모 부동산펀드는 조세특례제한법(제87조의7)에 따라 2021년 말까지 5,000만 원 이하(여러 부동산펀드에 투자한 경우에는 합산된 금액 기준) 투자 시 펀드투자일 기준 3년 이내에 지급받는 배당소득은 9.9%로 분리과세 적용된다.

사모펀드는 최저 가입 금액이 1억 원 이상, 투자자 49인 이하 등 가입 요건을 충족하면 운용할 수 있다. 소수 투자자로 구성되어 운용하는 사모펀드는 시장 상황에 빠른 대처가 가능하므로 투자자들은 이를 더 선호하는 경향이 있다.

부동산펀드는 해당 펀드에서 부동산 실물을 구매할 경우 자금 규모가 어느 정도 되어야 하고 실시간 자금 유출입이 불가능하므로 펀드에 투입된 자금의 중도 유출입을 통제하는 폐쇄형 형태로 출시한다. 부동산펀드는 상품 유형에 따라 투자 형편, 수익률의 변동성 및 예상배당률 등이 다르므로 각 상품의 유형별 특징과 장단점을 면밀하게 살펴본 후 가입하는 것이 바람직하다.

부동산펀드 가입 시 주의할 점 7가지

1. 장기투자를 목적으로 운용한다.

상당 기간 지난 후 수익이 실현되는 구조이므로 당장의 시장 상황만 판단하고 투자하면 손실 가능성이 있음에 유의한다.

2. 부동산 시장에 대한 세부적인 정보 부족으로 합리적 투자 결정이 쉽지 않다.

3. 투자 기간에는 환매가 쉽지 않으며 환매수수료가 매우 높다.

4. 개발형이나 증권형 부동산펀드 중 리츠(REITs)인 경우 가입 시

신중을 기한다.

투자회사가 부도나는 경우가 있고, 리츠는 실제 투자하는 부동산 가격 외에 시장 수급이나 금리, 유동성 등의 영향을 더 많이 받으므로 변동성이 크다.

5. 임대형의 경우 공실 위험이 있을 수 있다.

펀드 수익률이 임차인이 누구냐에 따라 달라질 수 있으며 건물을 파는 시점에 가격이 떨어질 수 있다. 가입 전 건물 내 입주자 분석, 임대료 지불 능력, 계약 기간 등을 먼저 세심하게 파악해야 한다.

6. 대출형 펀드의 경우 돈을 빌려준 시행사나 시공사 재정 상황에 따른 리스크 발생이 상존한다.

7. 금리 인상으로 부동산 경기가 악화되면 매각 작업이 순조롭지 못할 수 있으며 발생 손실은 투자자에게 귀속되므로 주의한다.

투자대상이 매우 다양한 특별자산 실물펀드

저성장·저금리 시대에 접어들면서 주식형펀드, 채권형펀드 등 전통적인 수익 모델만으로는 기대 이상 수익을 내기 어려우므로 실물자산 등 특별자산에 투자하는 펀드가 눈길을 끌고 있다. 특별자산펀드(Special Asset Fund)는 펀드 자산의 50%를 초과하여 원유, 천연가스 또는 금, 구리 등과 같은 광물금속과 부동산, 선박, 가축, 커피·설탕·곡물 등 원자재, 영화·지적재산권·인프라 등 다양한 실물자산에 투자한 후 가격이 올랐을 때 매각하거나 다른 실물자산에 재투자하여 창출된 이익을 투자자에게 배분하는 펀드를 말한다. 여기서는 동산, 부동산 등 실물자산펀드도 이 범주에 넣어 설명한다.

특별자산펀드는 공모펀드보다는 사모펀드가 대부분이며 펀드의 상품 구조가 상대적으로 복잡하고 장기간 환매가 금지되는 경우가 있으며 펀드 가입금액이 최소 1억 원을 초과하는 경우가 많아 주로 기관이나 고액 자산가들이 투자한다.

특별자산펀드는 주식, 채권 등 무형의 유가증권에 투자하는 일반펀드와 달리 장기적으로 상품선물지수인 실물자산에 투자하므로 변동성이 크지 않다는 이점이 있다. 실물펀드는 자신이 투자한 금액만큼 지분을 갖는 까닭에 영업수익이 나면 투자 지분에 해당하는 수익분을 나누어 갖게 되므로 안정적이다. 특히 대부분 실물펀드가 원금보장과 함께 명목금리 이상의 기대수익률을 제시하므로 다른 펀드에 비해 비교적 안정적으로 수익을 창출할 수 있다. 또한 만기가 지났을 때 채권에서 발생한 이자로 원금이 보전되고 레버리지 효과가 강한 옵션으로 추가 수익을 낼 수도 있다.

특별자산펀드는 투자대상이 매우 넓은데 대표적 펀드 유형으로는 부동산펀드, 유전개발펀드, 금펀드, 인프라펀드, 항공기펀드, 선박펀드 등이 있다.

특별자산펀드는 대표적인 중위험·중수익 금융상품으로 장기투자에 적합하다. 주로 틈새시장을 공략하며 펀드상품 중 금리의 변동이나 주가의 향방에 타격을 가장 적게 받아 수익률이 비교적 안정적이다. 단, 투자정보가 일반화되어 있지 않고 매우 한정적이라서 자칫 근시안적으로 투자할 가능성도 있으므로 세밀히 관찰한 다음 신뢰성 있는 펀드상품을 잘 선택하여 가입해야 한다.

현재 출시되고 있는 실물펀드는 대부분 일반인이 쉽게 투자할 수 있도록 실물을 직접 매입하기보다는 관련 지수에 간접투자할 수 있게 설계되어 있다. 보통 상품 관련 인덱스에 간접투자하거나 원자재 관련 해외기업에 투자하는 펀드로 설계되어 상품구조가 주가연계상품(ELS)에 가깝다. 대부분 자산을 채권에 투자하고 나머지 자산은 워런트(Warrant)에 투자하는 원금보존 추구형이므로 원자재 가격 하락의 영향이 생각보다 크지 않다.

특별자산펀드는 단기변동성은 크지만 장기적으로는 일반적으로 실물자산 시장이 밝을 것으로 전망되므로 증시가 불안정할 때 분산투자의 일환으로 선택하면 헤지 효과를 볼 수 있어 장기적으로 투자 시 좋은 투자수단이 될 수 있다.

워런트(Warrant)
특정 기간에 미리 정해진 가격으로 특정 회사 주식을 사전에 약정된 수량만큼 사거나 팔 수 있는 권리가 부여된 증권을 말한다. 일정 수의 보통주를 일정 가격에 살 수 있는 권한 또는 같거나 비슷한 표면금리를 가지는 고정금리채권을 살 수 있는 권한을 증권소유자에게 부여하는 옵션을 말한다.

인프라펀드

인프라펀드(Infrastructure Fund)는 자산운용사가 도로나 항만, 철도, 건설 등 사회간접자본(SOC, Social Overhead Capital)을 투자대상으로 하여 해당 프로젝트에 대출이나 지분투자를 통해 참여하고 통행료 수입, 이자, 배당수익 등으로 수익을 올리는 펀드를 말한다. 인프라펀드는 대부분 기관투자가 중심으로 투자가 이루어지는데 특정 투자 주체자만을 대상으로 하는 사모방식으로도 펀드가 조성된다.

인프라펀드는 투자할 대상 사업이 확정되면 그 후 금융기관이 투자 한도별로 출자 비율에 따라 자금을 투입(출자)하는 캐피털 콜(Capital Call)방식으로 이루어지고 공공기관의 수익 보장 장치가 어느 정도 마련되어 상대적으로 투자 리스크가 적다. 장기펀드 상품이지만 주식시장에 상장되어 필요시 환매해서 현금화할 수 있다.

선박펀드

선박펀드(Ship Fund)는 펀드를 모아 배를 사거나 만들어 해운회사에 임대해 주고 여기서 받는 용선료, 임대료 등 배당수익을 투자자들에게 나눠주는 실물투자펀드이다. 선박펀드는 주로 사모펀드로 운용되므로 불특정 다수가 가입하기는 어렵다.

선박펀드는 일반 공모형 주식형펀드와 달리 투자시점이 정해져 있다. 처음 펀드가 만들어지고 일정 기간에만 투자금을 모집하고 추가설정은 하지 않는다. 따라서 선박펀드에 투자하려면 미리 판매사를 확인해 청약한 뒤 경쟁률에 따라 배정받아야 한다. 공모 기간을 놓쳤을 경우 주식처럼 증시에 상장된 선박펀드를 사고팔 수 있지만 거래량이 미미해 유동성 확보율이 많이 떨어지기 때문이다.

자산가와 장기투자자에게 적합한 멀티클래스펀드

"좀더 안전하게 장기투자를 할 수 있는 펀드상품은 없을까? 경과기간이 지날수록, 즉 장기투자를 할수록 펀드수수료가 다운되는 상품은 없을까? 대부분 장기고객이나 주거래로 이용하는 경우 우대를 해주는데 펀드는 그런 것이 없을까?"

이 문제로 고민한다면 멀티클래스펀드(Multi-Class Fund)를 선택해 고민을 어느 정도 해결할 수 있다. 펀드의 투자 기간과 투자금액 등에 따라 차등적으로 수수료를 부과하여 장기투자자에게 안성맞춤인 펀드가 바로 멀티클래스펀드이기 때문이다.

적립식펀드가 보편적 투자수단으로 자리 잡은 미국의 경우 다양한 수수료 체계를 갖추고 장기투자할수록 수수료가 낮아지는 멀티클래스펀드의 비중이 60%를 넘는다고 한다. 그만큼 멀티클래스펀드는 앞으로 펀드의 장기투자문화를 이끌어나갈 양질의 펀드이다.

멀티클래스펀드는 한 종류 펀드 안에 투자기관과 투자금액 등에 따라 보수와 수수료 체계를 서로 달리 적용하는 여러 투자자 그룹(Class)이 존재하는 종류형 펀드를 말한다. 펀드에 가입하고자 하는 투자자의 자격이나 조건에 따라 클래스를 A, B, C, D, E 등으로 나눈 펀드이므로 운용보수와 펀드수수료가 클래스별로 각기 다르며 펀드의 가치를 매기는 기준가격도 클래스별로 다르게 산출된다. 동일한 펀드라도 운용보수 차이로 각각의 클래스마다 펀드 수익률이 다르다.

멀티클래스펀드는 투자 성향에 맞는 판매보수와 수수료 체계를 선택할 수 있고, 장기투자를 할 경우 판매보수가 낮은 클래스를 자유롭게 선택할 수 있다. 예를 들어 멀티클래스펀드별 펀드비용의 경우 A클래스가 선취수수료를 1% 차감하는 대신 후취수수료를 연 1.80% 부과한다고 한다면, B클래스는 납입금액의 1.5%를 선취수수료로 차감하고 후취수수료는 연 1.5%씩 부과하며, C클래스는 선취수수료가 없는 대신 펀드 보수(후취수수료)는 연 2.5%를 적용하는 것이다. 이 경우 환매수수료는 대부분 C클래스에만 적용되는데 이때 징수금액은 해지 시 90일 미만 이익금의 70%이다.

펀드수수료율 체계는 투자 기간마다 다르게 책정한다. 예를 들어 적립식의 경우 12회차, 25회차, 36회차, 60회차 등으로, 거치식의 경우 1년, 3년, 5년, 7년, 10년 등으로 투자 기간을 책정한 후 투자 기간이 길어지면 길어질수록 펀드수수료가 상대적으로 낮아지도록 상품을 설계해 운용하고 있다.

또한 투자금액에 따라 수수료 차등도 심해 거치식일 경우 1억 원 이상(또는 10만 달러 이상), 적립식일 경우 100만 원 이상 등을 투자하는 고액투자자들에게는 일정 수수료를 할인해 주는데 할인 비율은 판매사마다 각기 다르므로 잘 살펴봐야 한다.

이처럼 멀티클래스펀드는 투자 기간과 투자금액에 따라 수수료 체계를 달리 적용하여 운용하는 장기투자상품이다. 장기투자 시에는 펀드수수료 차이가 수익률 달성에 변수로 작용하게 되는데 이 멀티클래스펀드는 투자금액과 투자 기간 등에 비례하여 펀드수수료와 서비스를 차별화해서 제공한다.

멀티클래스펀드는 일반적으로 투자금액이 많고 투자 기간이 길어질수록 매년 펀드수수료가 낮아지도록 설계되어 있기 때문에 은퇴자산, 주택자금 등을 목적으로 하는 장기투자자와 자산가에게 적합한 펀드이다. 멀티클래스펀드는 5년 이상 중장기 상품으로 3년 이내에 환매하면 대부분 펀드상품이 수익금의 70% 정도를 해지수수료로 공제한다. 따라서 펀드 특성을 정확히 파악해 나가면서 자신의 투자 성향 및 투자목적, 투자 기간 등을 고려해 적합한 펀드를 신중히 선택하여 가입하도록 한다.

국내 주가 조정 시 최적의 대안 상품 해외펀드

펀드투자로 고수익을 올리고 싶다면 다른 나라의 주식이나 채권 등 해외시장에 투자하는 해외투자펀드에 관심을 기울여 볼 필요가 있다. 간접투자의 묘미는 장기적으로 안정되게 분산투자를 하여 위험손실을 최소화하고 이익을 극대화해 나가는 데 있다. 이런 관점에서 본다면 다양한 종목에 분산투자를 확실히 하고 자기 입맛대로 우리나라뿐만 아니라 전 세계 곳곳에 적은 돈으로 투자하여 고수익을 올리고 싶을 경우 이 기회에 해외펀드로 눈을 돌려보는 것도 괜찮을 듯싶다. 국내 주식시장에 편중된 한정된 투자보다는 재투자방식으로 성장성이 좋은 국가에 투자하는 해외펀드투자가 향후 좀더 좋은 투자수익률을 기대할 수 있기 때문이다.

해외펀드(Offshore Fund)는 펀드 이동 시 가교 역할을 하면서 국내 금융시장이 장기침체될 경우 이에 따른 리스크를 최소화하고 안정적인 수익(자산배분 효과)을 올리기 위해 미국, 일본, 유럽 등 금융선진국 및 신흥시장 주식에 일정 부분을 투자하는 외국형펀드를 말한다.

해외펀드에 투자하는 가장 큰 목적은 ① 국제적인 분산투자로 국내펀드와의 분산투자 효과를 극대화하여 국내시장 불안에 따른 투자 리스크를 상쇄해 나가고, ② 저금리에 따른 투자 대안으로 특정 지역이나 국가별로 시장 환경 차이를 적극 이용해 국내시장보다는 높은 수익률을 올리기 위해서이다. 이 경우 국내 채권이나 유동성 자산에 50% 이상을, 외국의 개별상장주식 및 인덱스펀드, ETF 등에 50% 이하를 투자하도록 설정되어 있는 것이 일반적인 시스템이다.

해외펀드의 유형은 투자대상에 따라 종류가 매우 다양하다. 투자 종목에 따라서는 주식 비중이 높은 주식형펀드, 채권에 주로 투자하는 채권형펀드, 주식과 채권뿐만 아니라 부동산 등 여러 종류 자산에 투자하는 혼합형펀드, 그리고 국내에 설립된 운용사들이 해외 자산운용사 상품들을 판매하는 재간접펀드인 펀드오브펀드(Fund of Funds)가 있다. 이 중 펀드오브펀드는 재분산투자로 좀더 안정적인 수익을 가져다준다. 일반 해외펀드는 특정지역 주식이나 채권에 직접투자를 하는 방식이라 해당 국가의 리스크가 상존하게 된다. 그런데 펀드오브펀드는 투자금을 특정 국가의 해외펀드에 분산투자하므로 상대적으로 투자 리스크를 줄일 수 있어 더 안전한 펀드라 할 수 있다.

투자지역에 따라 각 국가의 증시 시가총액 비중대로 투자하는 글로벌형, 미국과 유럽 등 선진국에 투자하는 선진국형, 브릭스(BRICS, 브라질(Brazil), 러시아(Russia), 인도(India), 중국(China)) 등 인구가 많고 나라가 큰 신흥공업국가, 친디아(CHINDA)펀드 등 성장성이 높은 아시아, 중남미 · 동유럽 등 신흥공업국가에 투자하는 이머징 마켓형(Emerging Markets Fund), 특정국가 증시에 대부분 자산을 투자하는 특정국가형으로 나뉘는데 명칭은 펀드운용사마다 각기 다르다. 주식비중이 높을수록 선진국형보다는 신흥시장(Emerging Market)에 투자하는 펀드의 수익률이 상대적으로 높다.

펀드설정지역에 따라서는 ① 국내 자본시장통합법에 따라 설립된 국내자산운용사(또는 투신운용사) 또는 외국 투신사가 국내에 설립한 현지법인이 해외에 투자 · 운용하는 역내펀드(On-Shore Fund), ② 해외에서 설립된 해외자산운용사가 해외에 투자 · 운용하는 역외펀드(Offshore Fund) 2가지로 구분된다.

역내펀드와 역외펀드는 펀드투자 종목이 거의 비슷한데 다른 점은 투자대상과 지역이 세계적인 투자신탁회사들이 운용하는 역외펀드가 역내펀드보다 훨씬 더 다양하다는 것이다.

해외펀드투자 시 장점 5가지

1. 국내 주식시장의 변동성에 능동적인 대처가 가능하다.

국내시장의 지나친 변동성과 지정학적 리스크 등을 피해 위험을 분산해 나갈 수 있다.

2. 펀드 분산투자 효과를 극대화할 수 있다.

주식시장의 역사가 깊은 다양한 국가에 투자가 가능하므로 국내 투자에 한정되어 발생할 수 있는 위험을 상대적으로 축소해 분산투자 효과를 가져온다. 한 국가에만 투자하는 것보다 많은 국가와 지역에 분산투자하면 위험을 좀더 줄일 수 있다.

3. 기대수익률을 상대적으로 올릴 수 있다.

국내 주식 또는 채권에 투자했을 때 기대수익률보다 상대적으로 더 높은 투자수익률을 올릴 수 있다.

4. 다양한 펀드 상품을 투자 성향에 맞춰 고를 수 있다.

국내에 존재하지 않는 다양한 유형의 유가증권에 투자하므로 투자자가 선택할 수 있는 수익과 위험에 따른 펀드 상품 선택폭이 상대적으로 넓다.

5. 고수익과 더불어 환차익도 기대할 수 있다.

국내 주식시장보다 더 성장 가능성이 높은 국가에 투자하므로 고수익을 실현할 수 있고 또 환율이 오르면 덤으로 환차익도 기대할 수 있으므로 초과수익을 얻고자 하는 투자 대안으로 적합하다.

해외펀드투자 시 단점 7가지

1. 전문지식이 없으면 가입하기 곤란하다.

해외펀드는 국내펀드와 달리 전문지식을 어느 정도 쌓고 난 후 가입해야 투자 리스크가 덜 발생한다. 해외시장에 대한 이해도가 낮고 정보가 부족하며 트렌드를 따라가는 투자에 의존하다 보니 투자자들이 꼭짓점에 가장 몰리는 경향이 있다.

2. 환율 리스크가 상시 존재하는 고위험펀드이다.

펀드 자체의 투자 리스크 외에 환율변동에 따른 환율 리스크가 상시 존재한다. 환매 시점의 펀드기준 통화가치가 신규 가입 시점에 비해 상승하면 환차익이 발생할 수 있지만 반대로 환율이 하락하면 펀드운용에서 이익을 남겨도 환율에서 손해를 봐 원금손실을 볼 위험성도 있다.

3. 수익에 대한 과세를 실시한다.

국내펀드는 발생한 수익 중 주식매매에 따른 수익 부분에 대해서는 이자소득세를 과세하지 않는다. 해외펀드는 역내펀드와 역외펀드 모두 정상과세한다.

4. 국내펀드보다 변동성이 매우 크다.

외국 경제 동향, 환리스크 등 눈으로 볼 수 없는 많은 투자 리스크가 뒤따른다.

5. 단기간 투자하면 더 손해를 볼 수 있다.

선취수수료 체계여서 단기투자를 하면 국내펀드에 투자할 때보다 더 많이 손해 볼 수 있다.

6. 펀드수수료가 상대적으로 비싸다.

투자수익률이 높은 반면 펀드수수료가 비싸다. 사무수탁 비용은 엇비슷하지만 판매운용보수가 고위험펀드라 매우 높고 일반펀드에 들어가는 수수료뿐만 아니라 환 관련 비용도 들어가므로 펀드수수료가 상대적으로 비싸다.

7. 환매 시 결제 기간이 길어 수익률 편차가 날 수 있다.

해외펀드는 환매 기준일이 환매 신청 다음 날이 되지만 직접투자하는 해외펀드는 환매를 신청하고 4영업일 뒤에야 환매 기준 금액이 결정되므로 총결제 기간이 일주일 정도 걸린다.

해외펀드는 대부분 특정한 집단만을 대상으로 운용하는 벤치마크가 뚜렷한 전문화된 투자상품이므로 먼저 재무설계를 통해 자산배분을 하고 난 다음 펀드를 선택하는 것이 중요하다. 특히 변동성 리스크가 크고 외화자산 투자에 따른 환리스크가 발생하므로 선물환 계약을 체결하고 여러 국가에 분산투자하는 것이 바람직하다.

해외펀드는 펀드의 기본구조뿐만 아니라 세금과세 부분과 환율개입 여부, 환매 방법 등이 국내펀드와 차이가 커서 사전지식 없이 수익률만 보고 투자했다간 자칫 낭패를 볼 수 있으므로 내용을 꼼꼼히 살펴본 후 가입해야 한다.

국내펀드와 해외펀드의 상품 특성 종합 비교 분석

구분	국내펀드	해외펀드	비고
투자국가	국내(우리나라)	해외(모든 나라)	선진국, 신흥국가
투자목적	고수익 실현, 중장기 안전투자	국내펀드보다 고수익 실현, 투자 리스크 분산	위험대상 분산효과
기대수익률	시장수익률 상회	국내펀드 수익률 상회	모두 높음
기준통화	원화	달러화 및 투자국 통화	
투자대상	국내 주식, 채권, 파생상품, 실물자산 등	외국 주식, 채권, 파생상품, 실물자산 등	유가증권, 실물자산
투자 리스크 정도	상품별 상이 (해외펀드보다 작음)	매우 큼	고위험, 고수익 추구
부과 수수료	연 1~2% 정도	연 2.0~3.0%, 선취와 후취 수수료 혼용	주식형펀드 기준
과세 여부	주식매매차익 비과세, 채권매매차익 과세, 배당소득 과세	역내펀드와 역외펀드 모두 정상과세	실질수익 차이 발생
환매 시 결제 기간	신청 후 2~3일 이상	신청 후 7일 이상	환매 시 현금화 기간 차이
투자 기간	주로 중단기 투자 시 적합(장기투자 불리)	주로 장기투자 시 적합 (단기투자 불리)	수수료 부과 문제
장점	환매 시 현금화 용이, 펀드 다양화로 선택폭이 매우 넓음	펀드 분산투자효과 극대화로 시장위험(체계적 위험) 최소화, 국내시장 변동성에 능동적 대처 가능, 고수익 및 환차익 실현 가능	목적자금 마련 시점 중요
취약점	국내시장 변동성 심할 경우 위험회피 수단 구조적 취약	단기투자 시 선취수수료 적용으로 불리, 세금 전량 과세로 실질적 수혜폭 적어질 수 있음, 변동성이 매우 큼(환율변동에 따른 환율 리스크 상시 존재)	국내외 펀드 간 포트폴리오 구성 필요

또 운용사에서 취급하는 해외펀드 상품별 투자수익률이 많은 편차를 보이므로 자신이 투자하려는 펀드의 투자수익률이 어떻게 움직이는지 펀드평가사 사이트에 들어가 확인하면서 해외펀드 성적이 좋은 운용사와 펀드를 선택해 가입해야 한다.

위험 분산이 용이한 재간접펀드인 펀드오브펀드

여행을 떠난다고 하자. 생전 처음 가는 길이라 잘 모른다고 할 때 어떻게 목적지까지 갈 생각인가? 이정표를 보고 가는 사람, 지도를 보고 가는 사람, 내비게이션을 보면서 가는 사람 등 다양할 것이다. 그런데 그 길이 첩첩산중과 같이 험해 지도에도 도로가 나와 있지 않고 내비게이션에도 자세히 표기되어 있지 않다면 차선의 방법을 선택해야 한다. 즉, 셰르파(Sherpa)를 고용하든지 아니면 길을 물어 물어 찾아가야 한다.

펀드투자 또한 마찬가지다. 초보자는 펀드의 길을 잘 알지 못한다. 그런데 펀드투자의 길은 멀고 험하다. 펀드 수익률의 위험을 피할 좋은 방법이 없을까?

이럴 때는 안전한 방법을 선택해야 한다. 보험회사가 향후 대형사고가 발생하였을 때 보험금 지급에 많은 어려움이 뒤따를 것을 대비하여 위험 분산을 통한 리스크 헤지를 위해 재보험(Re-Insurance)

을 가입하듯이 펀드를 재가입하는 방향으로 간다면 위험은 더 줄어들게 될 것이다. 바로 펀드오브펀드(Fund of Funds)를 가입하여 위험을 조금이라도 분산하라는 것이다.

펀드오브펀드는 주식이나 채권에 투자하는 펀드에 재투자하여 위험을 분산하는 재간접펀드를 말한다(법률상으로는 재간접투자기구라고 한다). 이미 설정된 다양한 펀드에 투자하는 간접투자펀드로서 보험으로 위험을 회피하기 위해 보험사에서 다른 보험사에 다시 보험을 가입하는 재보험과 같은 원리이다. 예를 들어 전체 자산의 50% 이상을 수익증권이나 뮤추얼펀드(Mutual Fund) 등 다른 펀드에 투자하는 상품이다.

자산운용사가 직접 주식이나 채권, 파생상품 등에 투자하는 대신 우수한 운용사들이 운용 중인 검증된 펀드만 골라 재투자하는 펀드이므로 여러 펀드에 분산투자해 투자 위험을 최소화함으로써 상대적으로 안정성과 수익성이 높다. 또한 일반 개인투자자들이 해외 주식이나 채권에 직접 투자하기가 어려울 경우 재간접펀드를 이용하여 펀드투자를 할 수 있다. 따라서 펀드오브펀드는 하나의 펀드에 가입함으로써 성과가 좋은 여러 펀드에 동시에 가입하는 이중 효과를 얻을 수 있는 매력적인 상품이다.

펀드오브펀드는 뮤추얼펀드와 헤지펀드로 나눌 수 있는데 주로 해외투자 펀드를 운용한 경험이 있는 국내 운용사들이 해외의 주식이나 채권 등에 직접투자하는 대신 세계적인 운용사들이 운용 중인 펀드들에 재투자하는 형식으로 설계·운용되고 있다.

펀드오브펀드의 장점은 대부분 선진국과 신흥시장, 남미와 유럽 등 다양한 지역에 투자하는 다양한 펀드를 골라 투자하기 때문에 특정 지역 혹은 국가의 증시 급변동에 따른 위험을 최소화할 수 있고 펀드 스타일별로 골라 투자할 수 있다는 것이다.

단, 펀드오브펀드는 수익률이 상대적으로 안정적이지만 기대수익률이 낮고 또 펀드에 이중으로 가입하는 셈이어서 운용보수가 이중으로 빠져나가 수수료가 상대적으로 비싸다는 단점이 있으므로 장기투자 대상으로는 부적합하다고 할 수 있다.

펀드오브펀드는 국내 자본시장통합법에 따라 설립 인가를 받아 국내에서 설립되어 운용되는 펀드인 점은 국내펀드와 같지만 여러 개 역외펀드를 편입해 운용한다는 점이 다르므로 역외펀드라 할 수 있다. 따라서 해외주식의 양도차익에 대해서는 역내펀드와 마찬가지로 비과세혜택이 주어지지 않으므로 투자 시 이를 유념한다.

펀드변경으로 리스크 헤지 가능한 엄브렐러펀드

펀드 가입 시 자신이 선정한 펀드종목이 주가의 영향을 많이 받아 수익률이 계속 하락하는 추세로 간다면 참으로 난감한데 어떻게 대처해야 할까? 이럴 때는 펀드우산을 사용해야 한다. 즉, 우산 속 빗살과 같이 다양한 펀드종목을 언제나 선택할 수 있는 펀드를 가입하는 것이 최상책이다. 그러면 주가가 하락하더라도 위험손실의 폭을 최소한으로 줄일 수 있다. 즉, 펀드를 가입한 이후에도 변액보험과 같이 펀드변경(Fund Transfer)이 가능한 적립식펀드를 가입하면 되는데 그것이 바로 다기능 일체형의 옵션상품인 엄브렐러펀드이다.

엄브렐러펀드(Umbrella Fund)는 하나의 모(母)펀드 아래 성격이 다른 여러 개 하위(子)펀드(Sub-Fund)들이 구성되어 있는 다기능의 전환형 펀드로 모자(母子)펀드라고도 한다. 엄브렐러펀드는 투자자의 장세 판단에 따라 환매수수료 부담 없이 시장 변화에 맞춰 탄력적으로 자유롭게 펀드를 전환할 수 있도록 설계된 상품이다(엄브렐러는 모양이 우산 같다고 하여 붙여진 이름인데 하위펀드 사이의 자유로운 펀드 교환이 카멜레온이 몸 색깔을 바꾸는 것과 비슷하다고 하여 카멜레온형 펀드라고도 한다). 엄브렐러펀드는 일반 펀드에 비해 변동성이 큰 장에서 상대적으로 고수익을 올릴 수 있도록 펀드운용방식이 내재가치(Intrinsic Value) 우량주에 집중투자하는 가치투자펀드이다. 참고로 가치투자펀드는 주식시장의 흐름과 관계없이 실제 가치보다 낮은 가격에 거래되는 저평가된 우량주에 투자해 안정적인 수익을 추구해 나가는 펀드를 말한다.

엄브렐러펀드의 하위펀드 상품구성은 MMF(Money Market Funds), 인덱스형, 채권형, 혼합형, 성장주식형, 안정형주식형, 코스닥주식형, 인덱스혼합형, 공모주형 등 매우 다양하다. 엄브렐러펀드는 다음과 같은 3가지 장점이 있어 매력적이다.

첫째, 시장 변화에 탄력적으로 대응함으로써 능동적 투자가 가능하다.

펀드 간 이동 횟수의 제한 없이 수시전환이 가능하여 장세를 지켜보면서 주식시장의 상승은 물론 하락에도 이익을 취할 수 있는 등 시장 상황에 따라 펀드 간 자산배분과 투자 시점을 탄력적으로 자유롭게 조절할 수 있다.

둘째, 일반 펀드에 비해 상대적으로 안정된 고수익을 올릴 수 있다.

여러 유형의 하위펀드로 구성되기 때문에 시장 상황이나 테마에 따라 펀드변경(Fund Transfer)이 가능해 투자 리스크를 투자자 스스로 줄여나갈 수 있다.

주가가 오를 것 같으면 인덱스펀드로, 하락할 것으로 보이면 리버스펀드로 갈아탈 수 있다. 주가지수가 오를지 내릴지 불투명해 투자를 잠시 미루고 싶다면 MMF로 전환해 증시가 분명한 방향을 보일 때까지 기다리면 된다. 따라서 펀드에 대한 전문지식을 갖춘 다음 펀드를 선택하고 그 시점부터 늘 시장 변화를 예의주시하며 관심을 기울인다면 일반펀드에 비해 상대적으로 높은 수익을 올릴 수 있다.

리버스펀드(Reverse Fund)
주가지수가 하락할 때 수익이 나는 파생상품에 투자하는 펀드를 말한다. 리버스펀드는 단기에 주가가 하락할 때는 높은 수익을 올릴 수 있으나 개인이 매수·매도 타이밍을 포착하는 데 어려움이 있어 주로 기관투자가나 투자전문가들이 리스크 헤지 상품으로 활용한다.

셋째, 펀드변경 시 환매수수료를 부과하지 않는다.

일반 적립식펀드는 일정 기간이 경과하지 않은 상태에서 펀드를 환매하면 패널티 성격의 환매수수료를 부과하는 데 반해 엄브렐러 펀드는 다른 여러 개 하위펀드를 두고 이 펀드들 사이에서는 자금이 이동되더라도 별도 환매수수료를 부과하지 않는다. 하위펀드 간의 전환 청구 시 징구하는 해당 수수료 전액은 다시 펀드(신탁재산)에 재편입되는 것으로 간주하므로 실질적으로는 수수료가 없는 것과 마찬가지다.

펀드 갈아타기를 해도 환매가 아닌 전환으로 봐서 환매수수료를 부과하지 않으므로 시장 트렌드에 발맞춰 운용하기 용이한 상품이지만 운용사별로 해당 펀드에 대해 전환수수료가 있는 경우도 있으니 잘 살펴본다. 엄브렐러펀드는 시장 변화를 잘 살피면서 관심을 기울인다면 일반 펀드에 비해 높은 수익을 올릴 수 있지만, 시장 변동성이 심할 경우 일반 펀드상품보다 상대적으로 적은 수익 또는 원금손실을 볼 수도 있으므로 초보 투자자들은 가입 시 신중을 기한다.

엄브렐러펀드 가입 시 주의할 점 3가지

1. 개인이 시장 상황을 예측하기가 쉽지 않다.

일반 간접투자상품처럼 펀드매니저가 전적으로 운용하지 않는다. 펀드 전환 타이밍은 변액보험과 마찬가지로 투자자 스스로 판단해야 하므로 자칫 실기할 수 있다. 시장 움직임에 적절히 대응하지 못하면 일반 펀드보다 투자 리스크가 크게 발생할 개연성이 있다. 엄브렐러펀드를 가입한 후에는 항상 시장 변화에 관심을 가지고 금융환경의 변화에 대응할 수 있는 적절한 전환(변경) 시점을 포착하는 것이 고수익 획득의 관건임을 유념한다.

2. 펀드변경 시 신중히 한다.

펀드변경은 직접투자방식과 같은 원리이므로 다른 펀드로 갈아탈지에 대한 전환 타이밍은 투자자 스스로 신중히 판단해야 한다. 펀드변경 타이밍을 제대로 못 맞추면 오히려 투자손실을 볼 수 있다. 또한 펀드변경 횟수와 펀드 간 전환 시 펀드기준가 적용일이 상품마다 각기 다르므로 미리 잘 살펴본다.

3. 자펀드의 유형에 따라 수익률이 다양하게 나타난다.

자펀드가 다양하게 구성되어 있으므로 투자자 판단에 따라 수익률 차이가 클 수 있다.

4장

펀드로 목돈 만드는 실천 비법

일단 투자하면 기대수익이 날 때까지 끈기를 갖고 지켜보라.

– 워런 버핏

투기 말고 투자를 하라

처음 펀드투자를 하는 사람들은 누구나 고수익이 실현되기를 갈망한다. 그래서 투자가 아닌 투기를 하려 하고 기대수익률을 매우 높게 잡는다. 그런 펀드투자자의 심리를 이용해 펀드 판매사는 과거 수익률 중 가장 높은 꼭짓점의 펀드수익률을 시뮬레이션해 주기도 한다.

그런데 여기서 꼭 알고 가야 할 사실은 '투기보다는 투자를 하라'는 말이다. 펀드투자의 귀재로 미다스의 손이라 칭송받고 있는 워런 버핏이 한 말이다. 이 말은 정도에 입각해서 펀드시장의 수익률을 좇아가는 투자를 하라는 의미이다. 또한 펀드투자로 성공한 부자들은 터무니없이 높은 수익률은 바라지 않는다. 그들은 현실적인 수익률을 최상의 목표로 한다.

펀드투자는 평균매입단가 원리상 중장기간 지속적으로 고수익을 올리는 상품이 될 수 없는 구조를 갖고 있다. 즉, 주가가 떨어져도 큰 손실을 보지 않으면서 주가가 올라도 주식처럼 바로 고수익을 실현해 주지 못하는 안정수익 추구형 상품이라는 점을 반드시 기억해야 한다. 간접투자상품은 시장평균수익률을 지향하므로 고수익을 노리는 직접투자상품이 아니라는 점을 반드시 기억하고 접근해야 한다. 펀드 특성에 따라 수익률이 어느 정도 제한적인 비율로 나타날 수밖에 없다는 사실을 알아두자.

직접투자 및 간접투자를 할 경우 투자대상별 수익률 평균 기대치

구분	직접투자 시			간접투자 시			
투자대상	부동산 투자	주식투자	동산투자	적립식 펀드	변액보험	은행 예·적금	저축성 보험
수익률 정도	상	상	중상	중상	중	하	하
투자 리스크	상	상	중상	중상	중	하	하
투자 기간	중장기	중단기	중장기	중단기	최장기	단기	장기

가치투자의 창시자인 벤저민 그레이엄은 "건전한 투자를 하려면 안전성과 수익성을 동시에 고려하라"고 조언했다. 이 말의 의미를 되새기면서 가치투자의 길로 들어서야 목적자금 달성을 잘 매조지할 수 있다. 시장수익률보다 상회하는 정도의 안정된 투자수익을 올리겠다는 목표를 갖고 투자에 임해야 좀더 큰 실속을 챙긴다.

누릴 권리는 줄이고 얻을 수익은 올려라

다른 금융상품에 가입할 때보다 간접투자상품인 적립식펀드와 변액보험을 선택해 가입할 경우에는 투자자가 누릴 권리를 찾기 전에 스스로 포기해야 할 권리가 더 많다는 사실을 알아야 한다. 투자는 그 속성상 얻은 만큼 자칫 잘못하면 잃게 되는 것이 기본 생리이므로 투자자가 누려야 할 권리 또한 상대적으로 박탈(?)당하게 된다. 따라서 누릴 권리를 줄이고 얻을 수익을 더 찾는 것이 간접투자의 비법이요, 펀드투자로 좀더 높은 수익률을 올리는 현명한 방법이다.

'모든 선택에는 그 대가가 있다'는 경제학의 기본 원칙이 펀드에도 그대로 적용된다. 그래서 더 많은 이익을 창출하기 위해서는 권리를 포기해야 할 때가 있는데 그 시점은 바로 펀드를 선택해 계약서에 서명하는 순간부터이다. 그렇다면 고수익을 올릴 기회를 얻는 대신 무엇을 포기해야 할까? 펀드에 투자하려고 마음먹었다면 다음 사항들을 어쩔 수 없이 포기해야 한다. 다음 내용들을 포기하고 편안한 마음으로 고수익을 향한 무공해 재테크 씨앗을 심도록 하자.

펀드 선택 시 포기해야 할 권리 6가지

첫째, 투자 주체로서 권리를 포기해야 한다.

펀드투자는 자기책임 원칙하에 이루어지므로 투자에 대한 책임은 판매사 또는 운용사가 지지 않고 가입자(투자자)가 전적으로 진다.

둘째, 원금 확보의 권리를 포기해야 한다.

펀드는 확정금리형 상품이 아닌 실적배당형 상품이다. 투자손실이 발생할 때는 원금손실 또한 발생할 수 있다는 사실을 스스로 인식하고 이를 받아들인다.

셋째, 단기간에 고수익을 올리려는 생각은 접는다.

펀드는 단기간에 고수익을 실현해 주는 상품이 아닌 중장기에 걸쳐 수익률을 시장의 실질수익률을 상회하는 정도로 올리는 것을 목표로 하는 상품임을 인식한다.

넷째, 자산운용전문인력의 능력을 믿어야 한다.

펀드에 가입했다는 것은 투자대상과 방법 등 펀드운용 일체를 일임한 것이므로 펀드매니저의 운용능력을 믿어야 한다.

다섯째, 안전성의 책임을 스스로 짊어져야 한다.

펀드 가입 후 스스로 자구책을 마련해 나가야 한다. 누가 도와주지 않는다. 특히 10년 이상 장기투자하는 변액보험은 적립식펀드보다 사후관리가 매우 중요하므로 보험사와 보험컨설턴트를 잘 만나야 한다.

여섯째, 투자 비용이 상대적으로 많이 나간다.

펀드는 전문가에게 투자를 일임하는 간접투자상품이다. 믿고 맡기는 대가로 신탁보수 등 각종 수수료와 비용을 지불한다. 수수료도 훨씬 많다. 비용의 종류가 다른 금융상품보다 다양하고 규모도 더 크며, 경과기간이 길수록 비용 또한 많아진다.

앞에 열거한 여섯 가지 권리를 포기하는 대가로 고수익이 발생할 경우 그 이익분에 대해 정당하게 배당받을 권리를 자연적으로 획득하게 된다. 또한 자칫 이 권리들을 포기함에 따라 오히려 투자 리스크를 스스로 책임져야 하는 상황이 있을 수 있음을 늘 유념하면서 펀드투자를 하기 전 고수익 로드맵과 그 솔루션을 이 책을 통해 확실히 알아야 한다. 그래야만 펀드 변동성 발생 시 위험회피를 적재적소에 할 수 있는 역량을 구축하여 원하는 기대수익률에 접근할 수 있다. 포기해야 할 권리를 가슴에 새기고 펀드투자의 길로 들어서야 좀더 안전한 재테크 여행을 하면서 고수익을 실현하여 더 큰 목돈을 마련할 수 있다는 점을 명심하라.

과거의 펀드수익률에 연연하지 마라

운동선수가 세 명 있다. 한 명은 작년 경기에서 1등을 한 선수이다. 그런데 이 선수는 기복이 좀 심한 편이다. 잘할 때는 아주 잘하는데 못할 때는 안쓰럽게도 죽을 쑤는 스타일이다. 또 한 명은 올 초 경기에서 1등을 한 선수이다. 혜성같이 나타나 잘하기는 하는데 풍문에는 약물을 복용했다는 이야기가 떠돌아 전문가들이 100% 신뢰하지 못한다. 또 다른 한 명은 앞의 두 선수보다는 못하지만 꾸준히 실력이 향상되어 기복이 없는 선수이다. 아직 선두를 달려가지는 못하지만 몇 년 동안 고된 훈련을 거듭해 서서히 정상이 가시권에 들어오고 있다.

당신은 어떤 사람에게 배팅하겠는가? 사람마다 다르겠지만 필자는 세 번째 선수에게 걸겠다. 앞으로 정상으로 성장할 만한 자질이 있고 또 그런 싹수가 보이기 때문이다. 바로 펀드상품이 그런 맥락과 같다. 올해는 수익률이 좋은 펀드들이 다음 해에는 바닥권을 헤매는 경우가 적지 않다. 따라서 무작정 과거의 수익률만 믿고 가입하는 것은 피해야 한다. 펀드의 과거 수익률은 단지 참고만 해야 한다.

세계적 펀드평가사인 스탠더드앤드푸어스가 분석한 바에 따르면 펀드의 과거 수익률이 현재의 성과를 나타내는 정도는 33%에 불과하다고 한다. 즉, 과거 높은 성과를 올렸던 펀드 3개 중 2개는 저조한 성과에 머물렀다는 것이다. 펀드 가입의 목적인 목돈을 찾을 시점의 펀드기준가가 얼마냐가 기대수익률을 높이는 데 가장 중요하게 작용하므로 과거 수익률보다는 앞으로 펀드가 얼마나 잘 운용되어 기대수익률이 현실화될지를 냉철하게 평가하여 펀드를 선택해야 한다.

일반적으로 적립식펀드를 가입하려는 사람들은 펀드평가사나 언론에서 보여주는 수익률이 높은 상위 펀드에만 관심을 가지는 경향이 많은데 이렇게 했다가는 자칫 오류를 범하기 쉽다. 그런 펀드들이 설령 지금까지는 높은 투자수익률을 올렸다 하더라도 앞으로도 계속 그와 같은 수익률을 지속적으로 올릴 수 있다는 확증이 없기 때문이다. 최근 단기수익률이 높다는 것은 역으로 이미 과대 평가됐을 가능성이 크다는 전조현상이라 할 수 있다.

우리나라 펀드시장의 수익률을 관찰해 보면 매년 고르게 투자수익이 나지 않는다. 일정 기간은 수익이 올라가다가 하향곡선을 나타내는 경우가 많다. 한때 잘나갔던 펀드나 변액보험상품들이 요즘

들어 수익률이 형편없이 떨어지거나 판매 중지된 사례를 안다면 이는 바로 이해될 것이다.

세계적인 펀드투자의 대부 앙드레 코스톨라니는 "시세에 민감하게 반응하지 마라"고 경고했다. 펀드를 단기수익을 노려 선택하거나 잽싸게 팔지 말라는 것이다. 지금 가입한 펀드의 투자수익률은 제로 베이스에서 출발할 뿐 그간 해당 펀드가 올린 실적이 이 펀드에 고스란히 반영되는 것은 아니다. 대체로 펀드투자를 한 지 2년 이내에는 변동성이 크므로 단기투자 시 투자수익률을 논하는 것은 별로 의미가 없다. 최소한 3년 이상 중장기투자를 해나갈 수 있도록 미리 목적자금 마련 방법에 따른 투자계획과 재무설계를 철저히 세운 후 펀드투자의 길로 나서는 것이 바람직하다.

따라서 시장과 비교해 수익률이 들쑥날쑥하는 펀드보다는 꾸준히 상승세를 타고 앞으로도 계속 꾸준한 수익을 올릴 펀드를 고르는 게 현명한 방법이다. 장기상품인 펀드에 투자할 경우 일단 좋은 펀드를 골라 가입했으면 단기간의 변동성은 당연히 있을 것으로 여기면서 아예 무시하고 넘어가는 것이 때로는 상책이 될 수 있다.

펀드투자는 목적한 미래의 기간을 보고 하는 것이지 과거를 보고 하는 것이 아니라는 사실을 반드시 염두에 두면서 펀드투자의 길로 들어서자. 그래야 낭패 보기 십상인 먹튀 펀드를 선택하는 우를 범하지 않는다.

상대수익률과 실제수익률을 잘 살펴라

펀드투자 수익률을 평가하는 방법은 절대수익률과 상대수익률 두 가지 관점에서 이뤄진다. 절대수익률(Absolute Return)은 투자원금 대비 얼마나 수익을 올리거나 잃었는지를 가늠하는 수익률이고, 상대수익률(Relative Return)은 다른 펀드와 비교해 해당 펀드를 평가하는 기준율을 말한다.

따라서 투자원금 대비 얼마를 벌었는지 가늠하는 절대수익률도 중요하지만 비슷한 유형의 펀드들 중 자신이 가입한 펀드의 성과물은 어느 정도인지 한눈에 알아보는 상대수익률도 눈여겨봐야 한다. 남들이 다 괜찮은 수익을 올리고 있다면 나 또한 그런 범위 내의 수익을 올려야 하는 것은 당연한 이치이다.

상대수익률을 평가할 때 주로 사용하는 평가지표가 해당 펀드가 추구하는 수익률인 벤치마크 초과수익률이다. 현재 우리나라에서는 종합주가지수(KOSPI)가 대표적인 벤치마크로 자주 이용되고 있다. 벤치마크 초과수익률을 좀더 높게 지속적으로 나타내는 펀드가 제일 좋은 펀드이므로 이런 펀드를 잘 골라서 가입해야 한다.

전약후강의 투자전략 추진

펀드투자를 할 때는 중장기투자를 하는 것이니만큼 목적자금을 달성하기 위해 전강후약보다 전약후강을 투자수익률 제고 목표로 설정하는 전략을 추진해 나가도록 한다. 그래야만 투자수익률을 안전하고 확실하게 올릴 수 있다. 또한 중장기적으로 시장의 변동성에 능동적으로 대처해 나갈 마음의 여유와 투자기술이 생긴다.

이에 덧붙여 펀드투자를 할 때는 자신의 투자 성향과 경제력에 맞춰 중장기적으로 연령대별 펀드 포트폴리오를 하면서 반드시 목적자금을 마련할 때까지 잘 매조지하겠다는 굳은 마음을 갖고 신중하게 접근하는 자세가 필요하다. 안분비례에 입각해 현재의 재무 상태와 앞으로의 경제적 능력 등을 종합적으로 고려하면서 안정적이지만 저수익 구조인 저축상품과 다소 리스크가 뒤따르지만 고수익 구조인 투자상품을 병행하여 전약후강 또는 전중후강의 재무설계를 해나간다.

운용 방법 및 불입방법에 따라 수익률 차이 발생

동일한 상품에 가입했다 해도 펀드투자자들의 환매 시 실제 수익률은 각기 다르다. 펀드상품의 유형이 같다고 해서 수익률도 똑같거나 비슷하게 발생할 거라 생각하고 아무 상품이나 가입하면 자칫 목표치와 어긋나는 결과를 얻을 수 있다.

저축성상품도 납입금액과 납입 시기, 가입 방법에 따라 각기 수익률이 다르게 나타나듯이 펀드상품도 해당 펀드의 공시수익률과 투자자 개개인의 펀드수익률 또한 모두 다 각기 다르게 표출된다. 펀드 매입 시 펀드기준가가 매일 새로이 반영되고 이에 따른 보유좌수 규모에 따라 수익률이 변하기 때문이다. 즉, 적립된 금액의 규모에 따라, 펀드 내 종목의 매매회전율에 따라, 불입 방법에 따라, 불입 시기에 따라 환매 때 수익률 편차가 발생하게 된다.

따라서 공시수익률과 개개인이 가입한 펀드의 실제 수익률과는 어느 정도 차이가 발생한다는 사실을 알아두어야 한다. 펀드수익률을 살펴볼 때는 펀드 간 상호비교를 할 때만 참고하고 자세한 수익률은 해당 판매사 콜센터에 직접 문의하는 것이 제일 현명한 처세이다.

펀드판매사들이 대부분 영업전략상 가급적 세후수익률은 감추고 세전수익률을 공시하므로 투자자들은 사실상 자신에게 돌아오는 실질적 수익률인 세후수익률을 잘 살펴봐야 한다.

환매수수료 체계를 알아야 손해를 덜 보고 이익을 본다

펀드 가입 후 만기 이전에 환매하면 불이익을 당하게 된다. 펀드는 계약기간이 있고 만기일이 정해져 있기 때문에 만기일 이전에 해지하면 약속 불이행으로 환매수수료가 부과되기 때문이다.

일반적으로 선취수수료를 적용하는 선취형펀드는 펀드 매입일이 만기일과 같은 개념이 되므로 환매수수료가 별도로 부과되지 않는다. 그러나 후취수수료를 적용하는 후취형펀드를 만기일 이전에 해지하면 무조건 환매수수료가 붙는다. 환매수수료는 운용사나 판매사 몫이 아닌 만기까지 유지한 투자자들의 몫으로 분배된다. 따라서 약속한 만기일을 지키면 환매수수료는 당연히 없게 되는데 이에 대해서는 해당 약관에 명시되어 있으므로 꼭 살펴본다(환매수수료는 펀드투자 수익분에 대해서만 부과하므로 손실이 발생하면 부과하지 않는다. 환매수수료는 판매사나 운용사의 수입이 아니라 중도환매에 따라 나머지 투자자들이 입게 될 투자손실을 보전해 주는 데 사용된다).

가입 후 90일 이전 환매 시

대부분 펀드 상품이 가입한 이후 90일 전(3개월 미만)에 환매할 경우 페널티를 부여하여 조기상환 수수료가 부과된다.

적립식펀드는 매달 일정액을 넣기때문에 납입 시점부터 90일이 지나지 않은 수익금(이익금)에 대해 환매수수료를 뗀다. 환매수수료 부과기간인 90일 내에 환매를 신청하면 투자 원금에서 수익금의 70%를 환매수수료로 내야 한다. 그러나 판매사에 따라 가입 후 30일 미만은 이익금의 70%, 90일 미만은 이익금의 30%를 공제하므로 가입 전 반드시 체크하도록 한다.

가입 90일 이후 만기 이전 환매 시

펀드 가입 90일 이후 만기 이전 환매하면 이익금을 기준으로 90일 미만 이익금의 70%를 환매수수료로 내야 한다. 즉, 매월 펀드를 매입하는 매입 건별로 90일을 계산한 다음 합산하여 환매수수료를 부과한다. 이 경우 또한 환매수수료 금액은 펀드운용사마다 약간씩 다르므로 잘 살펴본다. 대부분 적립식펀드가 환매 시점 최종납입일 바로 앞 90일까지 발생한 매수 원금에 대해 각각의 매수 원금에서 발생한 이익금의 70%를 수수료 명목으로 평가금액에서 공제한다.

꼭 유념할 사항은 적립식펀드의 환매수수료 부과 시점은 최초 가입 시점이 아니라 마지막 납입 시점부터라는 것이다(참고로 거치식 펀드의 판매수수료 부과시점은 펀드가입일부터임).

참고로 추가형펀드는 90일, 단위형펀드는 180일이 경과할 경우 환매수수료율을 자율적으로 결정하도록 하지만 대부분 운용사가 70%를 수수료로 물게 한다.

추가형펀드 vs 단위형펀드

추가형펀드는 얼마든지 추가입금이 가능한 펀드로, 펀드를 처음 설정한 이후에도 수익증권을 만들어 투자자에게 추가로 매각할 수 있는 펀드이다. 단위형펀드는 추가입금이 불가능한 펀드로, 맨 처음 펀드를 설정할 때 모집 기간을 정했으므로 원본의 추가설정이 불가능하고 신탁기간이 정해진 펀드를 말한다. 대부분 추가형펀드는 적립식펀드에 속한다.

길이 아니면 과감히 돌아서라

최악의 상황을 염두에 두고 투자하라

중국 고대 경전《사기》의 맹상군열전에 '교토삼굴(狡兎三窟)'이라는 고사성어가 있다. "토끼는 꾀가 많아 굴을 세 개 파놓고 위기를 모면한다"는 뜻이다. 영리한 산토끼나 다람쥐 등 작은 동물들은 항상 굴을 세 개 이상 만들어 놓아서 늑대나 호랑이 같은 맹수들에게 잘 잡히지 않는다.

투자할 때도 교토삼굴을 적용해야 한다. 이것이 바로 분산투자의 시금석이다. 단기·중기·장기를 잘 구분하여 그에 맞는 상품에 적절히 가입해야만 투자 리스크를 극복해 나갈 수 있다. 자신이 추구하는 투자원칙에 어긋나거나 문제가 있다고 판단되면, 즉 벤치마크보다 저조한 투자수익률이 장기간 이어진다면 펀드 교체나 환매도 심각하게 고려해야 한다. 투자의 명인이라 일컬어지는 제럴드

로브(Gerald Loeb)는 "투자 결과가 잘못되었을 때는 솔직하게 인정하고 재빨리 손을 빼야 한다"라고 말했다. 때론 펀드도 이보전진을 위한 일보후퇴 차원의 투자전략에 따라 손절매를 할 필요가 있다.

가계자산에 대한 유동성 확보를 고려하라

적립식펀드의 투자목적은 가계자산의 파이를 늘리는 데 있다. 그런데 정작 가계자산 운영에 해가 될 정도로 가구주원들이 벌어들이는 소득에 누수가 생겨서 펀드기준가의 고저 여부를 떠나 가입한 펀드의 중도환매를 심각하게 고려해야 하는 상황이라면 차라리 가입하지 않은 것만 못하다. 즉 중도환매 시 손해를 볼 수 있으므로 반드시 가계 운용에 필요한 유동성 확보를 미리 염두에 두고 여윳돈으로 투자한다. 특히 변액보험은 해약환급금이 가입 초기에는 원금보다 훨씬 적게 나온다는 점을 간과해선 안 된다.

자산을 올바로 형성하고 관리해 나가려면 모든 금융기관과 부동산에 갖고 있는 자산을 포트폴리오에 입각해 안분비례해야 한다. 가계자산을 분산투자하려는 명목으로 펀드투자를 해야만 목적자금을 달성할 때까지 납입해 소기의 성과를 이룰 수 있다. 일상생활에서 가계 운용자금에 여유가 생겨야 마음이 편안해지고 그래야 펀드투자의 혜안도 밝아진다.

수명 다한 자투리펀드는 애물단지

수명 다한 자투리펀드는 시장에서 도태당해 애물단지로 전락할 가능성이 농후하므로 가입 전에 반드시 펀드가 언제 탄생했는지 확인한다. 펀드 내 종목을 사고팔 때도 못난 자투리펀드보다는 신규 펀드 또는 주력 펀드 내 종목부터 매매 주문하는 것이 펀드투자의 기본 전략이다.

3년이 지났는데도 양호한 투자실적을 보이지 못하는 펀드들은 이미 수명이 다했다고 할 수 있다. 연간 펀드수탁고가 10억 원이 채 안 되는 펀드는 자투리펀드로 운용사나 판매사에 수익 원천 구실을 별로 하지 못해 그냥 방치될 우려가 있으므로 수익률이 안정적으로 상향 추세를 이어나가는 블루오션 펀드를 찾아야 한다. 펀드 시장에서 인기가 좋은 장기 대형 펀드 또는 양질의 리뉴얼(Renewal) 상품을 찾아 가입하는 것이 가장 바람직하다.

환매 시기 포착 후 리모델링하라

가입한 펀드가 수익이 저조하고 자신의 투자목적과 부합하지 않는다면 과감히 환매를 고려할 필요가 있다. 투자한 돈을 아까워하지 말고 물러날 때는 과감히 물러날 줄 알아야 한다. 중도에 과감히 해약하고 다른 투자의 길을 찾아 나서야 한다. 그것이 리스크를 조금이라도 더 피할 수 있는 방책이다.

변액보험은 비과세혜택이 적용되는 10년 이상 지난 때부터 목적자금 시기를 고려하여 투자수익률을 예의주시하면서 해지 또는 중도인출의 적기를 포착해 나가는 전략이 중요하다.

적립식펀드는 3년 이내라도 어느 정도 목표수익률에 도달했다면 환매하고 다른 양질의 펀드 가입을 고려해 보는 것도 괜찮다. 비슷한 수익률을 올릴 경우 3년이 지나면 펀드수수료로 빠져나가는 돈보다 중도환매 시 징수되는 해지수수료가 더 작아 신규 펀드에 재투자하는 것이 더 많은 이익이 날 수 있다. 단, 만기까지 목적자금 마련을 염두에 두고 투자 기간을 확실하게 설정했다면 만기 이후 적정한 시점에서 환매하는 것이 환매수수료를 징수당하지 않으므로 수익률 제고에 더 유리하다.

운용사와 판매사는 맞선 보듯 선택하라

펀드판매사와 운용사는 수익률 제고의 양축

적립식펀드는 중장기투자상품이므로 단기시장 대처 능력보다는 안정된 수익률을 꾸준히 올릴 수 있는 자산운용사를 선택한다. 판매사가 고객들에게 장기 분산투자를 권유하는데 자산운용사가 장기운용능력이 없으면 곤란하므로 자산운용사나 펀드매니저의 투자적격성 여부를 면밀히 따져봐야 한다. 예컨대, 자산운용 철학의 준수 여부, 부당한 자산운용 행위에 따른 처벌 유무, 펀드평가사의 평가 견해가 어떤지 등이 투자적격성의 바로미터이다.

펀드와 관련된 회사는 ① 상품을 판매하는 판매회사, ② 자금을 관리·집행하는 수탁회사, ③ 실제로 수익률을 내주는 자산운용회사, ④ 펀드 기준가 산정과 행정 업무를 총괄하는 사무관리회사, ⑤ 펀드 평가를 하는 채권평가사와 펀드평가사(간접투자기구 평가회사),

⑥ 펀드 예탁·결제 업무를 담당하는 증권예탁결제원, ⑦ 펀드자산을 관리·보관하는 자산보관회사, ⑧ 투자자문 업무와 투자일임 업무를 담당하는 투자자문회사 등 매우 다양하다.

이 중 투자자 입장에서 가장 중요한 회사는 자산운용사와 판매사이다. 펀드판매사에는 은행, 증권사, 보험사, 자산운용사 등이 있는데 펀드 판매 및 관리와 관련하여 투자자들을 직접 접촉하는 모든 활동을 수행한다. 펀드판매사는 투자자들이 가입할 펀드상품 및 종목 선정과 운용사 선택에 필요한 정보제공, 상담, 가입 권유 등 제반 업무를 담당하므로 투자자들의 펀드 선택에 거의 결정적 역할을 하면서 영향력을 행사한다. 자산운용사는 펀드운용과 판매까지 겸한다. 보험사들 중에서도 펀드 자산을 운용할 수 있는 특별계정운용팀을 만들어 펀드를 자체적으로 운용하는 곳도 있다.

운용 시스템이 투명하고 성과를 올리는 운용사 선택

"신중한 투자를 위해서 밟아 나가야 할 결정적 단계 중 하나는 해당 회사와 직접적으로 관련이 있는 사람들을 상대로 그 회사가 처한 현재 상황과 전망을 알아내는 것이다. 이는 재무제표를 보는 것보다 더 유익하다."

현대적 투자이론의 창시자로 불리는 증권분석가 필립 피셔(Philip

A. Fisher)가 한 말이다. 펀드투자 시 사전에 운용사의 운용철학과 운용원칙, 펀드매니저의 투자 성향 등을 꼼꼼히 살펴본 후 펀드 판매와 운용을 동시에 잘 수행하는 운용사를 선정해야 투자성과를 더욱 크게 올릴 수 있음을 강조한 것이다.

사후관리까지 염두에 두고 변액보험 선택

변액보험 선택 시 가장 중요한 요소는 상품을 만든 판매사인 보험사와 상품을 판매하는 보험컨설턴트, 상품을 운용하는 자산운용사이다. 보험사는 향후 보험금 및 적립금 지급에 매우 중요한 결정적 변수가 되므로 신중히 선택한다. 소중한 내 종잣돈의 미래 실적과 가장 큰 관계를 맺은 것은 운용사이지만 그에 못지않게 판매사 또한 중요하다.

특히 보험사는 단순히 펀드만 관리하는 것이 아니라 보험까지 관리한다. 변액보험의 투자 성패 여부는 펀드의 운용 성과와 보험사의 자산 건전성에 달려 있다. 운용사의 펀드운용구성, 운용방침, 투자 대상 선정, 운용 방법 여하에 따라 변액보험이 제 기능을 발휘하지 못할 수도 있다. 보험사의 자산 건전성, 사업비 부과 규모, 고객에 대한 사후 서비스, 완전판매 등은 매우 중요한 요소이다.

판매사와 운용사 외에 수탁회사도 확인

수탁회사는 펀드에 모인 자금을 실질적으로 보관·관리·집행하는 기능을 담당하는 회사로 자산운용사의 펀드운용 방법이 투자자간에 약속한 신탁약관 내용과 위반되는 게 없는지 감시하는 역할도 한다. 또한 자산운용사의 펀드매니저가 수탁회사에 일일이 특정 주식을 매입하거나 매도 요청을 하면 수탁회사가 자금을 집행한다. 펀드투자자가 판매회사에 펀드 환매를 요청할 경우 판매회사는 수탁회사로부터 자금을 받아 투자자에게 돌려준다. 이처럼 수탁회사의 역할은 매우 중요하다.

설령 자산운용사나 판매사가 망하더라도 수탁회사가 건전하면 그리 걱정하지 않아도 된다. 투자자들의 돈을 실제로 보관하는 곳은 수탁회사이기 때문이다. 주로 대형 은행들이 수탁회사 역할을 한다. 이에 따라 자산운용회사가 작성한 보고서를 수탁회사가 확인하기도 하는데 펀드가 예금자보호법을 적용받지 못하는 실적배당 상품이므로 수탁회사 또한 투자자 자산의 안전관리를 위해 그 역할이 매우 중요하다. 단, 원리금 보장 기능, 즉 최저보장보험금(펀드운용실적과 무관하게 계약자에게 지급해야 하는 확정보험금) 기능이 있는 변액보험은 일반 보험과 동일하게 1인당 5,000만 원 한도로 예금자보호가 된다.

특히 대차대조표와 손익계산서, 현금흐름표, 이익잉여금 처분계산서 등 기업의 성적표인 재무제표는 운영사와 판매사의 경영실적을 가늠하는 중요한 잣대가 되므로 반드시 살펴볼 필요가 있다.

투자 가이드

판매사와 운용사가 갖추어야 할 조건 12

❶ 투명하고 안정성 있게 운용하여 펀드투자자들로부터 평판이 매우 좋은 회사

❷ 펀드 수명이 길고 장기적인 투자원칙을 확고히 지켜나가는 운용사

❸ 펀드매니저가 권한과 책임을 갖고 만기까지 잘 운용할 수 있는 회사

❹ 과거와 현재의 수익률 추이를 분석해 상대적으로 양호한 운용사

❺ 운용철학과 원칙이 명약관화하고 운용 시스템이 투명한 회사

❻ 벤치마크 수익률 이상의 고수익을 장기간 안정적으로 유지해 나가는 회사

❼ 엄격한 사전·사후관리로 불완전판매를 사전에 차단하는 시스템이 완벽히 구축된 회사

❽ 수수료와 사업비를 최대한 줄이고 투자자 이익 규모를 크게 하는 펀드 멘털이 강한 회사

❾ 경영진의 건전한 경영철학과 건강한 조직문화로 체계적인 의사결정이 이루어지는 회사

⓾ 투자자 보호 활동과 그와 관련된 서비스 장치 마련에 매진하는 회사

⓫ 투자자의 이익을 최우선으로 하는 성실성이 돋보이는 회사

⓬ 재무건전성과 경영실적이 매우 양호한 우량 회사

펀드선택의 제1조건은 판매자의 가입 여부

판매자가 직접 가입했는지 확인하라

필자는 재테크할 때 투자대상이 부동산이든 펀드든 반드시 하나의 철칙이 있다. 또 아내와 함께 백화점이나 전자상가에 물건을 사러 갈 경우에도 확고한 쇼핑철학이 있다. 투자의 철칙과 쇼핑철학은 그 미션과 어젠더가 비슷한데 바로 상품을 권유하는 판매원(세일즈맨)이 해당 상품을 활용하거나 구매하여 직접 사용한 적이 있는지, 실제로 만족감을 느꼈는지 반드시 확인하는 것이다.

내가 파는 상품이 나쁘면 판매원은 당연히 그 물건을 사지 않는다. 그러나 상품이 비록 나쁘다 하더라도 고객에게는 팔게 된다. 거기서 수익이 발생하기 때문이다. 또한 수수료가 상대적으로 많이 발생하는 경우에도 본인은 구매하지 않으면서 상품이 좋다고 입에 침이 마르도록 권하기도 한다. 따라서 펀드를 가입할 때 제1전제조건은 판매자의 가입 여부를 확인하는 것이다.

특히 변액보험은 주로 생애 재무설계 차원에서 가입하는 장기투자상품이라 투자수익률을 올리는 데 종속변수와 독립변수가 매우 많다. 그런데 변액보험을 권유하는 당사자가 해당 상품에 가입하지 않았는데도 좋다고 칭찬만 늘어놓으면서 적극 권유한다면 이는 문제가 있다.

이런 경우 왜 나에게 이 상품을 권유하는지 솔직하게 질문해서 대답이 타당성 있게 받아들여질 때 가입을 고려한다. 특히 이는 사업비가 많이 부과되어 중도에 부득이한 사유로 해약할 경우 손해를 많이 보게 되는 보험상품을 고를 때 가장 중요한 요소이다.

판매자 자신도 변액보험에 가입했다면 그 상품이 수익률 변화가 어떻게 이루어지고, 언제 펀드를 갈아타고 추가 납입을 하며, 자산운용옵션은 어떻게 활용하는 것이 좋은지 자신이 직접 경험해 보고 수시로 체크하면서 고객에게 알려주고 조언해 줄 수 있다.

완전판매하는 판매사와 판매자 선택

워런 버핏은 자신이 투자자로 성공한 비결은 스승인 벤저민 그레이엄을 잘 만났기 때문이라면서 "평가할 수 없는 기업에는 투자하지 마라. 비전이 없는 기업에도 투자하지 마라"고 했다. 투자할 때는 완전판매를 지향하는 판매사와 판매자를 선택해야 한다. 판매사를 잘 선택하고 펀드전문가의 컨설팅을 제대로 받아야 성공할 확률이 더 커지는 것은 당연하다. 불완전판매를 하는 곳은 나중에 컴플레인과 클레임이 많이 걸리게 되어 여러모로 손해이다.

반드시 투자자 대신 양질의 펀드를 유효적절하게 잘 골라주고, 올바로 선택해 가입하도록 컨설팅해 주며, 사후관리도 철저하게 해줄 수 있는 펀드판매 전문가를 만나야 이익을 보고 후회도 안 한다. 자신이 가입하는 것처럼 꼼꼼하게 잘 챙겨주는 유능하고 책임감 있는 판매자를 만나는 것은 덤으로 확실한 부가서비스를 받는 것과 마찬가지다.

완전판매와 불완전판매

완전판매는 판매자가 고객에게 펀드를 판매할 때 상품의 기본 구조와 내용, 자금운용 방법, 투자 위험성, 원금손실 가능성, 환매 방법, 자필서명, 약관전달 등의 주요 내용을 정확히 알리고 난 후 판매하는 것을 말한다. 이와 반대로 불완전판매는 상품 내용을 정확히 안내하지 않고 투자 원금 또는 수익률을 보장하거나 작위적인 모집 안내자료로 현혹하는 행위, 투자 시 위험성을 알리지 않고 판매하는 행위를 말한다.

펀드매니저는 펀드수익률 잣대 결정짓는 상수

펀드매니저의 역량에 따라 수익이 달라질 수 있으므로 좀더 유능한 펀드매니저를 통해 수익률을 꼼꼼하게 계산해 보고 운용회사나 적립식펀드 추천상품을 알아보는 것이 좋다. 적립식펀드 추천상품은 숙련된 재무설계사에게서 추천받는 것이 가장 효율적이며, 시장의 흐름에 역행해 가격이 하락할 때 매입량을 늘려 이익을 극대화할 수 있는 부지런한 판매자를 만나는 것이 중요하다.

펀드매니저가 중요한 까닭은 한마디로 그가 펀드투자의 핵심과제인 수익률을 결정하는 키맨이기 때문이다. 인재 한 명이 기업을 먹여 살리듯 펀드매니저 한 명이 수많은 투자자를 먹여 살린다. 펀드운용의 성과물은 펀드매니저가 펀드를 어떻게 운용했느냐에 따라 펀드투자수익률로 판가름 난다고 해도 지나친 말이 아니다. 펀드매니저 선택이야말로 종속변수가 아닌 독립변수이므로 가입하고자 하는 펀드를 누가 관리하는지 사전에 꼭 확인한다.

자산운용보고서를 보면 펀드를 운용하는 전문인력 현황이 나온다. 그들의 인적 사항에 변동이 있는지 지켜보면서 변동이 있을 경우 자신이 투자한 펀드수익률에 어떤 변화가 발생하였는지를 반드시 체크한다. 만약 기대치에 미치지 못하면 즉시 해당사에 문의해 원인을 알아보고 대책을 강구한다.

또한 자산보유 현황과 운용 현황을 살펴보면서 혹시 주가 움직임을 무리하게 예측해 선물이나 옵션과 같은 파생상품에 많이 투자하는지, 단기간에 고수익을 내기 위해 몇 개 주식종목에만 집중투자하는지 눈여겨본다.

펀드매니저의 과거 운용 성과를 알아보는 것도 중요하다. 해당 펀드는 펀드매니저의 운용 스타일과 철학에 따라 움직이므로 운용에 대한 책임은 펀드매니저가 지게 된다. 따라서 펀드매니저 교체는 일단 긍정적인 면보다는 부정적인 면이 더 많다. 이 경우 운용전략을 수정할 가능성이 커지므로 향후 펀드운용에 변화가 올 수 있다. 펀드투자 제안서에서 펀드매니저의 약력과 펀드운용 경력 등을 확인하여 자신이 선호하는 스타일인지 살펴본다.

투자 가이드

이런 펀드 판매사를 찾아라

❶ 기존에 가입한 상품들에 대해 현재 만족할 만큼 잘 관리해 주는 판매사

❷ 투자자에게 권유하는 펀드를 스스로 가입하여 애정을 갖고 상품을 권유하는 판매사

❸ 판매한 상품에 대해 매월 펀드운용실적을 다른 펀드와 비교해서 알려주는 판매사

❹ 펀드의 성격과 장단점을 고려하여 투자자의 성향과 부합되도록 객관적으로 제안하는 판매사

❺ 양질의 펀드상품만 엄선하여 권유하고 동업사 펀드에 대한 정보도 비교하면서 알려주는 판매사

❻ 고객의 현재와 미래의 소득 상황 및 추가 납입을 고려하여 투자금액을 합리적으로 제안하는 판매사

❼ 투자 리스크에 대해 쉽게 이해하도록 설명하면서 투자 리스크 헤지 방법에 대한 솔루션을 제시하는 판매사

펀드변경은 최적의 리스크 헤지 수단

펀드 리스크 헤지 위한 최고의 처방

펀드투자 시 수익이 나지 않을 때 주식형펀드는 펀드 가입 후 주가가 계속 하락하는데도 펀드를 그대로 방치해 두는 것이고, 채권형펀드는 채권가격이 계속 하락하는데도 펀드를 마냥 방치해 두는 것이므로 금리 방향성과 주가의 변동성을 늘 예의주시하면서 그에 따른 적절한 대응책을 강구해야 한다.

채권가격과 금리는 반대 방향으로 움직인다. 금리상승기에는 채권금리가 상승(채권가격 하락)하므로 채권형펀드에서 MMF로 갈아타면 자산가치 손실 없이 실세금리를 보존할 수 있다. 특히 금융시장의 불확실성에 금리 인상의 이벤트가 겹치면 지속된 시장의 불확실성에서도 방어적 투자 성격을 띰으로써 위험도는 낮으면서 시장평균의 안정적인 수익을 추구하는 인덱스펀드와 대체투자 성격의 해외 부동산펀드로 전환해야 한다.

금리하락기에는 시세차익(자본이득)을 얻을 수 있는 채권형펀드로 전환해야 안정된 수익을 기대할 수 있다. 주가가 강세장이 지속되면 주식편입비율이 높은 공격적인 성향의 펀드로 갈아타야 수익을 올릴 수 있고, 하락장세로 간다면 채권형펀드 등 안정 성향의 펀드로 자산을 안전하게 이전해야 위험을 피할 수 있다.

환율변동성 또한 펀드운용에 영향을 미친다. 주식형펀드 중 성장형은 환율하락 시 수출기업의 실적 악화에 대한 우려로 국내 투자자들이 매도세로 돌아서 투자수익률이 낮아질 수 있다. 반대로 채권형펀드는 환율이 하락하면 수익이 날 수 있다. 시장변동성을 고려해 볼 때 주식형펀드와 채권형펀드는 빛과 그림자같이 이익이 상충되는 면이 있다.

적기에 펀드변경을 해야 리밸런싱 효과도 극대화

펀드 기준가에 심한 변동성이 발생했을 때 최적의 대처 수단은 펀드변경이다. 펀드변경은 펀드 리스크 헤지를 위한 최고의 처방으로 주가에 발맞춰 펀드변경을 적기에 단행하면 리밸런싱 효과가 극대화되어 고수익(Fund Trans High Return)을 올릴 수 있다.

주가상승기에는 주식형 또는 인덱스펀드로, 주가하락기에는 채권형으로, 주가정체 시에는 혼합형펀드로 갈아타는 것이 가장 바람직한 펀드투자전략이다.

주식과 채권의 가격은 경기 트렌드와 밀접한 관계에 있으므로 경기변동의 낌새가 보이면 곧바로 주가와 채권가격에도 변동이 생긴다. 따라서 경기변동에 따라 주식과 채권에 대한 투자 포트폴리오 예지력을 발휘하여 적절히 리밸런싱해야 한다.

펀드변경은 적립식펀드 중 엄브렐러펀드만 해당된다. 다른 펀드들은 펀드변경 기능이 없다. 변액보험은 어느 상품을 막론하고 모두 펀드변경 기능이 있다.

펀드변경 시 얻을 수 있는 실질적인 기대효과 10

1. 위험회피를 통해 위험관리와 수익관리를 동시에 추진해 나갈 수 있다.

2. 펀드변경 시점에서 가장 수익이 높은 펀드에 자신의 투자 자산(적립금 전액)을 거치식으로 투입함으로써 그간 쌓아놓은 펀드 누적수익률을 보존할 수 있다.

3. 향후 펀드기준가의 하락으로 더 나쁜 결과를 초래할 가능성을 미연에 차단하는 사전조치로 수익률 하락을 막아 투자 리스크를 최소화할 수 있다.

4. 단순히 펀드변경만으로도 적립금의 증가 효과를 가져와 고수익 실현이 가능하다.

5. 주식투자를 하지 않고도 주식투자를 하는 것과 같은 직접투자의 묘미를 만끽할 수 있다.

6. 자기책임에 입각해 주식과 채권, 파생상품 등 시장 흐름을 따라 인플레 헤지 기능을 수행함으로써 금융 전반의 트렌드를 종합적으로 파악할 수 있다.

7. 변액보험은 펀드변경만으로도 적립금과 보험금을 모두 증가시켜 나갈 수 있다.

8. 본인이 목표로 하는 목적자금 마련 의지에 시너지를 일으켜 기대수익 창출 기회를 열어준다.

9. 투자자 스스로 주도적으로 리스크를 최소화하면서 자신의 자산(적립금액)을 잘 관리해 나갈 수 있다.

10. 재테크 혜안이 넓어져 저금리 시대 중장기 투자를 향한 포트폴리오 안배를 유효적절하게 잘해나갈 수 있는 역량(투자 인프라) 구축이 가능하다.

세계적으로 유명한 투자전략가인 마크 파버(Marc Faber)가 "장기적인 성공투자는 고평가자산에서 저평가자산으로 갈아타기를 잘하는 것뿐이다"라고 했듯이 중장기 펀드투자에서 성공하려면 가치주로 시의적절하게 갈아타기를 잘해야 한다. 장기투자에서 수익률 제고의 관건은 체계적으로 투자해 나가면서 시장의 흐름을 읽고 변동성이 발생할 경우 그에 따라 포트폴리오를 재조정하는 것이다. 그래야만 리밸런싱 효과가 극대화되어 수익률 제고에 기폭제가 된다.

단, 펀드변경은 전문가가 아닌 이상 자칫 마켓타이밍을 놓쳐 실기하면 오히려 더 큰 위험손실을 볼 수 있으므로 전문가의 도움을 구하면서 신중히 접근한다. 변액보험은 펀드종목의 변경과 추가 납입 시점의 변경, 약관대출 상환 시점의 변경 등을 통해 마켓타이밍을 할 수 있다.

장기투자 시 현상 유지·관리 전략 수립

적립식펀드의 매력은 코스트 애버리징 효과에 있다. 그런데 이 효과는 신규 매입하는 펀드에만 적용되지 기존에 적립되어 있는 펀드 적립금액과는 거의 상관관계가 없다. 투자 기간이 어느 정도 길어지면 그 이후부터는 적립식펀드의 가장 큰 장점이라 할 평균매입단가 하락 효과, 즉 코스트 애버리징 효과는 상대적으로 조금씩 떨어지게 된다.

코스트 애버리징 효과는 3~5년 이상 중기투자를 할 경우에는 나타나지만, 10년 이상 장기투자를 할 경우에는 오히려 아주 미미하게 나타나는데 그 이유는 다음 네 가지 때문이다.

장기투자 시 코스트 애버리징 효과가 감소하는 4가지 이유

첫째, 월 납입액에 비해 펀드평가금액(적립금액)의 규모가 훨씬 크기 때문이다.

코스트 애버리징 효과는 매월 일정 금액을 주식에 투자할 때 해당 주식의 현가에 따라 들쭉날쭉 전개되는 투자 리스크를 상쇄해 나가는 이점이 있다. 즉, 기존에 투자한 펀드 가치의 변화를 의미하는 것은 아니다. 이왕 산 주식은 펀드를 변경하지 않는 이상 항상 투자자가 그 주식을 갖고 있기 때문이다.

둘째, 몇십 년 동안 장기간 묶어두면 그간 쌓아놓은 적립금이 매우 많아져 거치형펀드와 별반 다를 게 없게 된다.

이는 펀드기준가에 대한 변동성이 심할 경우 매우 위험하다는 것을 의미한다. 매월 납입금에 의한 투자 효과는 그다지 크게 작용하지 못하게 되기 때문이다.

셋째, 장기투자 시 펀드수수료의 후취 규모가 어마어마하게 불어나기 때문이다.

그래서 주식형펀드의 판매수수료 부과 규모를 해당 펀드의 수익률로는 커버하기 힘들 수도 있다. 장기투자 시 제일 중요한 것은 자산가치의 손실 없이 투자수익을 올리는 것이다.

넷째, 누적수익률이 아무리 높아도 펀드 환매 시점에서 펀드 기준가격이 매우 저조하게 나타나면 실질수익률은 대폭 떨어지기 때문이다.

펀드에 가입한 상태에서 평균매입단가가 낮아진 시기에 펀드를 매입하면 동일한 가격으로 더 많은 펀드를 매입하는 효과가 나타나는데, 환매 시에는 정반대로 펀드매입단가가 무조건 높아야 실수익률이 올라간다. 즉, 환매 시점의 펀드가격이 가입 시점의 박스권 안에서 맴돌게 된다면 코스트 애버리징 효과는 별로 없다. 반드시 목적자금 마련 시점(환매 시점)에 박스권 상단을 상향 돌파해야 시장수익률을 상회하는 고수익을 올릴 수 있다. 따라서 펀드투자로 높은 수익률을 내기 위해서는 환매 시점에 주가상승으로 인한 차익실현 효과가 극대화되어야 한다.

장기투자 시에는 평균매입단가가 하락하기보다는 맨 처음 가입할 당시 펀드기준가보다 환매 시점의 펀드기준가가 올라가도록 주가가 상승해야 한다. 목표자금이 어느 정도 달성되는 시점에는 그간 공들여 쌓아놓은 적립금액을 안전하게 보존하기 위한 현상 유지관리(Keeping-On) 전략과 적기 환매 시점을 포착하기 위한 전략이 매우 중요하다.

5장

변액보험으로 목돈 만드는 실천 비법

투자기회가 없다는 말은 성립하지 않는다. 투자판은 늘 새롭게 짜인다.
따라서 새로운 판에서 통용될 투자법칙을 꿰뚫어보지 못하는
투자자의 능력 부재가 투자의 걸림돌일 뿐이다.

– 마크 파버

최고의 장기재테크 비과세 펀드상품 변액보험

변액보험(Variable Life Insurance)은 보험계약자가 납입한 보험료 중 저축보험료를 특별계정에 편입하여 펀드를 구성하고, 수익성이 높은 채권이나 주식, 파생상품 등 유가증권에 투자한 뒤 운용실적에 따라 보험계약자에게 투자 이익을 배분함으로써 보험기간 중 보험금 및 해지환급금 등이 변동하는 실적배당형보험이다.

상품구조는 ① 보장기능 + ② 저축기능 + ③ 펀드투자운용 형태로 되어 있고, 상품수익률은 공시이율+ a 수익을 추구하면서 적립식펀드보다는 보수안정적으로 운용되고 있다.

변액보험의 가장 큰 장점은 동일한 보험료를 내지만 하나의 상품 내에 여러 펀드종목으로 투자·운용됨에 따라 다양한 펀드종목에 분산투자하여 펀드수익률이 장기적으로 높게 형성되면 향후 인플레이션으로 인한 화폐가치 하락에 따른 리스크를 줄임으로써 생명보험의 미래가치 하락 가능성이라는 걱정을 사전에 덜 수 있으며, 더 많은 보험금을 수령함으로써 보험금의 미래가치를 드높일 수 있다는 것이다.

저금리 재테크 시대에는 단순히 정액보험만으로는 보장자산의 미래가치를 높이기 어렵다. 그 이유는 정액보험상품에 가입한 계약자 자산의 주 투자대상은 보험가입금액의 안정적 확보를 우선시하여 채권과 MMF, 대출 등인 데 반해 변액보험은 종잣돈(적립금액)을 조금이라도 더 늘려주기 위해 펀드투자 대상이 주식과 파생상품, 실물자산 등 매우 다양하기 때문이다. 그래서 정액보험 상품에 대한 보험회사들의 자산운용실적은 평균적으로 은행 정기예금 금리를 약간 상회하는 수준에서 맴돈다.

그러나 변액보험의 펀드투자운용으로 인한 적정 기대수익(Anticipate Benefits)은 장기간 운용 시 은행의 예금이자를 상회하는 수익률을 시현해 준다. 저금리 시대에 장기투자패턴이 점점 'High Risk High Return'형의 공격적인 투자보다는 안정적인 고수익을 시현하는 'Middle Risk Middle Return'형을 선호하므로 변액보험은 이에 가장 적합한 상품이다.

단, 가입 시 주의할 점은 펀드운용실적이 좋을 때는 사망보험금과 해약환급금이 그에 비례하여 증가하지만, 반대로 펀드운용 실적이 악화될 경우에는 펀드기준가가 하락하고 이로 인해 수익률이 낮아져 오히려 원금 이하의 손실을 초래할 수도 있다는 것이다. 따라서 변액보험에 가입할 경우에는 향후 펀드 기준가의 변동성에 따른 리스크도 감안해 리스크 헤징 방법을 모색하면서 펀드종목을 신중히 선택해야 한다. 그래서 변액보험은 가입자 자기책임 원칙이 따르는 상품으로 가입하면 가입자 스스로 펀드투자종목을 반드시 설정하도록 약정되어 있다.

변액보험은 비갱신형 실적배당상품으로서 상품종류(종목)는 기본형, 적립형(체증형), 보장형 등으로 구분되며 유니버설기능은 변액유니버설보험은 있지만 변액종신보험과 변액연금보험은 없다. 환급금 여부에 따라 일반형과 무해지/저해지환급형이 있다.

변액보험 운용 FLOW

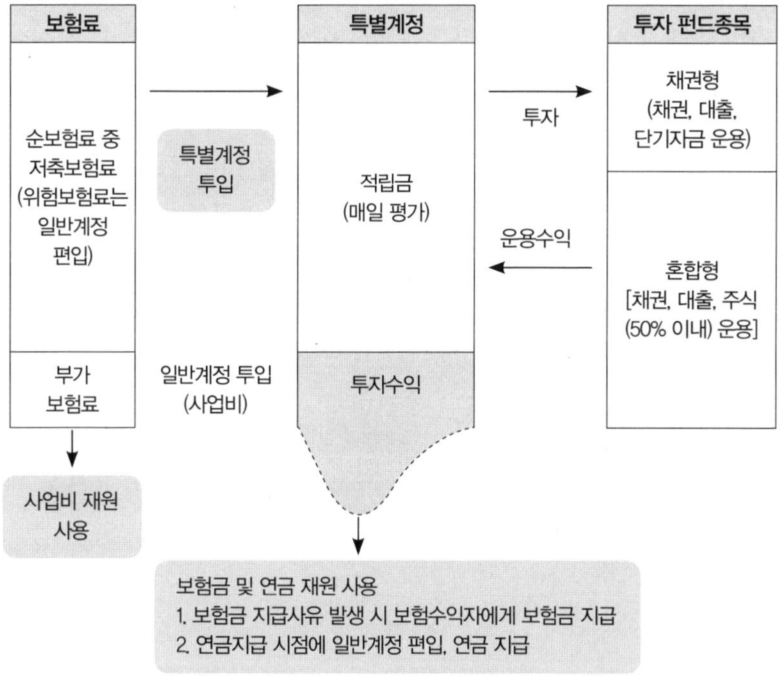

변액보험만이 갖고 있는 차별화된 매력 포인트 8

1. 펀드 포트폴리오 리밸런싱을 통해 효율적 수익관리가 가능하다

변액보험은 하나의 상품 내에서 여러 펀드종목으로 운용되므로 가입자의 투자 성향에 따라 보험회사에서 설정한 펀드 중 자신이 원하는 자산운용옵션 중 몇 개를 직접 선택할 수 있다. 또한 장기적으로 안정된 수익을 실현해 주는 스텝 업(Step Up) 기능인 분산투자와 자산운용옵션제도가 구비되어 있다.

따라서 펀드 가입 후 펀드기준가에 변동성이 발생할 경우 자산운용옵션을 활용하여 시장 상황에 맞는 효율적인 펀드 포트폴리오 리밸런싱을 통해 리스크를 최소화하면서 펀드수익률을 극대화할 수도 있다. 적립식펀드 유형 중 펀드변경 등 다양한 자산운용옵션 기능이 있는 상품은 변액보험뿐이다.

2. 펀드매입비용 평균화 효과로 투자 리스크를 상쇄해 준다

변액보험이 다른 보험상품보다 좋은 큰 이유 중 하나는 코스트 애버리징 효과를 누림으로써 리스크는 줄이고 수익은 좀더 안정적으로 올릴 수 있다는 것이다. 보험료가 펀드로 운용되므로 주가가 비쌀 때(오를 때)는 소량을 사고, 주가가 쌀 때(떨어질 때)는 많이 사게 돼 평균 매입단가가 낮아지는 코스트 애버리징 효과가 있다. 펀드 투자 시 제반 시장 트렌드상 투자시점을 정확하게 포착하기 곤란할 경우 총투자자금을 일정 기간 분산하여 투자하면 펀드기준가의 등락폭을 평균화하는 효과를 가져옴으로써 투자 리스크를 줄여 더 좋은 수익효과를 얻을 수 있다.

3. 보장자산의 가치하락을 막고 시드머니의 미래가치를 상승시킨다

변액보험은 물가상승 등 인플레이션으로 돈의 가치가 하락하지 않을까 하는 걱정을 사전에 덜 수 있다. 예를 들어 보험금 3억 원짜리 정액상품인 종신보험 가입자가 10년 뒤 사망했을 경우 그동안 물가가 3배 이상 상승했다면 자녀가 받는 보험금은 사실상 1억 원의 가치 정도밖에 되지 않는다. 그러나 변액보험은 경기가 좋아져 선택한 펀드종목의 가격이 올라가면 펀드수익률이 올라 자산가치도 올라가므로 물가상승으로 인한 인플레 헤지 효과가 발생해 보험금의 미래가치 하락을 막음으로써 시드머니의 미래가치를 높여 줄 수 있다.

4. 가입한도가 거의 없는 비과세 상품이다

일반적으로 보험은 사행행위(射倖行爲)가 발생할 개연성을 사전에 방지하기 위해 모두 가입한도가 제한되어 있다. 그런데 변액보험은 가입한도에 제한이 거의 없는 상품이다. 특히 다른 금융권을 통틀어 비과세 금융상품 중 가입한도가 유일하게 없는 상품이기도 하다. 다른 절세 금융상품은 가입 한도가 정해져 있지만 변액보험은 한도 없이 가입한 후 10년이 지나면 완전비과세로 활용할 수 있는 재테크상품이다.

5. 실적배당형 상품이지만 투자 리스크 헤징 옵션제도가 다양하다

변액보험은 실적배당형 상품으로서 투자 리스크 발생 시 수익률이 저하될 수 있으므로 이를 헤징할 자구책인 보증 옵션이 반드시 필요한 상품이다. 변액보험의 주요 헤징 대상은 최저사망보증(GMDB, Guaranteed Minimum Death Benefit), 최저원금 또는 최저연금적립금보증(GMAB, Guaranteed Minimum Annuity Benefit), 최소연금지급액보증(GLWB, Guaranteed Lifetime Withdrawal Benefit), 최저보증제도 또는 최저중도인출보증(GMWB, Guaranteed minimum withdrawal benefit) 등의 보증옵션인데 이를 잘 활용하면 장기 유지 시 안정적인 보험수혜가 가능하다. 단, 보험회사마다 헤징 보증옵션제도가 다를 수 있으므로 잘 살펴본다.

그리고 예금자보호는 금융기관이 파산하여 지급의무를 이행하지 않을 때 국가에서 원금과 이자를 포함해서 5,000만 원까지 원리금을 보장해 주는 제도인데 실적배당상품인 펀드는 예금자보호법이 적용되지 않는다. 펀드는 운용결과에 따른 이익 또는 손실이 모두 투자자에게 귀속되어 예금자보호법에 따라 보호되지 않으므로 적립식펀드 또한 예금자보호 대상 상품이 아니다.

그러나 변액보험은 해당 약관에서 약정한 보험회사가 최저 보증하는 보험금(최저보장보험금, 저축형계약은 최저사망보험금) 및 부가되는 선택특약 중 특별계정 운용실적과 관계없는 특약을 기준으로 보험회사가 지급불이행 시 예금보호공사가 보장해 준다. 변액보험은 적립식펀드와 달리 보험 특유의 최저보장보험금 지급보장제도가 있어서 확정보험금을 지급하므로 5,000만 원까지 예금자를 보호하기 위해 예금자보호 규정을 적용하도록 하고 있다. 이때 변액종신보험은 기본사망보험금을, 변액연금보험은 이미 납입한 보험료를 전액 지급해 준다.

6. 가입자 스스로 펀드를 선택할 권리가 주어진다

변액보험은 안정적인 수익 실현을 위해 변액보험판매관리사와 계약자가 직접 자금운용에 참여할 수 있다. 다른 보험은 보험회사가 임의로 결정한 예정이율이나 공시이율이 적용되어 적립금액이 오로지 보험회사에 따라 좌우되므로 계약자가 선택할 틈이 전혀 없다. 그러나 변액보험은 담당설계사와 계약 당사자가 '자산운용옵션제도'를 활용하여 적립금액에 대해 적극적으로 개입할 수 있다. 이는 더 안정적이고 높은 수익을 계약자 스스로 실현할 좋은 기회를 조성해 주기 위한 것이며 또한 이를 기화로 증권 동향이나 펀드운용을 보는 시야의 폭을 넓히는 계기가 된다.

7. 특별계정에 적립된 금액을 다양한 목적으로 활용할 수 있다

변액연금보험의 경우 목돈이나 연금 지급이 일반적으로 40대 후반부터는 가능하도록 설계되어 있으므로 자녀의 교육자금이나 가정의 생활자금, 노후생활자금, 상속자금 등 사용 목적에 따라 적립금을 다양하게 활용할 수 있다.

8. 보험료납입유예제도 활용으로 융통성 있는 유지·관리가 가능하다

변액보험은 일정 기간 경과 후 일시 납입중지 시 해약환급금 내에서 보험료가 대체되는 보험료납입유예제도가 있어서 당월 납입 여유가 없을 때 중도해지하지 않고도 펀드가 계속 운용되는 효과를 볼 수 있다(단, 변액유니버설보험 및 보험료납입유예 기능이 있는 상품만 해당). 장기적으로 소득이 감소하거나 지출이 늘어나 가계 부담이 가중되는 등 생활상 불가피한 사유로 보험료 납입이 곤란할 경우 잘 활용하면 매우 유익한 제도이다.

변액보험 올바른 가입요령 및 주의사항 핵심 꿀팁 7

변액보험은 기본적으로 원금이 보장되지 않는 실적배당형의 간접투자상품이다. 따라서 리스크 헤징을 위해 ① 장기적인 투자 기간의 확보, ② 투자대상의 분산, ③ 투자 시점의 분산이라는 펀드투자 시의 기본적인 3대 원칙을 반드시 준수해야 한다. 변액종신보험, 변액유니버설보험, 변액연금보험 등 펀드로 운용되는 실적배당형 상품에 가입하고 유지할 때 반드시 아래 내용을 숙지해 펀드 포트폴리오를 잘하여 기대한 성과가 만족스럽게 나타나도록 해야 한다.

1. 가입목적과 투자 성향에 맞는 상품유형 선택

변액보험 가입 시 가장 중요한 판단 요소는 자신의 투자 성향과 이에 따른 목표설정이다. 변액보험 중 저축형은 목돈마련, 보장형은 사망 등 위험보장, 연금형은 노후자금 마련에 적합하도록 설계되어 있으므로 변액보험상품 가입 전 자신의 가입목적을 분명히 따져보고 가장 적합한 유형의 변액보험상품을 선택해 가입한다. 또 안정적인 수익을 위해 보수적으로 운용하여 투자 리스크를 줄여나갈지, 공격적 투자로 고수익을 올릴지에 따라 선택해야 할 펀드유형이 달라진다. 특히 10년 이상 투자해야 수익률이 제고되므로 반드시 장기목적자금을 마련할 목표를 세워야 한다.

그 이유는 첫째, 10년 이상 유지하면 펀드수익분에 대해 완전비과세혜택이 주어지고 매월 불입하는 보험료에서 공제되는 사업비 규모가 대폭 줄어들기 때문이다(보험관계비용 중 계약체결비용 공제기간 마감). 둘째, 11차 연도 이후부터는 매월 불입하는 보험료에서 공제되는 사업비규모(계약유지관리비용)가 매우 작아져 펀드(특별계정) 투입금액이 크게 늘어나기 때문이다. 이로써 변액보험은 10년 이상 가입 시 정기예금 수준 이상의 수익창출이 가능하다. 따라서 어느 정도 여유자금으로 반드시 최소한 10년 이상 투자하면서 변액보험상품만이 갖고 있는 리스크 헤지 방법과 수익률 제고 방법 등 다양한 장점을 시의적절하게 활용하는 것이 바람직한 보험재테크 전략이다.

2. 투자 리스크 발생 개연성 고려하여 신중히 선택

변액보험은 펀드투자 운용실적이 좋으면 사망보험금과 해약환급금이 증가하지만, 운용실적이 악화되면 해약 시 원금 이하의 손실을 초래할 수도 있는 전형적인 'Middle Risk Middle Return'형 실적배당형 상품이다. 변액보험은 보장성과 수익성을 모두 겸비하면서 화폐의 실질가치 하락에도 대비하는 장점이 있지만 투자 리스크도 있으며, 이 경우 자기책임원칙(계약자 책임)이 따르므로 투자 리스크 헤징 수단으로는 어떤 보증옵션들이 마련되어 있는지도 살펴보면서 신중히 가입해야 한다.

3. 투자목적에 적합한 펀드 선택

변액보험은 가입 시 자신의 적립금을 운용할 펀드를 선택해야 하는데 펀드는 크게 주식형, 채권형, 혼합형 세 종류로 구분된다. 주식형은 적립금의 60% 이상을 주식에 투자하므로 투자위험이 가장 높고, 채권형은 60% 이상을 채권에 투자하므로 투자위험이 가장 낮으며 혼합형은 중간 수준이다. 변액보험에 가입할 때는 본인의 투자 성향을 충분히 고려한 후 적합한 유형의 펀드를 선택한다.

변액보험 펀드 유형별 주요 특징

구분	주식형	채권형	혼합형
운용대상	주로 주식에 투자(60% 이상)	주로 채권에 투자(60% 이상)	채권, 주식 등 운용
운영적기	주식시장 활황기	고금리 안정화기	시장예측 불확실 시
장점	주식시장 활황 시 고수익 획득 가능	장기적으로 안정적인 수익 확보, 원금 보전 가능성 높음, 급격한 수익률 등락 없음	안정성과 수익성 동시 추구 가능
단점	주식시장 폭락 시 원금 손실 가능	저금리 시대에는 고수익 기대 곤란	주식시장 폭락 시 수익 기대 곤란

* 자료: 금융감독원 참조

4. 변액보험 공시현황 반드시 확인

생명보험협회 홈페이지를 방문하여 공시실에서 각 변액보험 상품별로 상품비교와 수익률, 펀드정보를 꼭 체크한다. 특히 적용이율(공시이율)과 보험가격지수(예정사업비지수), 펀드별 기준가격 및 수익률, 자산구성추이, 펀드운용현황 등을 일일이 체크하고 좀더 자세히 알고 싶은 내용은 각 보험회사 변액보험공시실을 방문하여 확인한다. 감독당국은 변액보험의 특성을 고려하여 보험회사에 가입자에게 불리할 수 있는 내용을 가입 전 좀더 충실하게 설명하도록 의무화했다. ① 상품구조와 주요 내용을 간략하게 정리한 핵심상품설명서 제시, ② 사업비 비율 공개, ③ 위험보장비용(위험보험료) 공개, ④ 기본사망보험금 공개, ⑤ 펀드투입비율 공개, ⑥ 펀드운용수수료율, 운영보수와 수탁보수 구분 공개, ⑦ 보증비용과 최저보증액 공개, ⑧ 펀드수익률 공개, ⑨ 납입보험료 대비 예상수익률 공

변액보험 상품 관련 생명보험협회 홈페이지 공시실에서 확인 가능한 정보

상품비교, 사업비, 수익률, 공제비용 등	보험회사별 상품명, 상품특징, 갱신 여부, 사업비율(보험료 대비) 또는 보험가격지수, 해지환급금 및 적립금(공시이율 기준), 보증여부(GMAB), 납입보험료 대비 수익률(적립률, 환급률, 상품수익률, 연환산수익률), 투자수익률 가정 시 예상수익률, 평균공시이율, 위험보장비율(보험료 대비), 최저보증비용비율(적립금 대비), 최저보증 수수료비율(적립금 대비), 각종 공제금액 비교공시 등
펀드정보, 보수정보	보험회사별 펀드 종류, 펀드종목, 펀드 기준가격, 펀드별 수익률 추이(경과기간별 누적수익률), 펀드 투입금액 및 비율, 특별계정운용보수 및 비용 정보(운영보수, 일임보수, 수탁보수, 사무보수, 증권거래비용, 기초펀드의 보수 및 비용, 기타 비용), 회사별 자산구성내역(주식, 채권, 수익증권, 유동성 등) 등

개, ⑩ 설명의무 이행 여부를 확인하는 해피콜제도 등을 반드시 실시해야 하므로 가입 전 꼭 확인한다.

5. 변액보험 특별계정의 펀드수익률 지속적 확인

변액보험에 가입한 후에는 펀드수익률을 제고하기 위해 반드시 짬을 내어 가입한 보험회사 홈페이지에 들어가 본인의 상세한 계약정보를 확인하고 관리하도록 한다. 보험회사 홈페이지에서 확인·관리가 가능한 사항은 납입보험료 및 계약자적립금 등의 정보의 경우 납입보험료, 사업비 및 위험보험료 차감내역, 특별계정 적립금 및 적립률, 특별계정 투입 보험료, 연금 예상금액, 최근 적립금 추이, 추가 납입 한도액 등이다. 편입 펀드 정보에 관해서는 수익률, 펀드 투입비율, 펀드 기준가격, 펀드 위험(변동성) 현황, 펀드변경 내역 등을 확인할 수 있다.

6. 의무납입기간과 펀드기준가 반영시점 체크

변액보험의 경우 펀드기준가 적용일은 경과기간 및 납입시기에 따라 다소 차이가 있다. 일반적으로 가입 후 2년 이내에는 기본보험료의 경우 보험료 납입응당일 기준가를 반영하고, 응당일 이후 보험료를 납입한 경우에는 납입일을 기준으로 하여 기준가를 반영, 펀드좌수를 산정한다. 가입한 지 2년이 지난 후에는 납입일을 기준으로 기준가를 반영하여 펀드좌수를 산정하는데 이는 기본보험료

의무납입기간과 관련성이 있고 보험료 의무납입기간에 따라 펀드 기준가 반영시점이 서로 다른 회사가 많기 때문이다. 변액보험의 보험료 의무납입기간은 약 2년을 적용하는데 회사별로 다소 상이하므로 의무납입기간을 꼭 살펴본다.

7. 제약조건과 부가서비스 꼼꼼히 체크

변액보험의 펀드투자 수익률을 올리는 데 디딤돌이 되는 시스템 구축 여부와 걸림돌이 되는 제반 요소를 파악한다. 변액보험은 다른 보험상품과 상호 결합되어 설계되므로 판매하는 회사에 따라 상품 구성 방법이 매우 다양하다. 따라서 ① 펀드 형태는 어떠하고 펀드 종류는 얼마나 되는지, ② 펀드관리는 편리한지, ③ 보험료 추가납입을 얼마나 많이 할 수 있는지, ④ 자산운용 옵션제도는 어떠한지, ⑤ 펀드 변동성 발생 시 리스크 장치는 마련되어 있는지, ⑥ 어떤 선택특약과 제도성특약이 있는지, ⑦ 고액보험료할인 등 부가서비스제도로는 무엇이 있는지 등을 꼼꼼히 비교해 본다.

특히 종신보험에 들어가는 최저사망보험금보증비용(GMDB)과 변액연금보험에 들어가는 최저연금적립금보증비용(GMAB)을 비교해 본다. 투자 리스크를 헤지하기 위해 일정 수익률을 달성했을 때 기대수익을 안전하게 보장해 주는 자동 펀드변경 관리기능인 스텝 업 기능이 잘 구비되어 있는지도 꼭 확인한다.

특별계정과 일반계정의 운용 방법과 차이점 종합 분석

변액보험, 퇴직연금 등 펀드로 운용되는 상품은 특별계정과 일반보험으로 운용되는 일반계정이 있다. 특별계정(Separate Account)이란 보험회사가 가입자의 자산 전부 또는 일부를 일반계정과 구별해 이용하려고 설정한 계정을 말한다. 연금저축계약, 변액보험계약, 퇴직연금보험계약(DB형, DC형, 개인형퇴직연금의 개인형 및 기업형) 등이 이에 속한다.

특별계정에 속하는 자산은 다른 특별계정에 속하는 자산과 그밖에 일반보험의 자산과 분리, 회계 처리하여 독립적으로 운용하는데 자산운용실적이 적립금에 즉시 반영될 수 있도록 매일 평가한다. 이때 펀드수수료가 후취로 매일 일정액씩 공제된 후 평가 잔액이 운용되어 적립되어 나간다.

특별계정과 일반계정의 자산운용 목적과 평가 방법

특별계정과 일반계정은 자산운용의 목적과 평가 방법 및 운용상 책임소재가 다르다. 일반계정의 자산은 매월 평가하고, 특별계정의 자산은 일반보험의 자산과 분리하여 독립적으로 운용하며 자산운용실적이 적립금에 즉시 반영될 수 있도록 매일 평가한다. 특별계정은 일반계정 또는 다른 특별계정과 자산을 편입, 편출, 상호매매, 교환 등을 할 수 없다.

특별계정과 일반계정을 분리, 운용하는 것은 각 계정 간의 공평성을 유지하기 위해서이다. 두 계정 가입자의 소중한 자산을 모두 안전하고 유리하게 운용하려는 근본 취지는 같지만 특별계정은 자산이 가입자 개개인의 몫으로 구성되어 있고 펀드에 투자하는 까닭에 수익성을 더 중요시한다. 반면 일반계정은 가입 당시 보험가입금액을 지급함을 목적으로 보험회사 자체에서 채권 등 안전한 자산에 투융자를 하므로 안정성을 더 중요시한다.

따라서 투자실적에 대한 투자위험의 부담자가 다르다. 일반계정은 투자위험을 모두 보험회사가 부담한다. 또 보험회사가 직접 가입자의 보험료를 주식, 채권 등에 투융자하므로 자산손실을 보더라도 보험증권에 기재되어 있는 내용대로 보험금 지급사유 발생 시 회사에서 책임지고 지급해야 할 의무가 있어 보험금을 그대로 지급받을 수 있다.

그러나 특별계정은 펀드투자 결과에 대한 책임이 투자자에게 모두 귀속되므로 투자에 따른 위험을 모두 가입자가 부담한다. 보험사고 발생 시 보험가입금액에 대한 최저보증제도(GMDB)의 도입으로 기본보험금은 지급하지만 그 보험금(또는 해약환급금)의 규모가 투자결과에 따라 처음 약정한 보험가입금액과는 다르게 나타날 수 있다. 그리고 특별계정에서 관리되는 자산의 운용실적에 의한 이익 및 손실은 다른 특별계정의 자산운용에 따른 이익 및 손실에 관계없이 계약자 본인에게 귀속된다. 즉 계약자는 특별계정의 자산운용 방법에는 일절 관여할 수 없다.

보험관계비용과 수수료(자산관리수수료 등) 및 특별계정 운용보수비용(운용보수, 수탁보수, 투자일임보수, 사무관리보수)은 특별계정과 분리하여 관리한다. 다만 수수료, 특별계정 운용보수 비용을 인하할 경우 그 시점에 유지되고 있는 계약에 대하여도 변경일로부터 변경된 수수료 및 특별계정 운용보수 비용을 적용한다.

이런 점을 염두에 두고 자산의 안정성을 고려하여 보수적으로 펀드를 운용해 나가면서 가입 후 은퇴 시점에서 연금전환을 할 때는 노후자금의 안전한 지급을 위해 그 당시 적립금을 특별계정이 아닌 일반계정으로 이체하여 공시이율로 부리·운용한다. 두 계정은 자산운용의 평가 방법이 다르다. 일반계정은 유가증권 평가 시 매월, 결산은 매년 실시하므로 자산을 장부가로 평가하는 데 반해, 특별계정은 유가증권 평가와 결산을 매일 하므로 순자산 또한 매일 변동하게 되어 자산을 매일매일의 시가법으로 평가한다.

특별계정과 일반계정 간의 자금이체 방법

특별계정으로 운용하는 변액보험과 연금저축보험, 퇴직연금보험의 경우 특별계정과 일반계정 간 자금이체 대상과 방법이 자금 내역별로 많이 다르다.

가입자가 매월 납입한 보험료는 납입일로부터 제5영업일 이내에 일반계정에서 특별계정으로 이체되어 운용된다. 자금을 일반계정에서 특별계정으로 이체하는 경우는 ① 보험료 납입이 있는 경우, ② 보험계약대출 원리금 상환이 있는 경우, ③ 부활(효력회복)을 할 경우 등이다.

특별계정에서 일반계정으로 자금을 이체하는 경우는 ① 보험금, 적립금 등의 지급이 있는 경우, ② 보험계약대출금 또는 해지환급금의 지급이 있는 경우, ③ 중도인출이 있는 경우, ④ 계약이 소멸 또는 해지된 경우, ⑤ 보험 월계약해당일에 월대체보험료를 충당하는 경우(유니버설기능과 보험료 납입유예(일시중지) 기능이 있는 상품만 해당), ⑥ 기타 회사가 인정하는 경우 등이다.

일반계정과 특별계정의 비교

구분	해당 상품	최저보증 이율	투자 리스크 부담	유가증권 평가 시기	보험금 변동 유무	결산 시기
일반계정	일반정액보험	예정이율	보험회사	매월 평가	보험금 무변동	매년
특별계정	변액보험, 연금계좌 (연금저축보험, 퇴직 연금보험)	없음	계약자 (가입자)	매일 평가	보험금변동 (실적배당)	매일

변액보험 가입 시 꼭 체크할 12요소와 15가지 사실

변액보험 가입 시 꼭 체크할 요소 12TIPS

1. 왜 변액보험을 가입해야 하는지 명약관화하게 이해할 수 있도록 설명해 주는가?

2. 변액보험과 적립식펀드의 차이점과 장단점을 자세하게 설명해 주는가?

3. 변액보험의 상품유형별 특징과 자신에게 맞는 상품을 잘 알려주는가?

4. 추가 납입할 것을 대비해 기본보험료를 조정하게끔 미리 컨설팅해 주는가?

5. 단기간 납입 후 해지 시 손해폭이 크다는 것을 상세히 알려주는가?

6. 사업비 부과 문제에 대해 질문하면 가감 없이 자세하게 알려

주는가?

7. 펀드수익률이 저조할 경우 그 대비책을 어느 정도 알려주는가?

8. 시장변동성이 심할 경우 어떻게 펀드변경을 해 수익을 올릴지 자산운용옵션에 대해 자세히 알려주는가?

9. 10년 이내 해지 시 이익이 거의 발생하지 않으므로 반드시 10년 이상 납입해야 한다는 사실을 알려주는가?

10. 보험료 미납 시 보험은 유지되지만 사업비는 계속 빠져나간다는 사실도 알려주는가?

11. 연금전환 시 공시이율을 적용하고 당시 경험생명표를 새로 적용함을 알려주는가?

12. 계약 전 알릴 의무사항(고지의무)을 이해하도록 일일이 점검하면서 '변액보험 주요 내용 안내 확인서'를 가입자가 완전히 이해한 다음 서명하도록 조언하고 체크해 주는가?

꼭 알아둘 변액보험의 15가지 사실

1. 보험금 지급액이 유동적인 실적배당형 상품으로 상품구조상 최소 10년 이상 유지해야 하는 장기투자상품이다.

2. 특별계정(펀드)의 운용실적에 따라 보험금 및 해약환급금이 매일 변동하므로 납입한 보험료의 원금에 손실이 발생할 수 있으며,

특별계정 자산운용의 기본 원칙에 따라 운용하여 발생하는 제반 수익과 손실 책임은 모두 계약자에게 귀속시킴을 원칙으로 한다.

3. 변액보험은 펀드운용실적에 따라 계약자에게 투자이익을 배분하는 실적배당형 상품으로 보험기간 중 보험금, 해지환급금 등이 변동하므로 원리금이 보장되지 않는다.

4. 보험기간 중 해지환급금의 최저보증이 이루어지지 않으며 경우에 따라서는 원금손실이 발생할 수도 있다. 단, 특별계정의 운용실적에 관계없이 최저보장보험금 보증기간에 기본 보험금액을 최저보장보험금으로 보장하여 지급한다.

5. 일정 기간 납입하는 정기형이 아닌 종신형 상품이다. 현재 판매되는 변액보험은 모두 종신형이다. 유니버설보험도 마찬가지다. 저축을 목적으로 상품을 설계했어도 종신보험 또는 연금보험과 연계하여 설계되었지 순수저축성보험과 연계하여 설계되지 않았다. 따라서 어느 일정한 시기에 만기금이 따로 존재하지 않으며 이렇게 상품을 설계하다 보니 초년도에 지출되는 사업비가 많이 발생하게 되어 보험료 납입금이 많아도 3년 이내 중도해지 시 원금도 찾지 못한다는 단점이 있다.

6. 납입하는 보험료 중 특별계정의 펀드에 편입되는 보험료는 부가보험료와 위험보험료 및 특약보험료를 차감한 저축보험료이다.

7. 변액보험은 보험회사가 파산해도 특별계정에 남아 있는 자산을 계약자에게 지급하는 실적배당형 상품이므로 주계약은 예금자

보호법에 따라 예금보험공사가 보호하지 않는다.

다만 해당 약관에서 약정한 보험회사가 최저 보증하는 보험금(최저보장보험금, 저축형계약은 최저사망보험금) 및 부가되는 선택특약 중 특별계정 운용실적과 관계없는 특약은 회사가 파산 등으로 보험금 등을 지급하지 못할 경우 예금자보호법에 따라 예금보험공사가 보호하며 지급을 보장한다. 이 경우 예금자보호한도(보장금액)는 가입한 모든 보험회사에 있는 예금보호 대상 금융상품의 해지환급금(또는 만기보험금이나 사고보험금)에 기타지급금을 합하여 1인당 최고 5,000만 원이며 5,000만 원을 초과하는 나머지 금액은 보호하지 않는다.

8. 10년 이상 유지해야 비과세혜택이 부여된다. 따라서 10년 이내 해약 시 보험차익에 대한 비과세혜택이 없어 전액 이자소득세를 추징당한다.

9. 인터넷에 공시되는 기준가격, 현재 수익률 및 연간 환산수익률은 사업비율을 추가 공제해야 하므로 실제 수익률과는 차이가 있다.

10. 자금의 중도인출이나 펀드운용 시 또는 펀드거래 시 다양한 비용과 수수료가 발생한다.

11. 동일한 보험료 납입과 투자수익률이라 하더라도 보험사별로 또는 펀드종목의 선택에 따라 계약자 적립금에 많은 차이가 발생할 수 있다.

12. 중도해약할 경우 해약환급금은 최저보증이 이루어지지 않으

며 원금손실이 발생할 수 있다.

13. 연금지급개시 후 연금은 연금지급개시 후 공시이율을 적용하여 계산하며 일정 이율 한도 내에서 최저보증이 이루어진다.

14. 자금을 중도에 인출하면 계약자 적립금액이 감소하여 사망보험금이나 해약환급금이 감소된다.

15. 변액보험판매자격시험에 합격하여 자격증을 취득한 보험컨설턴트만 판매할 수 있다.

올바른 보험사와 위탁회사 선택이 펀드수익률 결정 가름

변액보험은 일반보험과 달리 보험료 중 펀드에 투자되는 저축보험료 부분은 특별계정으로 운용된다. 특별계정 부분은 안전성을 고려하여 조성한 펀드를 다른 금융기관에 위탁하여 간접투자하도록 되어 있으므로 보험회사의 선택과 위탁회사의 선택 모두 중요하다.

보험회사는 자산규모 및 재정건전성 여부를 판단하면서 사업비 및 각종 보수가 저렴한 상품을 선택한다. 변액보험은 보험회사별로 사업비 수준이 다르다. 실제 공시된 변액보험의 사업비는 회사나 상품별로 큰 차이를 보인다.

현재 가입한 변액보험이 다른 회사의 동종 변액보험과 사업비가 같다고 생각한다면 큰 오산이다. 같은 금액의 보험료를 낸다고 해도 펀드에 투입되는 특별계정 보험료 규모는 보험사마다 모두 다르며 그 편차 또한 보험사마다 매우 크다. 그 이유는 바로 사업비 편차가 보험사마다 매우 크게 나타나기 때문이며, 이 차이는 투자수익률과 바로 직결된다. 따라서 변액보험에 가입하기 전에는 반드시 먼저 사업비 규모를 확인하고 선택해 가입하는 것이 한 푼이라도 더 투자수익을 올리는 현명한 방법이다. 사업비 부과방식은 모든 보험사가 선취를 적용하는데 부과 규모에서 많은 차이를 보인다.

또한 보험회사의 펀드운용 및 관리역량에 따라 지급받는 보험금 또는 연금액이 크게 달라질 수 있는데 회사별로 차이가 크다. 따라서 보험회사별 사업비와 수익률을 정확히 비교하고 제일 좋은 상품을 선택한다.

보험회사 선택도 중요하지만 해당 보험회사가 펀드운용, 즉 간접투자를 어느 금융기관에 위탁하는지도 매우 중요하다. 위탁기관인 전문대행 운용사가 튼튼하고 안정성이 보장되어야 설령 보험회사가 잘못되어도 이에 대한 불안감을 상쇄할 수 있다. 전문대행 운용사는 적립금인 특별계정의 펀드를 직접 운용하므로 펀드 수익 보장을 위해 튼튼하고 확실한 안정성이 보장된 위탁기관인지 꼭 살펴보도록 한다.

참고로 좋은 보험사의 선행 조건은 가입할 때는 까다롭지만 보험사고 발생 시에는 고객이 불편하지 않도록 최고로 신속하게 서비스해 보험금을 신속 정확하게 하자 없이 지급해 주는 회사라 할 수 있다. 10년 후 목적자금 마련을 위해 해지(환매) 시 아무런 하자 없이 다른 보험사 동종의 상품보다 고수익을 안겨줄 수 있으면서 덤으로 보험 혜택도 두루두루 맛보게 해주는 회사를 말한다. 즉 좋은 보험사는 보험계약이 소멸되는 날까지 사후관리를 잘해주어 고객이 만족과 기쁨을 느낄 수 있게끔 지속적으로 노력하는 회사이다.

좋은 보험사를 선택하는 객관적 판단기준은 자산규모의 발전성, 자본의 성장성, 자산의 건전성, 투자의 수익성, 사업비 부과 규모의 최저성, 컨설턴트의 전문성과 직업성, 고객에 대한 배려성, 이익의 사회 환원성, 민원처리의 신속성 등을 종합적으로 판단하여 선택하면 된다. 필자가 다음에서 제시한 판별기준을 종합적으로 살펴본 후 보험사를 결정하고 해당 상품을 선택해 가입한다면 좀더 효과적이고 효율적이며 만족할 만한 결과를 가져올 것이다.

투자 가이드

변액보험 가입 시 좋은 보험회사 판별 꿀팁 12

❶ 보험금 및 적립금, 대출(인출)금 청구 시 까다롭지 않고 신속하게 제때 주는 열린 회사

❷ 지급여력 비율이 매우 양호하며 재무구조가 매우 탄탄하고 안정적인 우량사

❸ 사업비를 적게 쓰면서도 이익을 많이 내 보험서비스 혜택을 많이 주는 회사

❹ 펀드상품의 컨설팅클리닉을 기초로 한 완전판매로 대외적 이미지가 좋

은 회사

❺ 5년 이상 계약유지율과 설계사 정착률이 양호해 장기 유지관리가 가능한 회사

❻ 유가증권 평가손익이 매우 양호하고 자산운용능력(총자산수익률)이 좋은 회사

❼ 고객 불만이 거의 없고 민원이 가장 적어 신용도 평가가 가장 좋은 회사

❽ 변액보험판매관리사가 평생직업의식이 있으면서 전문성이 매우 강한 회사

❾ 펀드운용실적이 벤치마크 초과수익률을 달성하는 매우 양호한 회사

❿ 연환산수익률이 높고 매매회전율이 낮아 추가 비용지출이 적은 회사

⓫ 공공기관에서 실시하는 금융회사별 민원등급평가 종합결과에서 우수등급을 받은 회사

⓬ 목적자금 또는 보험금을 수령할 때까지 우량사로 남아 고객이 만족하도록 잘 매조지해 줄 수 있는 회사

펀드를 잘 관리해 줄 변액보험판매관리사 필요

어린아이 돌보듯 관리해 줄 설계사를 잘 만나야 한다. 변액보험은 사람과 같이 성장 속도가 느리므로 돌봐줄 컨설턴트가 필요하다. 변액보험은 완벽한 투자상품이 아닌 투자를 빌린 변형된 종신보험이다.

10년 이상 장기간 투자하면서 펀드 변동성이 발생할 경우 변액보험상품만이 갖고 있는 고유 기능인 자산운용옵션으로 펀드 포트폴리오 리밸런싱을 통한 수익률 제고 및 리스크 헤지 방법 등 다양한 장점을 시의적절하게 활용해야 한다. 그래야만 수익을 더 올릴 수 있는데 이런 수익률 제고 방법을 가입자가 모두 알기는 쉽지 않으므로 지속적으로 관리해 줄 전문설계사인 변액보험판매관리사를 잘 만나 도움을 받는 것이 중요하다.

변액보험의 펀드 케어(Fund Care)는 1차적으로 투자자 본인이 직접 해야 하지만 이를 올바로 할 수 있도록 컨설팅 클리닉을 담당하는 전문가가 반드시 필요한데 그가 바로 변액보험판매관리사이다. 변액보험판매관리사는 변액보험에 대한 재무설계 차원에서 상품설계 능력은 물론 주식 및 채권시장의 흐름 등 펀드에 관한 컨설팅 능력에 더해 경제 트렌드를 헤량할 줄 알아야 한다. 펀드는 한 번 정해놓으면 끝까지 계속 유지하기보다 경기변동에 따라 적절한 펀드로 갈아타야 하므로 펀드변경과 자산운용옵션 등에 대해 조언해 줄 능력 있는 전문컨설턴트와 거래한다. 아는 사람이 있다고 또는 가입할 의향이 없는데도 권유한다고 정에 이끌려 가입하는 행위는 반드시 삼가야 한다.

보험컨설턴트를 통해 가입할 경우 판매자의 전문성을 유심히 관찰해 보고 향후 계속 사후관리해 줄지를 확실하게 확인받는다. 계약체결만 하고 사후관리를 잘 안 해주는 설계사를 만나면 변액보험이 제대로 커나갈 수 없다. 그런 설계사에게 가입하면 돈도 잃고 사람도 잃고 재테크 시간도 잃는다.

장기투자가 목적인 변액보험은 귀책사유가 투자자 본인에게 모두 주어지므로 사후관리가 그 무엇보다 중요하다. 변액보험과 보험회사 선택보다도 어떤 면에서는 더 중요한 요소가 바로 가입을 권유하는 보험컨설턴트라는 점을 명심해야 한다.

가입 후 당당히 사후관리를 요구하라

변액보험은 상품 내용이 매우 복잡한 주문형 맞춤상품(Order Made Goods)이어서 일반 사람들이 쉽게 이해하기 어려운 내용이 많다. 따라서 변액보험판매관리사 자격증을 취득한 보험컨설턴트(보험대리점 포함)가 판매한다. 즉, 변액보험 가입은 보험설계사가 아닌 변액보험판매관리사에게 하게 된다. 이 차이는 매우 큰데 변액보험을 설계사에게 가입하는 것은 단지 가입으로만 끝내는 것이 아니라 계약을 체결한 이후 사후관리까지도 부탁하는 메시지이기 때문이다.

보험설계사가 아닌 '변액보험판매관리사'라는 호칭이 붙은 이유는 변액보험을 단지 판매하는 선에서 설계사 임무가 끝나는 것이 아니라 판매 후 사후관리까지도 하자 없도록 해주라는 의미에서이다. 즉, 보험설계사가 고객 입장에서 고객이 보험 혜택을 모두 보는 날까지 지속적으로 재무 컨설팅을 해주어야 한다는 전제조건이 있음을 의미한다. 따라서 가입자는 설계사에게 정정당당하게 컨설팅을 요구할 권리가 있다.

사업비 규모를 확인한 후 선택하라

변액유니버설보험 월납 100만 원 상품에 가입했다고 하자. 물론 특약보험료 부분은 제외하고 말이다(보험사마다 사업비 편차가 심하며 다음 예시는 단지 기본 맥락을 이해하는 의미에서 가정한 것이다). 이때 보험료 100만 원 중 약 88만 원만 특별계정에 편입되어 운영된다고 한다면 나머지 12만 원은 사업비와 위험보험료로 충당되게 된다. 12만 원은 가입한 이후 10년 동안 매월 납입한 보험료에서 빠져나가게 된다(나이를 먹으면 먹을수록 더 많은 위험보험료가 차감되어 특별계정 투입금액은 상대적으로 줄어든다). 10년을 초과하는 시점부터는 매월 낸 100만 원 중 위험보험료를 제외하면 95만 원 정도가 펀드에 투자된다.

이렇게 보면 당신은 변액보험을 가입한 후 10년이 될 때까지는 단순히 수익률로만 놓고 본다면 매월 12만 원, 즉 수익률 12%를 가만히 앉아서 도둑맞는 것과 마찬가지다. 사업비로 공제된 금액을 커버하면서 수익을 내려면 펀드수익률이 최소한 12% 이상 되어야 한다. 그런데 가입 초기 연 12% 수익을 올려도 현재의 상품구조상 신계약비 이연상각방법을 적용하기 때문에 2년 안에는 원금이 나오지 않는다. 단기간 수익을 올리고자 할 경우 보험투자상품은 이런 결함을 안고 있다.

사업비 공제 규모는 보험사별, 상품별 상이

모든 보험상품은 보험사 운영에 필요한 사업비를 공제한다. 변액보험 또한 마찬가지다. 변액유니버설보험 적립형은 기본보험료에 대해 10차 연도까지는 8~15%, 11차 연도 이후부터는 신계약비를 제외한 나머지 사업비(유지비와 수금비) 4~9% 정도를 보험료를 납입하는 그날까지 공제한다.

변액연금보험은 기본보험료에 대해 10차 연도까지는 6~13%, 11차 연도 이후부터는 신계약비를 제외한 나머지 사업비(유지비와 수금비) 4~8% 정도를 보험료를 납입하는 그날까지 공제한다. 단, 변액연금보험의 경우 다른 변액보험과 달리 보험료 납입기간에 따라 부가보험료 중 신계약비 부과 규모를 차등 적용하므로 사업비 규모 또한 다르게 적용된다. 즉, 보험료 납입기간이 긴 상품이 짧은 상품보다 사업비 공제폭이 더 작다. 변액종신보험 등 변액보험 중에서도 보장 성격이 강한 상품은 경과 기간에 상관없이 보험료를 납입하는 그날까지 15~25% 정도 공제한다(주식연계보험, 주가지수옵션 등 파생상품에 투자하는 실적배당형 보험도 동일하다).

가입하려는 변액보험의 사업비 규모를 알기 위해서는 해당 보험사 콜센터에 전화해 확인하는 것이 제일 정확하고 빠르다. 문서로 작성된 것을 보려면 가입설계서와 보험계약관리 내용, 특별계정 운용설명서, 상품요약서 등에 특별계정 투입 원금이 기재되므로 이를 확인하면 된다.

예정사업비가 가장 낮은 상품을 선택하라

예정사업비지수를 미리 확인하는 것은 가장 기본적인 재테크 출발점이다. 변액보험의 예정사업비지수는 보험사별로 변액유니버설보험 적립형은 67~153%, 변액연금보험은 70~117%, 변액종신보험은 87~114%까지 많은 편차를 보이는데, 이는 사업비 부과 규모의 차이와 거의 일맥상통한다.

예정사업비지수는 실제 계약자가 가입한 상품의 보험 가입금액이나 보험기간, 보험료 납입기간, 예정이율 수준 등에 따라 차이가 발생할 수 있으므로 가입하기 전 이런 부수적인 요소들을 잘 살펴본다. 생명보험 홈페이지를 접속해 보험상품 비교·공시란에서 변액유니버설보험 적립형과 변액연금보험을 클릭한 다음 예정사업비지수가 얼마나 되는지 꼭 살펴보고 지수가 낮은 회사 상품을 선택하는 것도 고수익을 올리는 한 방법이다.

그러나 예정사업비지수만 가지고는 보험료 중 정확히 얼마가 사업비로 지출되는지 그 규모를 알기 어렵다. 가입설계서를 받아보고 표기되어 있지 않으면 해당사에 직접 문의하여 확인을 받고 몇 군데 다른 보험사에도 똑같이 요청하여 비교 분석한다. 그중 사업비 부과 규모가 저렴한 상품을 골라 사후관리를 제일 잘해줄 것 같은 보험사와 사후 서비스를 잘해주는 보험설계사를 선택해 가입하는 것이 가장 현명한 방법이다.

투자 가이드

신계약비 이연상각제도

사업비 중 신계약비 규모의 고저가 변액보험 투자수익률에 가장 크게 영향을 미친다. 보험사들은 상품운용 시 보험사 운영과 모집자 판매수수료(수당) 지급을 위해 미리 지출되는 신계약비를 이연한 후 미상각 신계약비는 10년간 분할상각하여 비용 처리하는 신계약비 이연상각제도를 실행하는데, 주로 해당 보험상품의 판매 초기인 1차 연도와 2차 연도에 대부분 집행된다. 상품 종류에 따라 3차 연도까지 집행하는 회사도 있다.

이때 집행된 미상각 신계약비에 대한 사후 충당을 위해 계약자가 납입하는 계속보험료 중에서 매월 분할 공제하여 미리 사용된 신계약비의 비용을 충당한다. 신계약비를 선지출하고 후상각하는 것이다. 그러한 이유로 가입 초기에는 적립금액의 크기와 해약환급금의 크기가 각각 다르게 나타난다. 변액보험 사업비는 보험료 및 책임준비금 산출방법서에 사업비선취방식(Front-End-Loading)을 적용하도록 명시되어 있다. 사업비후취방식(Back-End-Loading)은 아직 도입하지 않고 있다.

가입 후 적시 펀드변경으로 수익률 지속 관리

변액보험은 보험회사에서 계약자 본인이 선택한 펀드를 운용할 뿐 펀드투자 결정은 계약자 본인 몫이므로 펀드수익률을 높이기 위해서는 보험가입 후에도 시장 상황에 따른 펀드변경 등 본인의 지속적인 관리가 반드시 필요하다. 변액보험 특별계정의 펀드를 단일 펀드 혹은 특정 유형 펀드에 집중하여 장기간 유지할 경우 시장 변화에 따라 수익률 변동 위험에 노출될 가능성이 있으므로 설정한 펀드를 그대로 유지하지 말고 적시에 변경하여 적절히 분산투자함으로써 수익률을 높이는 투자 전략을 강구해야 한다.

변액보험은 적시에 펀드변경을 통해 투자 수익과 손실의 효율적 관리가 가능하다. 주식이 오를 때는 주식형펀드, 내릴 때는 채권형 펀드로 자유롭게 변경할 수 있다. 변액보험에서 펀드변경은 적립식투자가 어느 일정 기간 이상 진행된 후 축적된 펀드투입금액(적립금)을 현재 운용 중인 다른 펀드로 한꺼번에 이전하는 것이므로, 거치식펀드로 전환하는 효과와 더불어 펀드변경 시점에 그동안의 이익을 실현하는 동시에 향후 수익률 보전과 재상승을 목적으로 재투자하기 위한 사전조정 작업이다.

변액보험은 10년 이상 장기투자를 목적으로 가입하는 상품이므로 가입 초창기에는 주식형펀드나 인덱스펀드에 가입해 투자수익을 올려 나가고 주가가 하락할 경우에는 채권형으로 갈아타는 것도 필요하지만 정액분할매수법을 잘 살려 수익률을 올리는 것도 좋은 방법이다. 펀드보유좌수를 늘려 실질적인 투자수익을 확보해 나가려면 가능한 한 보험료 추가 납입을 통해 리스크를 헤지하는 것이 더 바람직한 방법이다.

10년 이상 유지했을 때는 적립금액의 규모가 매우 커져서 코스트 애버리징 효과에 의한 추가매입 효과는 감소하므로 당시 수익률을 보전하면서 펀드기준가를 안정되게 이끌고 가는 것이 무엇보다 중요하다. 즉, 추가수익을 더 많이 올리려는 기대보다는 현재 수익률을 안전하게 지켜나가면서 목표 기간 안에 수익률이 기대수익치에 도달하게 하는 것이 중요하므로 현재 가입한 주식편입비율이 높은 주식형펀드(또는 인덱스펀드나 해외펀드)를 채권형이나 보수적으로 운용하는 혼합형으로 변경하여 펀드기준가의 완급을 조절해 나가야 한다. 장기투자 시는 적립금액을 잘 보존하는 것이 매우 중요하다.

펀드변경과 펀드 배분비율 변경은 매월 횟수에 제한 없이 1년에 12회까지 가능하며 변경하려면 가입한 보험회사에 직접 전화하여 신청(평일 09:00~18:00)하면 된다.

펀드변경 시 기준가 반영 시점은 변경 요청일로부터 제2영업일에 이루어진다. 그런데 15시 이후 신청할 경우에는 제3영업일 기준가가 반영된다. 사이버를 통해 신청하면 시간에 관계없이 제2영업일 기준가를 적용한다. 물론 이때 공휴일과 토요일은 제외하고 기준가를 반영한다.

변액보험의 적립금, 펀드 현황 등은 보험회사에서 매 분기 제공하는 보험계약관리내용, 자산운용보고서 등으로 확인할 수 있으며 펀드별 수익률이나 투자와 관련된 상세한 내용은 보험회사 또는 생명보험협회 홈페이지의 변액보험 공시실에 게시되어 있으므로 꼭 살펴본다.

변액보험 펀드변경 관련 정보제공 주요 내용

제공 정보	주요 내용	제공시기
보험계약 관리내용	계약자현황, 계약사항, 보험료 납입사항, 특별계정 펀드 종류 · 수수료, 펀드변경 방법 · 펀드변경절차(보험회사 홈페이지, 콜센터, 영업점 방문 등으로 가능) 등	매 분기
자산운용보고서	펀드별 기간수익률, 누적수익률, 펀드 개요, 자산 현황, 비용 현황, 투자자산 매매내역 등	매 분기

* 자료: 금융감독원 참조

변액보험 펀드변경 방법(예시)

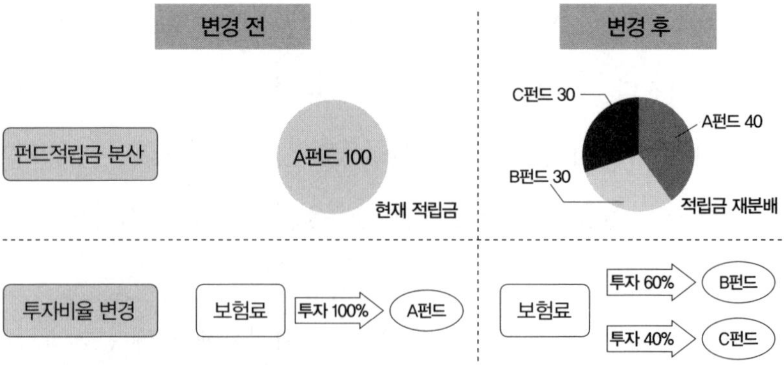

* 자료: 금융감독원 참조

예정기초율이 몇 퍼센트인지 확인하라

예정기초율에 따라 보험료 책정 규모 상이

펀드투자 실적에 따라 투자수익률이 달라지지만 먼저 보험료 규모를 도외시할 수 없다. 적립식펀드의 경우 맨 처음 상품을 만들 때 매월 납입하는 돈에 다른 부수적인 요소가 그리 많지 않다. 즉, 공제하는 돈이 별로 없다. 선취수수료 등 몇 가지 말고는 펀드로 투자되고 나중에 평가금액에서 공제한다.

그런데 변액보험은 다르다. 모든 보험상품이 그렇듯 보험료를 구성하는 요소가 다양하다. 변액보험의 보험료를 산출할 때는 보험료산출기초율을 활용하는데 이를 예정기초율이라고도 한다. 예정기초율은 ① 예정위험률, ② 예정이율, ③ 예정사업비율 등 보험료 계산의 기초가 되는 세 가지 구성요소를 말한다. 변액보험가격인 보험료를 산출하는 데는 이 세 가지 요소가 반드시 필요하다. 이를

3이원(利原)방식이라 한다.

보험료 구성원리 알아야 변액보험 잘 선택한다

생명보험회사는 장래 보험금 지급을 위하여 계약자의 납입보험료 중 일정 부분을 적립해 나간다. 적립금은 일정한 이율로 운용될 것을 예정하는데 이 운용이율을 예정이율(Expected Interest Rate)이라 한다. 예정이율이란 보험료를 납입하는 시점과 보험금 지급 시점 사이에 시차가 발생하므로 이 시간에 기대되는 수익을 예상하여 일정한 비율로 보험료를 할인해 주는데 이 할인율을 말한다. 예정이율이 낮아지면 보험료는 비싸지고, 예정이율이 높아지면 반대로 보험료가 싸지게 된다. 예정이율은 저축보험료 산출 시 적용된다. 특별계정이 아닌 일반계정(일반보험)에 들어가는 예정이율은 대부분 채권에 투자해서 얻은 수익을 토대로 산출된다.

예정사망률(Expected Mortality Rate)은 위험보험료 계산의 기초이지만 실제 사망 확률을 정확하게 예측하기는 곤란하므로 과거 사망률에 다소 안정성을 예견하여 나타낸다. 예정사망률이 낮아지면 사망보험의 보험료는 싸지고 생존보험의 보험료는 비싸진다. 반대로 예정사망률이 높아지면 사망보험의 보험료는 비싸지고 생존보험의 보험료는 싸진다. 예정사망률은 모든 보험사가 경험생명표를 적용하여 예측하는데 사망급부금 적용방식의 차이로 위험보험료 규모가 각기 다르다.

보험회사가 보험계약을 유지하고 관리하는 등 사업을 추진해 나가는 데는 여러 가지 비용이 소요된다. 이런 운영 경비를 미리 책정하여 일정한 비율로 영업보험료에 계산해 넣는데, 이 비율에 따라 계산된 사업비를 예정사업비(Assumed Rate of Expense)라 한다. 예정사업비의 구성비율은 예정사업비율이라고 한다. 보험계약자가 지불하는 보험료가 낮아지려면 예정사업비율이 낮아져야 한다. 예정사업비율은 부가보험료 산출 시 적용되는 이율이다.

변액보험에서 보험사가 얻을 수 있는 이익은 크게 ① 예정사망률과 실제 사망률의 차이에 따라 생기는 이익인 사(死)차익, ② 예정이율과 실제 이율의 금리차에서 발생하는 이익인 이(利)차익, ③ 보험모집인 수당과 계약유지비, 보험료 수금비 등 예정사업비가 실제 사업비보다 많아 생긴 비(費)차익 세 가지로 구분된다.

보험사 이익이 커지면 커질수록 가입자 이익은 줄어들게 된다. 거꾸로 보험사 이익이 줄어들면 가입자 이익은 커진다. 따라서 변액보험을 가입할 때는 세 가지 예정기초율을 잘 살펴봐야 한다.

예정이율이 높은 상품 선택해야 수익도 높다

변액보험을 유지하는 기간(보험기간)에 적용하는 이자율인 예정이율은 보험사가 보험기간에 대출, 유가증권에 대한 투자, 부동산투자 등으로부터 발생한 자산운용수익을 예측하여 정한다. 따라서 예정이율이 높으면 보험사의 자산운용실적이 양호하다는 것을 의미하므로 이로써 상대적으로 보험료가 낮아진다.

예정이율은 보험사별로 같은 이율을 적용하는 경우도 있지만 대부분 약간씩 다르게 적용한다. 특히 특약 부분에 대한 예정이율도 살펴보는 것이 좋다. 여기서 유념해야 할 사실은 예정이율이 높다고 해서 무조건 환급률이 높다거나 펀드에 투입되는 돈이 많아지는 것은 아니라는 것이다. 예정사업비지수가 낮아야 실질적인 환급률이 더 높아진다. 예정이율이 높을수록 보험료는 싸지고, 예정사업비가 낮을수록 펀드에 투입되는 돈이 많아지게 된다. 따라서 보험회사가 쓰는 예정사업비는 낮고 예정이율은 높은 상품을 선택한다.

투자 가이드

예정이율과 수익률

예정이율이 낮고 예정사망률과 예정사업비율이 높은 상품은 경과 기간이 길면 길수록 동일한 수익률을 내는 다른 상품과 비교해 실질수익률, 즉 환급률이 많이 떨어진다. 가입자에게 돌아오는 돈이 적다는 것이다. 따라서 예정이율이 높고 예정사업비지수는 낮으면서도 해약환급금이 많은 상품이 가장 좋은 보험상품이라 할 수 있다. 자신에게 돌아오는 파이가 작으면 작을수록 상대방에게는 그만큼 이익이 된다. 따라서 나에게 돌아오는 파이를 키우려면 심도 깊은 통찰력이 필요하다.

보험료 추가 납입 최대한도까지 해야 고수익 실현 가능

변액보험 가입 시점부터 반드시 추가 납입을 염두에 두고 보험설계를 해야만 수익률이 제고됨을 명심한다. 가입자가 납입하는 보험료 중 특별계정의 펀드에 투입되는 부분은 위험보험료와 부가보험료 및 각종 부대비용을 제외한 저축보험료 부분이다. 따라서 위험보험료와 부가보험료 규모가 작을수록 저축보험료 부분이 커져 특별계정의 적립금액이 늘어나는데 가장 좋은 방법이 바로 보험료의 추가 납입기능을 활용하는 것이다.

추가 납입제도는 현재 들어놓은 적립식펀드에서 정기납입일 뿐 아니라 다른 날도 활용해 적립금을 쌓는 것을 말한다. 변액보험에서의 보험료 추가 납입은 기본보험료의 일정 적용률에 따라 합당한 금액을 적합한 시기에 추가로 납입하는 것을 의미한다.

보험료 납입기간 중 기본보험료 이외에 추가로 납입하는 보험료에 대해서는 사업비 중 신계약비(계약체결비용)가 제외되고 유지비(계약관리비용) 부분만 추가 납입보험료에 책정되어 매월 공제되므로 변액보험에 가입한 이후 추가 납입을 하지 않는다는 것은 고수익을 올리기를 포기하는 것과 마찬가지다. 코스트 애버리징 효과를 노려 추가 납입 시점을 잘 모색하면 펀드보유좌수를 늘려 수익률 제고에 도움이 된다. 또한 추가보험료에는 사업비 중 신계약비가 공제 대상에서 제외되어 기본보험료를 납입할 때보다 그만큼 펀드에 투입되는 보험료 규모가 커지게 된다.

펀드재테크를 위해서는 때론 공격적인 역행 투자전략도 필요하다. 단, 전제조건은 펀드시장에 대한 종합적인 판단력과 집중력을 어느 정도는 겸비한 다음 추진해 나가야 하며 이 경우 또한 전문가의 도움을 받는 것이 중요하다는 점을 유념한다.

신계약비(계약체결비용)는 기본보험료에 대하여 가입 1차 연도부터 이연상각기간인 10차 연도까지 매월 공제한다. 이 경우 1~7차 연도와 8~10차 연도의 공제비율을 달리 적용하는 회사도 있다. 유지비(계약관리비용)는 납입기간 이내(또는 10년 이내)와 납입기간 이후(또는 10년 초과)로 구분하여 비용을 차등 적용하는데 납입기간 이내(또는 10년 이내)가 납입기간 이후(또는 10년 초과)보다 2배 이상 높게 책정된다. 사업비 규모는 보험회사의 예정사업비율의 설정에 따라 비용 부과 비율이 각기 다르다(위험보험료는 매월 보험료 납입기간에 동일한 비용으로 공제한다).

추가 납입보험료의 납입한도는 일반적으로 기본보험료 총액의

200~300%이다. 단, 해당 약관에 따른 중도인출금액이 있을 경우 해당 중도인출금액만큼 추가로 납입 가능하며 특약이 부가된 경우 특약보험료는 보험료 추가 납입한도에서 제외한다. 보험회사에 따라 보험료 추가 납입한도를 보험료 납입 경과기간 경과별로 달리 적용하고 상품별로도 각기 다르므로 잘 살펴본다.

피보험자는 저연령자(여자)로 하라

피보험자는 누구로 하는 것이 좋을까

변액보험은 상품구조상 피보험자의 나이가 많으면 많을수록 수익률이 반비례하여 떨어지도록 설계되어 있다. 대부분 상품이 위험보험료를 계산할 때 평준보험료를 기준으로 하여 산출하는데 변액보험은 초기 수익률을 보전하기 위해 자연보험료방식으로 산출한다. 나이가 많으면 위험보험료 부분이 상대적으로 많아져 수익률이 떨어지므로 한 살이라도 더 젊었을 때 더 많은 보험료를 납입하는 것이 훨씬 이익이다. 나이 차가 많이 날수록 수익률 격차는 더욱 크게 발생한다.

변액보험 개발 시 적용하는 경험생명표를 보면 20세에 사망할 확률은 남자는 0.053%이고 여자는 0.028%이다. 그러나 100세에 사망할 확률은 남자는 59.563%이고 여자는 41.145%이다. 경험생명표상 나이가 많아질수록 위험도가 증가하여 사망률이 매우 높아지므로 보험회사는 이에 따른 리스크를 염두에 두고 선의의 다수 가입자를 보호하기 위해 위험보험료를 조정하여 상품을 개발할 수밖에 없다.

한 살이라도 어린 가족을 피보험자로 선택하라

피보험자는 가급적 나이가 어린 자녀로 한다. 변액보험이 비록 투자상품이지만 보험상품의 일종이므로 피보험자에 따라 수익률 차이가 발생한다. 특히 피보험자의 나이가 많으면 연 투자수익률이 5% 이상 지속적으로 발생하더라도 30년 이상 경과 시 사망 리스크가 크게 작용하여 오히려 적립금액이 줄어드는 역조현상이 나타날 수 있다.

변액보험은 15세부터 가입이 가능하도록 설계되어 있으므로 15세 이상 중 어린 자녀를 피보험자로 하는 것이 유리하다. 그렇게 해야만 통장의 대물림, 즉 상속도 가능하다. 보장도 중요하지만 목적자금을 마련하기 위한 재테크가 주목적이므로 가족 중 가장 어린 사람을 피보험자로 해야 더 많은 수익을 올릴 수 있다.

남자보다 여자를 피보험자로 해야 수익이 높다

남녀가 재테크를 목적으로 변액보험을 가입했다. 만약 나이, 가입 기간, 사업비 부과 규모가 모두 똑같고, 투자수익률 또한 같다고 가정한다면 누가 투자수익률을 더 많이 낼까? 정답은 당연히 여자이다. 피보험자를 남자로 하면 같은 나이의 여자보다 투자수익률을 더 올릴 수 없다.

보험상품은 경험생명표를 근간으로 개발하는데 이때 가장 중요한 요소가 생명표와 사망표이다. 대부분 보험상품에서 남자와 여자의 보험료가 차이가 나는 것은 우리나라의 경우 여자의 평균수명이 남자보다 훨씬 길기 때문이다. 무려 7세 이상 차이가 난다. 오래 살 가능성이 커서 상대적으로 보험 혜택을 많이 보는 상품은 여자가 더 유리하므로 보험료 규모 또한 남자보다 여자가 더 크다.

그런데 이런 보험은 생존보험 형식의 연금보험 등 몇몇 상품에만 국한된다. 대부분 보험상품은 보험금 지급 사유가 보험사고를 전제로 하므로 사고 또는 사망할 확률이 높은 사람은 당연히 보험료가 비싸진다. 즉, 여자보다는 남자가 평균수명이 짧고 일반적으로 사고도 많으므로 보험료가 더 비싸게 적용된다. 그래서 변액보험 또한 남자보다는 여자에게 적용되는 보험료가 더 저렴하다. 특히 변액보험에서 펀드투자수익률을 올리는 데 남자는 여자에 비해 절대적으로 불리한 입장에 있다. 남자와 여자의 수익률 차는 경과기간이 길수록 더 커진다. 보험사마다 위험보험료 적용방식이 약간씩 달라 보험료 또한 성별 또는 나이별로 다소 차이가 있으므로 잘 살펴보고 가입한다.

오래 살수록 남자의 투자수익률은 더 떨어진다

남자와 여자의 나이가 똑같다고 가정할 경우 젊은 시절 가입하면 피보험자의 사망률에 많은 차이가 발생하지 않기 때문에 수익률 차이가 그리 크지 않다. 그런데 나이가 많아질수록 남자와 여자의 수익률 차이는 점차 벌어진다. 여자보다 평균수명이 짧은 남자는 나이를 먹을수록 사망할 확률이 점점 더 높아진다. 자연보험료를 적용한 위험보험료의 크기가 매우 커져 상대적으로 펀드에 투입되는 특별계정 보험료의 크기가 줄어들게 되고, 그렇게 되면 자연적으로 적립금액이 불어날 수 있는 시드머니가 커지지 않게 되므로 수익률이 기대만큼 올라가지 않는다.

반면 여자는 남자보다 평균수명이 길고 이에 따라 사망할 확률이 떨어지므로 똑같이 나이를 먹더라도 보험료에서 차지하는 위험보험료의 비율이 상대적으로 낮다. 따라서 특별계정 투입금액이 크게 줄지 않으므로 수익률이 남자보다 더 높게 나타난다.

공시이율이 높은
보험사 상품을 선택하라

공시이율이 높으면 적립금액 규모가 더 커진다

현재 동갑인 A와 B가 변액보험을 가입하여 똑같은 투자수익률을 올리고 있다. 60세가 되는 시점에서 그간 납입한 적립금액을 모두 연금으로 전환하여 매월 연금을 받아 노후를 안락하게 지내려고 한다. 이 시기(은퇴한 이후)에 A가 가입한 보험회사의 공시이율과 B가 가입한 보험회사의 공시이율이 서로 다를 경우 A와 B가 매월 받는 연금액에는 차이가 있을까, 없을까? 물론 차이가 있다.

현재 변액보험의 가입설계서에 나와 있는 '연금전환 시 연금액 예시표'는 단지 예시에 불과하다. 나중에 연금으로 전환할 경우 가입설계서에 예시로 나오는 '연금전환 시 연금지급액 예시표'는 투자수익률과 더불어 경험생명표상 연금사망률 및 현재 시점의 공시이율을 적용하여 산출한 것이다. 따라서 예시된 공시이율보다 적게 나온다면 해당 보험사의 연금전환 예시금액은 당연히 적을 수밖에 없다. 변액유니버설보험을 가입한 후 일정 기간이 경과한 시점에서 연금전환을 고려한다면 절대로 이 점을 간과해선 안 된다.

변액유니버설보험은 적립금액이 특별계정으로 운용되다가 연금전환을 하면 그 시점에서 일반계정으로 전환·운용되고, 이에 따라 자연히 그간 쌓아놓은 적립금액은 또 공시이율을 적용받게 된다. 이때에도 가입한 보험사의 공시이율이 낮으면 지급받는 연금액 또한 더 줄어들게 될 테고, 반대로 공시이율이 높으면 당연히 더 많이 지급받게 될 것이다. 변액연금보험 또한 연금개시를 한 이후 제2보험기간에는 특별계정에 편입되어 있던 적립금액이 일반계정으로 이체되면서 공시이율을 적용받는다.

변액연금보험

변액연금보험은 가입 후 연금개시 전, 즉 연금을 수령받기 전까지 보험료를 납입하면서 피보험자가 사망 또는 상해를 당했을 경우 사망보험금과 급부금을 지급해 주는 제1보험기간과 연금개시 후부터 평생 약정된 연금액을 계속 지급해 주는 제2보험기간으로 구분된다.

투자목적이 노후자금 마련이면 변액연금보험 가입

변액연금보험과 변액유니버설보험은 연금지급 시 적용하는 연금률 방식이 다르다. 변액연금보험은 연금전환 시 연금전환 시점의 경험생명표를 적용받지 않고 가입 당시 경험생명표가 그대로 적용된다. 그러나 변액종신보험, 변액CI보험, 변액유니버설 적립형 및 보장형 등 연금전환 기능이 부가된 상품은 45세 이후 적절한 시점에 연금전환을 할 경우 연금전환 시점의 경험생명표를 적용받는다. 즉, 현재 적용하는 경험생명표가 아닌 연금전환 당시에 작성한 경험생명표를 적용하여 연금지급준비금을 계상하게 된다. 그렇게 되면 경험생명표상 연금생존율이 자연히 높아지게 되는데 이는 연금지급률과 매우 밀접한 연관성이 있다.

평균수명이 길어짐에 따라 새로운 경험생명표를 적용할 때마다 경험생명표상의 생존율이 2년 정도 늘어나는데, 이 경우 지급되는 연금 총액은 같지만 총연금지급액을 1/n로 나누어 지급하므로 늘어난 기간만큼 매월 지급받는 연금액은 상대적으로 줄어든다. 부연하면 경험생명표가 변경될 때마다 은퇴 시점에서 생존율은 높아지고 사망률은 점점 낮아지므로 연금지급률 및 매월 지급되는 연금액도 자연적으로 낮아지게 된다. 따라서 오로지 노후자금 마련을 위해 장기투자할 계획이라면 변액유니버설보험을 통한 연금전환을 하기보다는 변액연금보험을 가입하는 것이 훨씬 유리하다. 변액연금보험에는 수익률이 저조하더라도 연금지급이 개시되면 기납입보험료 중 주계약보험료에 대해서는 전액 연금으로 전환해 주는 안전장치가 마련되어 있다.

현재 공시이율이 부리 적용되는 상품은 변액유니버설보험, 변액연금보험, 변액유니버설종신보험 등 실적배당형인 모든 변액보험과 일반연금보험 및 장기저축성보험 등 금리연동형(변동금리형) 저축성보험 그리고 보장성보험의 적립순보험료 부분 등이다. 연금전환을 할 경우 공시이율 적용에 관련된 사항은 해당 상품의 연금전환특약 기초서류인 사업방법서와 상품약관, 보험료 및 책임준비금 산출방법서와 보험요율 등에 자세히 기재되어 있다.

동일조건 시 수익률 달라지게 만드는 변수 12

변액보험에는 펀드투자 시 수익률의 향방을 가름하는 다양한 변수가 있다. 동일한 조건에서도 펀드수익률을 달라지게 하는 변수가 많다. 같은 유형의 변액보험상품을 각각 다른 회사에 가입했을 경우 투자수익률은 각기 다르게 나타나는데 이는 수익률 제고에 중대한 요소로 작용하는 다양한 변수가 많기 때문이다. 만약 투자수익률 제고 변수들이 상반되게 작용하면 가입 기간이 경과할수록 수익률 격차는 더 벌어지게 된다. 가입 후 경과기간이 길어지면 길어질수록 투자수익률에 변수로 작용하는 요소들의 적정한 제어 및 상호 결합 여부에 따라 수익률 편차가 매우 크게 난다.

펀드수익률을 결정짓는 독립적 또는 종속적 변수를 근본적으로 가져오는 보험사의 올바른 선택은 매우 중요하다. 변액보험의 경우 상품유형별로 투자수익률에 영향을 미치는 변수들의 상호작용에 따른 투자수익 차이는 다르게 표출되지만 그 맥락은 비슷하다. 다음에 제시한 변액보험상품의 투자수익률에 매우 큰 영향을 미치는 변수들은 펀드투자 수익률을 올리는 최대변수로 작용할 것이다. 따라서 투자수익을 많이 올리려면 12가지 변수에 대해 가입 시 해당 약관을 꼼꼼히 살펴보고 좀더 수익을 올릴 수 있는 길을 모색하는 지혜를 발휘한다면 원하는 목적자금을 하자 없이 마련할 수 있다.

1. 보험회사별 사업비 부과 규모의 차이

보험회사 운영에 필요한 사업비를 매월 납입하는 보험료에서 선취하는 규모의 크기는 상품별, 펀드유형별, 특히 보험사별로 편차가 매우 심하다. 이에 따라 변액보험 펀드의 연평균수익률도 회사별로 두 배가량 차이 난다. 사업비 규모가 크기 때문에 초기 투자수익률이 매우 적게 나타나는 것이다. 이는 기간을 경과할수록 보험사별 수익률 편차로 귀결된다.

2. 위험보험료 적용방식의 차이

변액보험은 보험투자상품이므로 단순히 납입되는 보험료 중 사업비를 공제한 나머지 금액 모두가 펀드에 투입되지 않는다. 사업비 이외에 위험보험료가 빠져나가게 되는데 이 비용은 피보험자가 나이를 먹을수록, 즉 경과기간이 길면 길수록 차감되는 규모가 점점 커져 수익률 제고에 막대한 걸림돌이 된다.

3. 펀드수수료 부과 규모의 차이

보험사별로 변액보험상품의 펀드종목마다 부과되는 수수료 규모가 각기 다르다. 똑같은 펀드종목을 선택했다 하더라도 A보험사와 B, C, D보험사 등이 각각 다르다. 또 펀드수수료는 변액유니버설보험의 저축형과 보장형, 변액연금보험, 변액유니버설보험 종신형 등 상품구조나 펀드종목에 따라 각기 다르다. 변액보험의 펀드수수료는 적립식펀드와 동일하게 후취를 적용하므로 수수료 0.1% 차이는 장기투자를 할수록 수익률 제고에 매우 큰 영향을 미친다.

4. 보험가입금액의 규모 차이

보험료 규모도 같고 사업비 지출 규모도 똑같은데도 불구하고 경과 기간별 환급률이 다르게 나타나는데, 그 이유는 기본보험료당 보험가입금액을 산출하는 기준이 보험사별로 다르기 때문이다. 생명보험에서 보험가입금액은 전 보험기간을 통하여 보험회사가 보상할 금액의 한도를 의미한다. 보장 급부금을 어느 선까지 가입자에게 지급해 주느냐에 따라 위험보험료 규모의 크기가 다르게 산출되고 보험가입금액 또한 결정된다. 보험가입금액이 높은 상품은 위험보험료 금액이 많으므로 특별계정에 투입되는 비용이 상대적으로 적어 순수하게 펀드수익률을 높이는 데는 별로 도움이 되지 않는다.

재테크를 목적으로 변액보험을 가입할 경우는 보험료 규모가 크지만 상대적으로 보험가입금액이 작은 상품을 선택해야 더 유리하다. 보험료 대비 보험가입금액이 크면 클수록 수익률은 상대적으로 더 적게 나타나므로 위험보험료로 빠져나가는 돈이 얼마나 되는지 알아야 한다.

5. 신계약비 이연상각기간 후 들어가는 보험관계비용의 차이

보험관계비용(변액보험계약의 유지관리 및 운용에 필요한 비용) 중 보험모집수수료 등 계약체결비용은 금융당국의 정책에 따라 보험가입 이후 10차 연도까지만 공제하고 그 이후부터는 공제하지 않는다. 그러나 유지비(계약유지관리비용)는 보험이 소멸되는 날까지 지속적으로 공제하는데 경과기간별 적용 방법 및 비용 공제폭이 보험사마다 많은 편차를 보인다.

6. 펀드변경 시 수수료 부과 여부

펀드변경을 할 때 많은 보험사가 서비스 제고 차원에서 수수료를 부과하지 않지만 전환수수료를 부과하는 회사도 있으므로 잘 살펴본다. 변액보험에서 펀드변경 시 수수료는 적립식펀드 중 엄브렐러펀드에서 펀드전환을 할 때와 비슷하게 1회당 0.1% 정도를 부과하는데 이 또한 보험사마다 차이가 많으므로 잘 살펴본다.

7. 추가 납입보험료의 펀드 투입비율 차이

보험료는 맨 처음 가입할 당시 지불하는 기본보험료와 가입 기간 내 언제라도 납입이 가능한 추가 납입보험료로 구분된다. 추가 납입보험료의 비용과 수수료가 보험회사마다 다르므로 잘 살펴본다.

8. 매매회전율이 높을 경우 세금을 많이 낸다

변액보험은 적립식펀드와 달리 주식을 매도할 경우 증권거래세를 내야 한다. 보유종목을 되팔 때 세금을 내야 하는데 세금 비율은 증권양도가액의 0.3%이다. 따라서 매매회전율이 높으면 높을수록 증권거래세가 상대적으로 많이 부과되므로 수익률을 일정 규모 이상 상회하지 못하면 오히려 수익률이 더 나빠질 수 있다. 매매회전율이 높으면 상대적으로 펀드투자수익률이 떨어지므로 잘 살펴본다.

9. 각종 비용과 수수료 등 총보수비용의 크기가 각기 다르다

변액보험은 보험관계비용 이외에 별도로 특별계정운용보수 및 비용이 부과된다. 특별계정운용비용 중 가장 큰 것은 운영보수, 수탁보수, 투자일임보수, 사무관리보수, 자산관리수수료 등 통상 펀드수수료라 일컫는 신탁보수이지만 이밖에 회계감사비용, 자산운용보고서 제공비용, 투자증권의 평가비용, 증권거래비용, 기초펀드의 보수 및 비용 등 기타 제 비용을 특별계정자산에서 차감하는데 이를 총칭하여 총보수비용이라 한다.

이 비용의 크기가 보험사마다 각기 달라서 펀드수익률 또한 달라진다. 총보수비용 비율은 펀드종목마다 각기 다른데 일반적으로 펀드수수료 체계와 비슷하게 보수비율이 적용된다. 펀드수수료 규모가 큰 펀드는 총보수비용 비율도 상대적으로 크다고 생각하면 된다.

그리고 고정적으로 부가되는 펀드수수료 이외에 별도로 부과되는 후취수수료가 있는데, 이는 모든 변액보험에 들어가는 최저사망보험금보증비용(GMDB)과 변액연금보험에 들어가 있는 최저연금적립금보증비용(GMAB) 등이다.

펀드수수료는 해당 펀드종목을 선택할 때 내는 지출 비용이지만 이들 수수료는 변액보험상품을 선택하는 순간 규모가 결정된다. 변액보험의 펀드수수료 부과 규모가 일반적으로 0.2~1.0%인데 주보험 적립액을 기준으로 GMDB는 0.2~1.0% 정도를, GMAB는 0.5~0.7% 정도를 매년 후취로 공제한다. 후취인 까닭에 장기투자를 할 경우 펀드수익률에 큰 영향을 미친다. 각종 비용의 적용 방법은 보험사마다 각기 다르므로 잘 살펴본다.

10. 보험료 미납 시 적립액에서 차감되는 월 공제액의 차이

보험료가 미납되면 적립금액에서 월대체보험료를 차감한 다음 나머지를 펀드에 투자하는데 월대체보험료의 규모가 매우 크다. 월대체보험료 공제액은 기본보험료의 신계약비 상각기간과 비슷하게 경과기간을 적용한다.

11. 연금전환을 한 이후 공시이율 적용의 차이

변액유니버설보험을 가입한 이후 노후에 대비해서 연금을 수령하고자 연금전환을 생각한다면 변동수익률(공시이율)이 높은 회사의 상품을 가입한다. 나중에 연금으로 전환할 경우 가입설계서에 예시로 나오는 '연금전환 시 연금지급액 예시표'는 투자수익률과 더불어 경험생명표상의 연금사망률 및 현재 시점의 공시이율을 적용하여 산출하는데 이때 예시되는 공시이율이 적으면 해당 보험사의 연금전환 예시금액은 당연히 적게 나온다. 따라서 변액유니버설보험을 가입한 후 일정 기간 경과한 시점에서 연금전환을 고려한다면, 그리하여 연금을 조금이라도 더 많이 받고 싶다면 공시이율이 높은 회사의 상품을 선택한다.

12. 보험료 할인 혜택을 부여하는 제도상의 차이

변액보험에서 보험료를 할인해 주는 방법은 매우 다양하다. 첫째, 보험료 납입 방법상 할인, 즉 보험료를 자동이체로 납입할 경우 할인해 주는 방법이다. 할인 폭은 월보험료의 0.5~1.0%인데, 장기유지 시 이 차이는 매우 크므로 반드시 자동이체제도를 활용한다. 둘째, 고액계약자 할인 우대제도 방법으로 3가지가 있다. ① 보험가입금액을 기준으로 하는 방법, ② 월납보험료 규모를 기준으로 하는 방법, ③ 단체로 가입할 경우 할인해 주는 방법이다. 보험사에 따라 ①과 ②를 병용하는 경우도 있고 이 중 한 가지 방법만 적용하기도 하고, 아예 할인을 안 해주는 경우도 있으므로 잘 살펴본다. ③의 경우 단체취급특약 가입 시 기본보험료에 대해 0.5~1.5% 할인해 주는데 회사마다 규정이 각기 다르다. 단체로 가입하면 고액계약자에 대한 할인 혜택은 적용되지 않는다.

변액보험 자산운용 옵션제도 4가지 적극 활용

"주식시장이 폭락하고 있기 때문에 여기에 투자한다. 위기는 투자의 좋은 기회이다. 나는 경기침체나 재앙이 일어날 때 더 많은 투자 기회가 생긴다는 것을 알고 있다."

주식투자전략가인 마크 모비우스(Mark Mobius)가 한 말로 펀드투자 후 주가가 하락할 때 새겨둘 필요가 있다. 증시 환경이 안 좋아 주가가 하락할 경우에는 오히려 펀드보유좌수 증가의 호기로 삼고 역행 투자전략을 심도 있게 모색해 보는 것도 좋다.

변액보험은 장기투자상품의 특성상 운용되는 펀드종목의 해당 주가가 하락할 경우 어느 정도까지는 효과적으로 대처해 나갈 다양한 제도와 자산운용옵션이 마련되어 있으므로 다음에 제시한 방법을 꼭 숙지하여 적기에 활용하면 효과적이다.

자산운용 옵션제도(Asset management options)란 변액보험의 특성상 펀드운용의 장기화에 따른 주가 하락으로 인한 펀드 변동성 등 위험을 관리하기 위해 마련한 다양한 안전장치로서 변액보험 가입자가 펀드운용에 직간접적으로 참여할 수 있는 펀드 선택권을 말한다. 투자수익률 제고에 실질적으로 영향을 미치는 옵션으로서 펀드조정을 통한 리스크 헤지 수단 및 자산배분에 따른 수익구조개선 수단으로 안성맞춤이다.

주요 헤징 대상인 자산운용옵션을 활용할 때 펀드 자체적으로도 리스크의 상당 부분이 헤지가 가능하다. 펀드 종류는 상품개발 시 확정되어 있지만 자산운용과 관련된 세부적 옵션은 확정된 경우도 있고 나중에 추가되는 경우도 있으므로 자산운용옵션 내용을 꼼꼼히 살펴봐야 한다. 어떤 옵션을 선택하느냐에 따라서 수익률이 달라지기 때문이다.

펀드 가입 후에는 펀드변경 등 다양한 자산운용옵션을 통해 펀드기준가 변동성에 적극 대응하여 위험을 회피해 나갈 수 있는 리밸런싱 효과를 실현할 수 있다. 이에는 변액유니버설보험과 변액연금보험, 변액종신보험, 변액CI/GI보험, 변액LTC보험 등 모든 변액보험상품이 적용된다.

변액보험 펀드운용 시 자산운용옵션은 크게 다음과 같이 펀드변경, 펀드별 편입비율 설정, 펀드별 자산배분비율 자동 재조정, 보험료평균분할투자 등 4가지로 분류된다.

1. 펀드변경(Fund Transfer)

변액보험 가입자가 언제든지 해당 상품의 펀드종목 안에서 펀드의 전부 또는 일부를 약정 회차 범위 내에서 다른 펀드로 전환할 수 있는 제도를 말한다. 보험회사 선택 시에는 펀드유형이 얼마나 많으며 펀드변경은 1년에 몇 번 가능한지, 펀드 전환 시 몇 개 펀드종목까지 한꺼번에 할 수 있는지 등을 세밀히 살펴보는 것이 중요하다. 변경 횟수가 많을수록 사후 펀드변경이 필요할 때 다양한 경우의 수를 조립해 나가면서 유효적절하게 활용할 수 있다.

2. 펀드별 편입비율 설정(AA, Asset Allocation)

펀드종목에 대해서는 가입자의 선택에 따라 계약자적립금의 펀드 간 편입비율을 설정할 수 있도록 한 제도이다. AA는 보험회사마다 적용기준과 방식이 약간씩 다르다. 추가 납입보험료에 대한 펀드편입비율 설정은 기본보험료의 편입비율과 다르게 별도 편입비율 설정이 가능하다. 추가 납입보험료의 별도 편입비율 설정이 없는 경우는 기본보험료의 편입비율을 따른다.

3. 펀드별 자산배분비율 자동 재조정(AR, Auto Rebalancing)

투자성과에 따라 변동된 계약자 적립금액을 계약자가 지정한 날로부터 3개월, 6개월 또는 1년 등의 단위로 선택한 펀드 자동 재배분 주기마다 계약자가 정한 펀드의 편입 비율로 회사에서 자동으로 재배분하는 기능을 말한다. 펀드별 자산배분비율 자동 재배분 기능이라고도 한다.

4. 보험료평균분할투자(DCA, Dallar Cost Averaging)

가입자가 보험료를 추가 납입할 경우 추가 납입한 보험료 중 유지비(계약유지관리비용)를 제외한 나머지 보험금액을 단기채권형펀드에 먼저 투입한 다음 보험료를 균등하게 분할하여 정해진 기간에 매월 계약자가 지정한 날짜에 단기채권형에서 펀드편입비율에 따라 설정된 펀드로 자동 투입하는 기능을 말한다.

추가 납입보험료를 특정일자의 기준가를 적용하여 일시에 특별계정에 투입하면 기준가 변동에 따른 투자 리스크가 발생하므로 평균분할투자 기법을 도입하여 위험을 분산하는 것이다. 보험료 정액분할투자라고도 한다.

고수의 실현 위해 꼭 알아야 할 최상의 펀드 재테크 방법

나이와 성별이 똑같은 친구 세 명이 있다. 모두 같은 보험사의 변액연금보험 월납입금 100만 원짜리 상품에 가입했다. 펀드종목도 펀드투입금액도 모두 같다. 세 사람은 20년 후 은퇴한 다음 변액연금보험으로 노후를 편안하게 보내기로 약속했다.

그런데 세 친구는 투자 마인드가 달라 납입해 나가는 방법이 각기 달랐다. A는 기본보험료를 20년 동안 매월 꼬박꼬박 납입했지만 추가 납입은 하지 않았다. B는 기본보험료를 10년 동안 납입하는 대신 가입과 동시에 다음 달부터 추가 납입보험료를 해당 보험사에서 옵션으로 제기한 상한까지 납입했다. 딱 10년 동안만 납입하고는 11년째부터는 적립금을 그냥 묶어두면서 자산운용옵션으로 리밸런싱 효과를 누렸다. C는 은퇴자산을 변액보험 하나로 해결할 요량으로 기본보험료와 함께 추가 납입보험료를 한도까지 모두 납입하면서 20년을 꼬박 채웠다. 세 사람이 모두 20년 동안 보험료를 납입했지만 그 과정은 각기 달랐다. 이들이 가입한 상품 중 적립금 기준이 아닌 단순히 투자수익률만 놓고 따질 때 누가 수익률이 제일 높을까?

▶ 정답은 B이다. 그다음은 C이고, A의 펀드수익률이 가장 적게 발생한다.

위 예시 조건과 같이 D, E, F 세 사람이 기본보험료를 매월 100만 원씩 납입했는데 납입기간만 달랐다. D는 10년 동안, E는 20년 동안, F는 30년 동안 꼬박 납입했다. 이 경우 기본보험료 납입기간 동안은 매년 항상 똑같은 수익률(연환산수익률)이 발생했다면 적립금액 규모를 떠나 단순히 펀드수익률만 놓고 볼 때 누가 30년 후 만기 시점에 실질수익률이 제일 높을까?

▶ 정답은 D이다. 그다음이 E이고, F가 가입한 변액보험의 수익률이 가장 낮게 형성된다.

위 두 문제의 정답을 모두 맞혔는가? 이해가 안 되는 듯 고개를 갸웃거리기도 하고 또 잘 이해했다고 생각하면서 '그래, 앞으로 이렇게 해봐야지' 하고 결심하는 사람도 있을 것이다.

변액보험은 무작정 장기간 납입한다고 수익률이 높아지는 일반

저축성상품이 아니다. 또 돈을 많이 투자한다고 좋은 성과로 귀결되는 투자상품도 아니다. 변액보험은 보험과 투자를 결합한 보험투자상품이라는 점을 명심해야 한다. 자금 여력이 다할 때까지 기본보험료만 납입해 나가는 것은 변액보험 투자의 속성을 모르는 것이다. 위와 같은 결과를 가져오는 이유가 바로 여기에 있다.

첫째, 10년 동안 신계약비를 이연상각함에 따른 비용의 부과 여부에 차이가 있기 때문이다. 미상각 신계약비가 계속 차감되게 되어 10차 연도 이후 펀드로 투입되는 비용의 크기가 달라진다.

둘째, 나이를 먹을수록 증가하는 위험보험료 때문이다. 몇십 년 이상 오래 납입할수록 자연보험료방식을 적용하는 변액보험의 속성상 위험보험료 규모가 매우 커져서 투자수익률 제고에 걸림돌로 작용한다.

셋째, 추가 납입할 경우 기본보험료보다 펀드로 투입되는 금액이 훨씬 많기 때문이다.

넷째, 펀드수수료 후취 규모가 복리식으로 증가하기 때문이다. 비록 적립식펀드보다 수수료가 저렴하지만 20년 내지 30년 이상 계속 납입해 나간다면 변액보험수수료 부과 규모가 가입 초기에는 아주 작지만 이후에는 결코 만만치 않게 발생한다.

G와 H 두 사람이 있다. G는 변액보험을 가입한 뒤 해당 보험사에서 정한 보험료 의무납입기간도 지나고 또 앞으로 납입할 여력

도 별로 없어서 7년 동안만 납입하고는 그 이후 계속 예치해 놓았다가 13년 후인 20년째 되는 해에 찾기로 했다. 그런데 H는 10년 동안 납입한 다음 11년이 경과한 시점부터 보험료 납입을 그만두고 예치해 놓았다. 이 두 사람의 투자수익률을 올리는 모든 조건이 동일하다고 가정했을 때 누가 더 실질수익률이 높을까? 이 경우 또한 해지 시 적립금액의 크기는 제외한다.

▶ **정답은 H이다.**

10년 이하로 유지할 경우 이를 보험료 미납으로 처리하여 월대체보험료가 발생한다. 그 이유는 신계약비 이연상각기간이 10년이고 이에 따라 가입 후 10년 이전에 보험료 납입을 중단하면 신계약비와 더불어 유지비, 수금비 등 부가보험료(사업비)와 위험보험료 그리고 선택특약 부과 시 특약보험료까지 특별계정에 투입된 적립금에서 보험관계비용이 미납 보험료 형식, 즉 월대체보험료로 빠져나가게 되기 때문이다. 월대체보험료로 차감되는 부분은 가입 후 10년 동안은 보험료를 내든 안 내든 특별계정에 돈이 있으면 무조건 차감된다. 특별계정에서 월대체보험료가 빠져나간다는 것은 펀드보유좌수의 감소를 의미하므로 줄어든 펀드보유좌수만큼 수익률이 덜 나게 된다.

즉, G는 보험료 납입을 7차 연도까지만 하여 8차 연도부터 10차 연도 말까지 3년 동안 월대체보험료가 펀드에서 자동으로 빠져나가므로 H보다 그 금액만큼 수익률을 못 올린 것이다. 11차 연도부터는 신계약비 이연상각기간이 끝나기 때문에 월대체보험료 또한 발생하지 않는다. 즉, 펀드(특별계정)에 투입되는 보험료가 많아지게 된다. 따라서 변액보험을 가입하면 반드시 10차 연도 말까지, 즉 11차 연도까지는 기본보험료와 추가 납입보험료를 함께 납입해야 더 많은 투자수익을 올릴 수 있고, 내 돈을 더 안전하게 눈송이처럼 굴려 나갈 수 있다는 점을 유념하면서 변액보험 펀드투자의 길을 가야 한다.

변액보험은 보험투자상품이지만 상품의 기본구조상 정기보험이 아닌 종신보험이다. 저축을 목적으로 상품을 설계했다 해도 종신보험 또는 연금보험과 연계하여 설계되었지 순수저축성보험과 연계하여 설계되지 않았다. 따라서 상속자금으로 자식들에게 물려주기 위해 계속 방치해 두거나 너무 고연령이 되면 위험보험료가 많아져 이를 적립금액으로 모두 다 커버할 수 없는 지경에 이를 수 있다. 그렇게 되면 해약환급금이 매우 적어지고, 결국 해약환급금이 없어져 계약이 자동으로 소멸되는 극한 상황까지 올 수도 있으므로 목적자금을 어느 정도 달성한 적절한 시점에 환매를 적극 모색하는 것이 최상의 재테크 방법이다.

6장

펀드투자 성공 위해 반드시 알아야 할 실천 꿀팁

펀드투자에서 성공하는 길은 두 가지다.
돈을 잃지 않는 것과
돈을 잃지 않도록 원칙을 반드시 지켜나가는 것이다.

– 워런 버핏

펀드수수료 꼼꼼히 따져본 후 가입하라

가성비 높은 양질의 펀드를 선택하라

수수료는 펀드 이익금에서 차감되기 때문에 수수료의 많고 적음이 수익률 제고에 지대한 영향을 미친다. 따라서 펀드 가입 시 가성비, 즉 판매수수료는 저렴하고 수익은 높은 양질의 펀드를 골라야 한다. 반드시 보수체계를 살펴보고 신탁보수와 판매보수, 환매수수료 등 지불되는 보수 수준이 가능한 한 저렴한 펀드를 선택해야 한다.

펀드에 가입하면 맨 처음뿐만 아니라 운용 기간 내내 그리고 결산할 때도 수수료를 내야 한다. 배당금에서도 수수료(운용보수)를 공제한 후 지급한다. 환매할 때는 환매수수료를 내야 한다. 가입한 다음부터 해지하는 그날까지 내가 투자한 돈에서 보수비용이 빠져나간다는 사실을 간과해서는 안 된다.

신탁보수는 펀드 유형별로 많은 차이가 발생하는데 그 기준은 펀드에 투자하는 주식투자 비중이 크면 클수록 투자 비용 또한 정비례하여 늘어난다. 주식형펀드가 제일 높고 인덱스형, 혼합형, 채권형, MMF 순으로 낮아진다.

신탁보수 운용체계를 정확히 알자

투자자들이 펀드에 가입하면서부터 자금을 찾을 때까지 지급하는 펀드비용은 크게 보수와 수수료로 나뉜다. 보수와 수수료는 간접투자를 하는 대가로 지불되는 필수적 경비이다. 보수(Fee)는 펀드가 만들어져 운용되고 청산될 때까지 펀드운용의 대가로 지불되는 모든 비용으로 환매수수료도 포함된다. 수수료는 펀드를 가입할 때 판매에 대한 일을 맡아 처리해 준 데 대한 대가로 판매사(은행, 증권사, 보험사)에 지급하는 비용을 말한다.

비용지불의 부과 시점은 보수는 일반적으로 펀드 순자산총액에 대해 연단위 퍼센트로 계산하며 일정 기간마다 정기적으로 부과되는 반면 수수료는 일반적으로 1회성 비용으로 지불되는데 이들 보수율 체계와 펀드수수료 부과 방법은 신탁약관에 자세히 명시되어 있다. 또한 투자설명서에도 상세하게 표시되어 있으므로 반드시 살펴본다. 그러나 얼마를 떼는지 정확한 금액은 펀드운용 성과에 따라 매일 다르게 나타나므로 일일이 알기는 어렵다. 현재는 대부분이 둘을 혼용한다.

펀드수수료는 순자산총액 기준으로 매일 공제

펀드수수료는 연간요율로 하며 부과방법은 선취와 후취에 따라 다르다. 수수료는 펀드를 가입할 때 지불하는 선취수수료, 만기 후 돈을 찾을 때 지불하는 후취수수료, 중도환매 때 지불하는 중도환매수수료 등으로 구분한다. 선취수수료와 후취수수료는 판매사 몫이고, 중도환매수수료는 펀드에 남아 있는 기존 가입자들에게 돌아가는 몫이다.

선취수수료 펀드는 가입 당시에 판매수수료를 한꺼번에 내고 2년째부터는 운용수수료만 내도록 되어 있으므로 단기투자자에게는 불리하고 장기투자자에게는 유리하다. 반대로 후취수수료는 연간요율로 365일로 나눈 일별 요율을 가입한 이후부터 펀드의 순자산총액에 비례하여 환매하는 그날까지 매일매일 계산하여 공제하므로 점점 공제금액이 커져서 장기투자자에게는 선취수수료보다 훨씬 불리하게 된다.

추가형펀드는 신탁보수를 전일의 순자산총액을 기준으로 하여 매일매일 공제하지만 단위형펀드는 결산일 및 중간결산일에 일괄

공제한다. 대부분 적립식펀드가 추가형펀드이므로 가입하려는 펀드 또한 매일매일 신탁보수를 공제한다고 생각하면 된다.

순자산총액

순자산총액(Net Asset Value)이란 펀드의 시장가격에서 부채를 뺀 금액(펀드의 시가총액)을 말하며, 자산총액에서 신탁보수와 같은 미지급된 부채총액을 공제하고 유가증권평가손익을 가감하여 산출한다.

보수비용의 지급대상은 모두 다르다

펀드를 가입하면 신탁보수 및 수수료 명목으로 판매보수와 운용보수, 수탁보수, 평가보수, 환매수수료, 기타수수료 총 일곱 가지 비용을 지불하게 된다. 펀드를 운용하는 자산운용사에 지불되는 운용보수(운용수수료)와 은행 등 펀드자산을 보관해 주는 펀드관리사에 지불되는 수탁보수(수탁수수료)가 넓은 의미의 신탁보수이다.

신탁보수의 경우 70%는 판매사인 은행이나 증권사 또는 보험사, 나머지 30%는 펀드운용사 몫으로 나뉜다. 운용보수(운용수수료)는 펀드를 운용하는 투신운용사 또는 자산운용사가 펀드를 운용해 준 대가로 받는 수수료이다. 판매보수(판매수수료)는 은행, 증권, 보험사 등 투자자들을 직접 상대하는 판매사가 투자와 관련된 정보제공, 결제서비스 등의 대가로 받는 수수료이다. 증권사, 은행, 보험 등 판매사에 지불되는 판매보수가 바로 수수료 개념이다. 그래서 일반적으로 판매수수료라고 불린다.

대행수수료가 있는데 이는 같은 판매회사가 판매가 끝난 뒤에도 투자자를 대신해서 펀드를 보관·관리해 주는 대가로 받는 수수료로 판매수수료에 포함해서 한꺼번에 징수하는 경우도 있다. 수탁보수(보관수수료)는 펀드가 투자하는 주식이나 채권, 현금 등 펀드의 자산을 보관·관리해 주는 대가로 은행 등 자산보관회사가 받는 비용이다. 펀드 판매사는 금융사고를 방지하기 위해 투자자가 맡긴 돈을 직접 보관하지 않고 은행 등 공신력 있는 금융기관에 맡겨둔다. 사무관리보수는 매일매일 펀드의 기준가격 계산 및 가치 산정, 운용보고서 작성 등 일반 업무에 드는 비용으로 사무관리회사에 지급한다. 그리고 평가보수는 펀드평가회사에 지급하는 비용이다.

환매수수료는 가입 기간에 환매할 때, 즉 만기 이전에 돈을 찾을 때 지불하는 비용을 말하는데 이는 수익률 제고에 변수로 작용하므로 별도로 설명한다. 기타수수료는 펀드매니저가 시장 상황에 따라 편입된 주식을 매매하는 데 드는 비용과 펀드의 소송비용, 운용사에서 펀드운용을 위한 총회 등을 개최하였을 경우 들어가는 제반 비용 등을 말한다. 만약 펀드매니저가 해당 펀드 내의 주식 종목에 대해 단타 매매를 수시로 하게 되면 기타수수료 부담은 그에 비례하여 커지게 된다. 이외에 주식매매 시 지불되는 증권거래세, 수익증권을 증권예탁결제원에 예탁할 때 드는 결제수수료 등이 있다.

이런 다양한 보수가 수익률 제고에 많은 영향을 미치게 된다. 보수율과 수익률의 관계에 일정한 룰은 없다. 즉, 보수가 높은 상품이 수익도 무조건 높다고 할 수는 없다. 단지 보수율과 해당 펀드의 리스크 크기는 어느 정도 정비례한다.

펀드변경은 반드시 전문가와 상의한 후 실시

펀드변경은 절대 감으로 하지 마라

펀드변경은 수익을 조금이라도 더 올리고 투자종목의 변동성에 따른 손실을 다소라도 줄여 나가기 위해 실시하는 투자전략이다.

펀드수익률을 지속적으로 자신이 원하는 방향으로 유리하게 이끌기 위해서는 주가상승기에는 주식형펀드로, 하락기에는 채권형펀드로 갈아타야 한다는 것은 당연한 일인데 문제는 그 시점을 어떻게 정확히 포착하느냐 하는 것이다.

주가 하락(저점)과 상승기(고점)의 초입이 어느 시점인지를 예측할 줄 아는 능력이 필요한데 비전문가는 이 시기를 놓쳐 자칫 수익률을 오히려 떨어지게 만드는 우를 범할 수 있다.

주가나 채권가격 등은 여러 가지 변수가 복잡하게 반영되므로 이를 정확히 예측하는 일은 매우 어렵다. 펀드투자에서 시장의 흐름을 예측하여 매매하겠다는 마켓타이밍(Market Timing)은 애널리스트나 펀드매니저 등 전문가들도 매우 어려운 문제로 여긴다.

따라서 스스로 펀드를 변경하기 힘들 때는 전문가의 도움을 받고 결정하는 것이 바람직하다. 대부분 보험사에서는 펀드 관련 자격보유자가 자산배분 전략 등 펀드변경 의사결정에 필요한 정보를 위주로 가입자에게 상담과 자문을 전용 콜센터를 통해 제공하는 펀드 주치의제도를 운영하므로 사전에 확인하고 이를 적극 활용한다.

펀드변경 시에는 투자의 귀재인 워런 버핏이 말했듯이 'Buy Low Sell High'라는 주식투자의 기본 원칙이 적용됨을 명심해야 한다. 늘 경제 트렌드의 변화와 주식시장의 흐름을 주의 깊게 분석하면서 변경 시점을 적기에 포착하고 변경 종목을 잘 선택하여 리밸런싱 효과를 극대화하기 위해 노력해야 한다.

펀드변경 잘못하면 오히려 수익률 저하 초래

변액보험은 펀드종목의 변경과 추가 납입 시점의 변경, 약관대출 상환 시점의 변경 등을 통해 마켓타이밍을 할 수 있다. 그런데 변액보험의 펀드를 변경할 경우 명심할 것은 특별계정 펀드의 변경은 현재 펀드에서 보유하고 있는 주식을 처분하는 것이므로 증권거래세가 붙는다는 사실이다. 펀드변경을 많이 하면 할수록 매매회전율이 높아지고 이에 따라 비례하여 증권거래세를 물어야 하므로 펀드 변경으로 수익률을 올리는 폭보다는 증권거래세로 빠져나가는 돈이 자칫 더 많아질 수도 있다. 증권거래세는 매도 시에만 거래 약정대금(양도가액)에 대해 세금이 발생하는데 부과방식은 종목합산방식이 아닌 체결건수방식이다.

즉, 매도 종목에 대한 일괄과세가 아닌 매도 시 체결건수에 대해 부과한다. 체결권별 방식은 원단위 이하는 절사하기 때문에 종목합산 방식에 비해 거래세가 소폭 줄어드는 효과가 있다. 단, 조세특례제한법의 적용을 받는 펀드는 증권거래세가 붙지 않는다. 또한 변액보험상품에 따라서는 펀드를 변경할 경우 수수료를 공제하는 보험사도 있으므로 이를 잘 살펴본다.

증권거래세

증권거래세는 주식의 소유권이 유상으로 이전되는 경우 해당 주식의 양도자에게 양도가액을 기준으로 부과하는 세금을 말한다. 현재 증권거래세는 주식을 팔 때 종목별로 차등 부과하는데 코스피 종목은 0.08%, 코스닥 종목은 0.23%, 코넥스 종목은 0.1%, 비상장주식 및 장외거래 종목은 0.43%이다.

펀드 가입 시 꼭 확인해야 할 핵심 요소 14

1. 투자 성향과 잘 맞는 상품을 선택한다

펀드 선택에서 가장 중요한 요소는 투자자의 성향이다. 가입목적, 투자금액, 가입 기간 등이 자신의 투자 성향과 부합되어야 한다. 즉, 해당 상품과 궁합이 잘 맞아야 한다.

2. 자신이 원하는 펀드종목을 최적화하여 선정한다

안정적인 펀드인지, 공격적인 펀드인지, 언제까지 가입할지 등을 확실하게 정한 후 그에 부합하는 펀드를 찾는다. 주식, 채권, MMF 등 유가증권에 투자하는 전통형 펀드만이 아닌 파생형 펀드들도 살펴본다.

3. 상품 내용을 속속들이 파헤친다

펀드를 대충 훑어보고 가입하면 주관적 의견이 부족한 상황에서 가입하게 되어 불완전판매의 원인이 되고, 이는 유지하는 동안 불만족의 근원이 된다. 설령 판매자가 설명의무를 위반했다 하더라도 펀드판매회사에 손해배상을 청구할 수 없다는 금융감독원 분쟁조정위원회의 분쟁조정 결과도 있듯이, 투자상품은 어디까지나 본인의 귀책사유가 더 많이 적용되므로 자로 재듯 무조건 꼼꼼하게 확인하고 난 후 결정한다.

4. 추적지수보다 더 높은 수익률을 올리는지 추이를 보고 선택한다

펀드수익률의 비교 잣대인 벤치마크 대상을 확인한다. 주식배분비율이 높은 펀드는 해당 펀드종목이 추구하는 목표가 있다. 펀드는 목표로 하는 기대수익률, 즉 추적지수가 있는데 그 지수보다 더 높은 수익률을 올려야 한다.

주식형, 인덱스형, 혼합형, 배당주형은 KOSPI 또는 KOSPI200을, 해외펀드는 미국형의 경우 S&P500 추적지수를, 일본형은 TOPIX 지수를 추종하도록 설계·운용하므로 이를 잘 살펴보면 앞으로 성장 가능성도 나름대로 판단할 수 있다. 지수와 추적오차를 판단하려면 펀드운용 기간이 최소 1년은 경과해야 하므로 갓 출시된 펀드 가입은 가급적 지양하는 것이 바람직하다.

5. 가입할 펀드에 대한 독립변수와 종속변수를 확인한다

판매사(변액보험의 경우에는 매우 중요하다), 운용사, 해당 상품의 투자

수익률 현황, 투자위험도, 지출비용 규모, 자산 보유 내역, 펀드매니저, 펀드판매관리사 등을 먼저 살펴본다. 특히 투자한도가 주식, 채권, 파생상품, 실물(특별)자산별로 어떻게 비율이 조성되어 운용되는지를 해당 신탁약관을 받아보고 확인한다.

6. 투자 리스크가 발생할 개연성도 염두에 둔다

변액보험은 보장성과 수익성을 모두 겸비하면서 화폐의 실질가치 하락에도 대비할 수 있지만 투자 리스크도 있음을 반드시 알고 가입한다.

투자실적이 좋을 때는 사망보험금과 해약환급금이 증가하지만 투자실적이 악화될 때는 해약 시 원금 이하의 손실을 초래할 수도 있는 전형적인 'Middle Risk Middle Return'형 실적배당형 상품이다. 투자 결과는 전적으로 계약자가 책임지는 자기책임원칙이 따름을 명심한다.

7. 펀드잔존좌수가 지속적으로 증가하는지 확인한다

해당 해지좌수가 많은 펀드는 펀드 수명이 다했든지 아니면 다른 이유로 부실하게 운영되는 징조이므로 수익을 많이 내도 신중히 검토한 후 가입을 결정한다. 간혹 정책적으로 판매중지를 한 경우에는 예외이다(사후 리스크의 미연 방지 차원에서 변액유니버설보험 적립형을 판매중지한 경우 등).

8. 펀드수수료 부과 방법과 그 규모를 확인한다

펀드를 가입하기 전에 먼저 펀드 평가금액에 비례하여 매일 자동으로 차감하는 신탁보수, 즉 펀드수수료 운용체계를 확실하게 살펴본다. 펀드수수료 부과 규모가 크면 클수록 펀드에 투입되는 자산이 그만큼 적어지기 때문에 투자수익률 또한 적어진다.

적립식펀드에 장기투자할 경우에는 투자 기간이 길어짐에 따라 수수료 부담도 만만치 않은 만큼 반드시 수수료 체계를 확인해야 조금이라도 더 수익률을 올릴 수 있다. 따라서 같은 운용수익률을 낸다면 당연히 펀드수수료가 낮은 상품을 선택한다.

9. 투자설명서의 궁금한 사항은 모두 질문해 이해한다

판매사가 펀드를 판매할 때 투자자에게 가입을 권유하며 제공하는 투자설명서에는 펀드의 운용 개념과 방법, 투자위험, 자산운용 전문인력(펀드매니저), 운용실적 등 해당 펀드상품에 대한 전반적인 사항이 자세하게 기재되어 있다. 투자설명서는 자본시장통합법에 따라 의무적으로 작성하여 투자자에게 제공하도록 명시하였으므로 매우 중요한 사전 확인 자료이다. 즉, 상품의 제품설명서와 마찬가지이므로 판매원이 지루해한다 싶을 정도로 꼼꼼하게 살펴본다. 궁금한 것은 그 자리에서 즉시 물어보고, 그래도 이해되지 않는 것은 투자설명서를 집으로 갖고 와 파악해 보면서 차후 질문으로 확인하는 습관을 들여야 한다.

10. 판매사와 판매위탁기관 모두 중요하므로 잘 살펴본다

적립식펀드는 실적배당형의 중장기투자상품이므로 무엇보다 이를 판매하는 판매사와 펀드를 운용하는 운용사의 능력이 선결조건이다. 특히 사후관리를 확실하게 받으려면 랩어카운트(Wrap Account) 방식의 일환으로 하여 자신의 자산에 대해 종합적으로 관리와 형성에 도움을 줄 판매사를 주거래기관으로 선정하여 VIP 대접을 받는 것도 고려해 볼 만하다.

변액보험은 일반보험과 달리 보험료 중 펀드에 투자되는 저축보험료 부분은 특별계정으로 운용한다. 이때 특별계정 부분은 안전성을 고려하여 조성한 펀드를 다른 금융기관에 위탁하여 간접투자하도록 되어 있다. 따라서 보험사 선택도 중요하지만 해당사가 펀드운용, 즉 간접투자를 어느 금융기관에 위탁하는지도 매우 중요하다. 위탁기관이 튼튼하고 안정성이 보장되어야 설령 보험회사가 잘못되어도 이에 대한 불안감을 상쇄할 수 있다. 가입하고자 하는 보험회사뿐만 아니라 보험료를 투자·운용하는 간접투자기관, 즉 위탁기관이 어디인지를 반드시 알아본 후 변액보험을 가입한다.

랩어카운트

랩어카운트(Wrap Account)는 고객의 자산규모와 투자 성향, 위험수용도 등을 파악하여 예탁한 재산에 대해 자산구성부터 운용 및 투자자문까지 통상적으로 관리해 주는 개인별 종합금융서비스를 말한다.

11. 제약조건과 부가서비스 여부를 꼼꼼히 살핀다

투자수익률을 올리는 데 디딤돌이 되는 시스템 구축 여부와 걸림돌이 되는 제반 요소를 파악한다. 변액보험은 다른 보험상품과 상호 결합되어 설계되므로 판매하는 회사에 따라 상품 구성 방법이 매우 다양하다. 펀드 형태는 어떠하고 종류는 얼마나 되는지, 보험료 추가 납입을 얼마나 많이 할 수 있는지, 자산운용옵션제도는 어떠한지, 리스크 장치는 마련되어 있는지, 부가서비스제도로는 무엇이 있는지, 어떠한 특약이 있는지 등을 꼼꼼히 비교해 본다.

12. 의무납입기간이 언제까지인지 살펴본다

변액보험의 경우 펀드기준가 적용일은 경과 기간 및 납입 시기에 따라 다소 차이가 있다. 가입 후 2년 이내에는 기본보험료의 경우 보험료 납입 응당일 기준가를 반영하고, 응당일 이후 보험료를 납입한 경우에는 납입일을 기준으로 기준가를 반영, 펀드좌수를 산정한다. 가입한 지 2년 이후에는 납입일을 기준으로 기준가를 반영하여 펀드좌수를 산정하는데 이는 기본보험료 의무납입기간과 관련성이 있으며 의무납입기간에 따라 펀드기준가 반영 시점이 다른 회사가 많으므로 의무납입기간을 꼭 살펴본다.

13. 펀드매니저의 권한 범위와 운용 스타일을 알아본다

펀드매니저의 책임과 권한은 펀드 선택에 매우 중요한 요소이다.

자신의 역량을 최고로 발휘할 수 있는 여건이 조성되었는지 또는 운용하는 펀드가 완전히 정착될 때까지 책임지고 이끌어 나갈 수 있는 시스템이 구축되었는지, 팀별로 운용하는지, 그 경우 전문인력의 분포는 어떻게 구성되어 있는지 등을 살펴본다.

14. 믿고 맡길 수 있는 전문가를 만난다

간접투자상품인 펀드는 말 그대로 자신이 직접 금융상품에 투자하는 것이 아닌 전문가에게 투자를 일임하는 것이다. 따라서 신중하고 성실하게 자산 포트폴리오와 펀드종목을 최적으로 설계해 주는 신뢰할 만한 전문가를 만나는 것이 제일 중요하다. 특히 만기 또는 목적자금을 달성하는 시점까지 펀드 변동성에 대해 올바로 컨설팅해 주는 믿고 맡길 수 있는 전문가와 장기적으로 재무적 동반자 관계를 유지한다. 변액보험은 변액보험판매관리사의 컨설팅 능력 및 사후관리의 지속 실시 여부가 매우 중요한 선택요인이 된다.

펀드 가입 후 효율적인 수익관리 비법 꿀팁 11

펀드를 가입했다고 투자가 끝난 것은 아니다. 펀드운용 결과와 환매 시점에 따라 투자수익률의 변화가 다양하게 표출되므로 펀드 케어를 지속적으로 해나가는 사후관리가 중요하다. 펀드운용 관리는 운용사의 펀드매니저가 하지만 그들은 개개인의 펀드가 아닌 전체 운용자산에 대한 수익관리를 하므로 개별 펀드에 관한 수익관리는 개별 투자자가 해야 한다. 특히 목적 기간 내에 목표수익률이 어느 정도 달성되면 환매를 언제 어떤 방법으로 하느냐가 중요한 투자전략이다.

좋은 펀드를 선택하는 것도 중요하지만 이에 못지않게 가입한 펀드를 잘 관리하여 조금이라도 리스크를 헤지해 나가면서 적기에 환매하여 수익을 가시화하는 것이 더 중요하다. 즉 펀드 내공이 쌓여야 불안하지 않다.

1. 환매할 때까지 관심을 갖고 지켜본다

일단 투자했으면 면밀한 관찰과 노력을 기울이는 성의가 필요하다. '운용사가 잘 알아서 하겠지' 하고 맡기기만 하면 안 된다. 환매 시점의 펀드 가격이 최종 수익을 결정함을 명심하고 펀드를 가입한 후에는 판매사나 운용사에 무조건 일임하지 말고 늘 관심을 갖고 지켜본다.

2. 펀드에 대해 공부하면서 준전문가가 되도록 노력한다

펀드투자 성공의 지름길은 우선 사후관리에 필요한 정보를 샅샅이 훑어 나가는 것이다. 매우 복잡해 보이는 펀드의 자산운용옵션 방식에 대한 기본적인 사항과 수익률을 좀더 올릴 비법을 전반적으로 이해한다. 주간 시세를 보고 펀드가 목표수익률에 접근했을 때 자신의 펀드가 얼마나 수익을 실현하는지 직접 계산하는 노력도 필요하다.

투자수익률 계산방법

- 펀드기준가를 갖고 계산하는 방법
  투자수익률 = (현재 시점에서의 펀드기준가격/맨 처음 펀드 가입 시 기준가격 – 1) × 100(%)
- 펀드평가액을 갖고 계산하는 방법
  투자수익률 = (현재 시점에서의 펀드평가액/총투자자금(총납입금액) – 1) × 100(%)

3. 펀드운용실적을 확인할 수 있는 소스를 찾는다

펀드 실적을 확인할 수 있는 소스를 찾아 관련 정보를 샅샅이 뒤져보는 습관이 필요하다. 가입한 펀드에 대한 세부적인 관련 정보는 자산운용협회, 생명보험협회, 은행, 증권사, 보험사 홈페이지, 포털사이트의 펀드 코너, 펀드평가회사 홈페이지 등에서 펀드수익률 등을 통해 확인할 수 있다. 또한 매 분기 투자자에게 제공되는 자산운용보고서에서 제반 내용을 확인할 수 있다. 변액보험은 보험회사에서 반기별로 제공하는 보험계약 변동내용을 보면 좀더 상세히 펀드운용실적을 알 수 있다. 더 궁금한 사항은 운용사에서 결산기마다 작성하는 대차대조표와 손익계산서에서 확인할 수도 있다.

4. 정기적으로 펀드 실적을 꼼꼼하게 살펴본다

펀드 가입 후 가장 먼저 체크할 것은 펀드의 수익률이다. 수익률이 얼마나 되고 어떻게 변하는지, 가입한 펀드가 투자설명서대로 잘 운용되는지, 어떤 자산이 편입되어 있고 성과는 어떠한지 등 최소한 매월 한 번 정도는 스스로 점검해 본다. 정기적으로 펀드 실적을 살펴보며 수익률 제고를 위한 적극성을 보인다. 수익증권통장을 매월 체크해 펀드기준가와 보유좌수의 변화 추이를 확인하고 펀드운용보고서를 보면서 펀드수익률의 변화 추이를 눈여겨 관찰한다. 특히 펀드 설정 규모(자산총액)가 어떻게 변하였는지 주의 깊게 본다. 펀드설정액이 지속적으로 증가한다면 청신호이고, 갑자기 줄어들었다면 적신호라 할 수 있다.

운용보고서에 명시된 수익률은 현재 시점이 아닌 1개월 전 투자자들의 평균수익률로서 개개인의 펀드수익률과는 차이가 있다는 것도 알고 살펴본다. 또한 투자자들에게 일반적으로 반기별 1회 이상 제공해 주는 보험계약관리(변동) 내용을 꼼꼼하게 살펴본다. 해당사 홈페이지에서 계약자가 수시로 계약 변동 내역도 확인할 수 있다.

5. 수익률 제고를 위한 실천방법을 모색한다

주가가 하락하면 그로 인한 손실을 피할 수 없다. 당초 전망과 달리 가입한 펀드의 수익률이 저조할 경우 하락의 원인이 되는 선행요인을 찾아 미연에 방지하도록 노력한다. 영업점 상담직원 또는 필요시에는 펀드매니저와 상담하는 등 적극적인 자세를 보여야 한다. 만약 6개월 이상 성과가 저조할 때는 펀드 교체 혹은 환매를 신중히 고려해 볼 필요가 있다. 이때 펀드수익률이 저조한 이유를 판매사에 알아본다. 판매사는 단순히 펀드를 판매만 하는 곳이 아니라 펀드가 어떻게 운용되는지 모니터링해 줄 의무가 있음을 유의한다.

6. 비슷한 유형의 펀드와 세밀하게 비교한다

벤치마크 대비 수익률을 확인하여 비슷한 유형의 펀드와 비교할 때 동일한 운용 기간 중 펀드 실적이 어떻게 나오는지 반드시 점검한다. 주식형펀드의 경우 현재 어떤 주식을 보유하고 있고 어느 시점에 어떤 주식을 어떻게 매매했는지 파악한다. 주식매매 현황과 매매회전율도 살펴본다. 매매회전율이 높은 것은 시장 상황에 대응하여 적극적으로 투자하고 있다는 긍정적인 면과 함께 해당 펀드가 보유한 종목이 제대로 운용이 안 돼 잦은 매매에 따른 거래비용 발생으로 펀드수익률에 악영향을 주게 됨으로써 다른 주식으로 갈아타는 부정적인 양면성이 있다.

7. 펀드운용 방향이 바뀔 경우 반드시 이를 확인한다

펀드는 신탁약관에 따라 운용되는 게 기본이지만 때로는 운용사가 신탁약관의 변경공시를 통해 운용 방법을 일방적으로 변경할 수도 있으므로 가입 후 약관 또는 투자설명서 변경공시가 자신에게 이로운 방향으로 바뀌었는지 주의 깊게 살펴본다. 신탁약관 변경 시에는 판매사 또는 운용사 영업점에 1개월 이상 공시하므로 평소 늘 자기 펀드에 신경 쓰는 습관을 갖도록 한다. 만약 신탁약관 변경에 대해 공시일로부터 1개월 이내에, 즉 이의신청기간 내에 판매사에 이의신청을 제출하고 펀드 환매를 청구한 경우에는 만기 시점이 아니더라도 환매수수료를 징수하지 않는다는 점도 알아둔다.

8. 지속적인 납입 시 가계운용자산 포트폴리오를 점검한다

재조정이 가능한 상태로 포트폴리오를 구축한다. 가입한 펀드의 적립금이 많이 증가했으면 가계금융자산의 효율적 관리 차원에서 포트폴리오의 재조정도 필요하다. 현재 시점에서 판단할 때 전체 금융자산에서 펀드투자의 비중이 매우 높으면 자산형성과 관리 차원에서 안분비례에 입각해 투자 비중을 조절하려는 포트폴리오 수정전략도 재무설계 완성 차원에서 세워나간다.

9. 제공해 주는 모든 자료는 잘 파악하고 반드시 보관한다

가입 시 제공해 주는 가입설계서, 신탁약관과 수탁보고서, 수익증권통장(보험증권통장), 계약 변동사항을 반기별로 알려주는 계약안내장, 매 분기 결산 후 제공하는 자산운용보고서, 매년 결산 후 제공하는 결산안내서 등은 반드시 받아 확인한다. 이런 자료들은 차후 펀드운용실적 체크 및 증빙자료 차원에서 필요하다. 특히 변액보험은 나중에 클레임이 발생할 것을 염두에 두고 모든 보험가입 안내자료를 보관하는 것이 만약의 경우에 대비하는 최선의 방책이다. 보험약관, 운용설명서, 가입자보관용 청약서, 신탁약관, 주요 내용 안내확인서, 상품설계서 등은 꼭 전달받아 확인하고 잘 보관한다.

보험사에서 분기 또는 반기별로 제공하는 '적립금 변동내역 안내장'은 가입자 개개인의 펀드(특별계정) 보유내역을 확인할 수 있는 유일한 자료이므로 꼭 보관하면서 자신의 펀드 실적을 확인한다.

이 안내장에는 보험료 납입 횟수와 납입보험료 합계, 보험계약대출 금액, 현시점에서의 해약환급금 규모 등 보험가입 세부 내역뿐만 아니라 기간 중 계약자 적립금 및 사망보험금 변동 내역과 현시점에서 특별계정 보유좌수, 펀드별 기준가 및 특별계정 운용 현황 등이 자세히 게재되어 있다. 이를 보고 궁금한 사항은 해당사 콜센터에 확인하여 이해한다. 보험계약대출 또는 중도자금인출 등으로 적립금에서 자금을 일부 활용했을 경우에는 특별계정 보유좌수가 어떻게 변했는지도 확인한다.

10. 투자 로드맵을 설정하여 지속적으로 위험도를 관리한다

어떻게 위험관리를 해나갈지에 대한 뚜렷한 로드맵을 설정해 놓고 그에 따른 위험관리 방법을 터득해 나간다. 펀드변동성이 심하여 투자수익률곡선의 평탄화가 지속될 기미가 보인다면 자산운용옵션을 활용해 리스크를 회피하려는 능동적인 결단이 필요하다. 어떻게 수익률이 변화하는지 또는 위험요소는 없는지 등을 지속적으로 관찰하여 목적자금 마련에 차질이 발생하지 않도록 한다.

11. 정확히 진단한 후 과감히 리모델링한다

가입한 펀드수익률이 벤치마크 초과수익률을 지속적으로 낸다면 좋은 징조이다. 그러나 추적지수보다 하향 추세를 면치 못하는 수익률 곡선이 이어진다면 심각한 문제이다. 가입한 이후 현재 시점까지 투자수익률과 설정액 등을 따져본 후 앞으로 만회할 조짐이 보이지 않는다면 과감히 다른 펀드로 갈아타는 문제를 깊이 검토해 본다. 실기하면 자칫 더 손해 볼 수 있다. 조금 잃은 것이 더 많은 이익이 되어 돌아올 수 있다는 것이 투자의 생리임을 알고 빠져나올 때를 잘 포착하면서 지속적으로 관심을 갖고 현명하게 대처한다.

펀드기준가 설정 방법과 변화 추이를 파악하라

펀드기준가 설정 방법을 파악하라

펀드의 좌수는 펀드(변액보험은 특별계정) 설정 시 1원을 1좌로 하며 그 이후에는 매일(영업일 기준) 좌당 기준가격에 따라 좌 단위로 펀드로 이체 또는 인출된다. 펀드기준가는 투자자산의 가치를 나타내는 기준으로 해당 펀드 당일의 수익증권가격(특별계정 기준가격)을 말하며 영업일 기준으로 전날까지의 펀드운용 결과가 반영된 펀드 순자산가치이다. 현시점에서 가입한 펀드의 실제 가치를 의미하는 것으로 주식의 가격과 같은 개념이지만, 주가와 같이 수시로 바뀌는 것이 아니라 영업일 기준으로 매일 반영된다.

펀드의 좌당 기준가격은 최초 판매개시일(펀드설정일)에는 1,000좌당 1,000원을 기본으로 한다(100만 원으로 펀드기준가격이 1,000원인 펀드를 매입했다면 펀드매입좌수는 100만 좌수가 된다). 펀드 설정 이후 매월 정기적으로 펀드를 매입할 경우 운용실적이 반영되면서 매일 산정되는 좌당 기준가격에 따라 좌수 단위로 펀드기준가가 새롭게 형성된다. 즉, 펀드 개설 이후 펀드기준가격은 신청 직전 영업일의 대차대조표상에 계상된 수익증권의 자산총액에서 부채총액을 차감한 금액인 순자산(NAV, net asset value)총액을 직전일의 수익증권 총좌수로 나누어 산출(당일 펀드의 순자산가치/펀드의 총좌수)하며, 1,000좌 단위로 원 미만 셋째 자리에서 사사오입하여 원 미만 둘째 자리까지 계산한다.

펀드기준가격은 펀드 내 투자종목인 주식, 채권, 파생상품, 실물자산 등 매입종목의 가격 변동에 따라 매일 변한다. 펀드기준가격이 높다는 것은 기존 투자자에게는 이미 투자수익이 나고 있음을 의미하고, 반대로 신규 투자자에게는 비싼 값으로 펀드지분을 매입한다는 것을 뜻한다. 즉, 펀드의 기준가격은 맨 처음 펀드투자 시에는 얼마만큼의 좌수를 살 수 있는지를 결정하지만, 투자를 시작한 이후부터는 얼마나 많은 투자수익을 내고 있는지를 정확하게 알려주는 투자지표이다.

펀드보유좌수는 결산 후 기준가 조정 시마다 다르다

한번 매입한 펀드좌수는 돈을 추가입금하거나 인출(또는 대출)하지 않는 한 환매할 때까지 변하지 않는다. 단, 결산할 경우에는 예외이다. 통상 펀드 설정일 이후 1년마다 결산하면서 세금을 제외한 수익금을 펀드투자자들에게 골고루 분배하는데 이때 투자자별로 분배된 수익금만큼 펀드보유좌수가 자동으로 변한다.

이때 펀드기준가를 1,000원으로 조정하여 기준가가 1,000원보다 높을 경우 펀드보유좌수를 늘려주고, 기준가가 1,000원보다 낮을 경우 펀드보유좌수를 줄여서 기준가를 1,000원으로 맞춰 해당 펀드의 연간 세금을 계산하여 정산하고 투자자의 투자이익을 계산한다. 매입금액은 당월 투입금액을, 매입일 기준가는 펀드를 매입한 날짜의 펀드가격을, 매입일 좌수(매수좌수)는 당월 투입금액의 좌수를 말한다.

펀드기준가의 변동성 향방에 따라 투자수익의 규모가 결정되므로 늘 현재 시점에서 펀드보유좌수와 펀드기준가를 살펴봐야 수익이 어느 정도 발생하는지 알 수 있다. 펀드기준가는 운용사가 아닌 사무관리회사가 산정한다. 사무관리회사는 자산운용회사가 운용하는 자산의 순자산가치를 평가하고 각종 기록 등 펀드 관련 일반 사무업무를 처리한다. 펀드기준가 산정은 일반 사무관리회사가 투자신탁, 즉 수익증권(펀드)의 기준가격을 매일 산정하여 자산운용사에 통보하면 자산운용사는 산정된 기준가격을 자사 및 판매사 홈페이지 또는 영업점에 게시하도록 신탁약관에 명문화되어 있다.

투자 가이드

펀드투자 시 현재 수익률 개념

변액보험은 가입 초기에는 해당 적립금액을 환매하더라도 본인에게 모두 귀속되지 않는다. 해약환급금과 실제로 올린 투자수익에 따른 적립금액과는 상당한 차이가 발생하는데 그 이유는 바로 사업비 상각기간의 이연 문제 때문이다. 펀드투자 시 현재 수익률의 개념은 변액보험이나 적립식펀드 모두 최초 펀드 설정일로부터 현재까지 누적수익률을 말한다.

펀드 매입 시기를 잘 선택해야 수익이 난다

펀드수익률을 올리려면 우선 펀드 매입 시기를 잘 선택해야 한다. 펀드기준가 반영일이 언제인지를 살펴보면서 매입하는 것이 중요하다. 펀드는 매일매일 기준가에 따라 수익률이 달라지므로 펀드 매입일의 기준가는 수익률 제고와 밀접한 관련이 있다. 가급적 기준가가 낮은 날 매입하였다가 기준가가 높은 날 환매하는 것이 수익을 내는 데 가장 효과적인 펀드투자의 기본 정석이다.

기준가격은 전날까지의 펀드운용결과가 반영된 펀드 순자산가치를 말하는데 기준가격에 기초해 매입할 수 있는 펀드좌수가 정해지기 때문에 기준가격 얼마로 펀드에 가입하고 지속적으로 매월 매입해 나가느냐에 따라 펀드수익률이 달라진다. 펀드 매입 신청일은 펀드투자금액 입금일과 동일한 날짜이다.

주식편입비율이 50% 이상인 펀드 매입 시

주식형펀드는 주식편입비율 및 매입 시점에 따라 기준가격이 달라진다. 주식편입비율(약관상 최대 주식편입비율)이 50% 이상인 펀드에 가입할 경우 15시 정각을 기준으로 하여 15시 이전에 입금할 경우에는 입금신청일로부터 제1영업일을 기준으로 기준가를 반영한다. 즉, 주식시장 마감시간인 15시까지는 가입한 날의 종가를 기준으로 다음 날 공표되는 기준가격으로 펀드를 매입한다.

15시 이전에 펀드를 매입하면 매입 신청 당일 주식시장의 결과가 반영된 익일 기준가로 반영되기 때문에 가급적 신청일 당일 기준가가 낮은 날, 즉 주식시장이 하락한 날 신청하면 펀드기준가가 낮아지므로 더 많은 좌수를 매입할 수 있어 수익률 제고에 유리하다.

15시 이후 가입하면 이틀 후 기준가격이 적용된다. 펀드를 가입한 이후의 펀드 매입 또한 15시 이후 매입 신청 시 신청일 다음 다

펀드 매입 시점에 따른 기준가 적용 시기

구분	시간대	펀드 매입	제1영업일	제2영업일	비고
주식편입비율 50% 이상 시	09:30~15:00	신청일 (가입일 또는 매입금액 입금일)	기준가 적용 (매입좌수 확정)	-	공휴일 제외
	15:00~17:00		-	기준가 적용 (매입좌수 확정)	
주식편입비율 50% 미만 시	09:30~17:00		기준가 적용 (매입좌수 확정)	-	채권형펀드, MMF 포함

음 날(제2영업일)의 기준가로 반영되어 이루어진다.

주식편입비율이 50% 미만인 펀드 매입 시

주식편입비율이 50% 미만인 펀드를 매입할 경우에는 입금신청일로부터 제1영업일 17시 정각을 기준으로 기준가를 반영한다. 즉, 17시 이전 매입하면 다음 날 기준가격이 적용된다. 17시 이후 매입할 때는 이틀 뒤의 기준가격이 적용되지만 판매사의 영업시간이 지나 대부분 가입 자체가 되지 않으므로 잘 살펴본다.

따라서 가급적 기준가가 낮은 시점에 펀드를 매입하는 것이 유리하므로 15시 이전에 주가가 가장 낮을 때를 포착하여 15시 이후에 가입하는 것이 바람직하다. 가입 시점에서 주가의 고저 문제를 판단하는 것은 투자자의 주관적인 기준이므로 전문가의 도움을 구해 신중히 선택한다.

투자 가이드

펀드자산의 평가 및 운용 방법

펀드의 자산은 원칙적으로 시가법에 따라 평가하여 펀드별로 구분 적용한다. 펀드자산의 평가 및 운용은 자본시장통합법 등에서 정한 방법에 따른다. 시가법은 해당 사업연도가 끝나는 날, 현재 그 자산을 취득하는 데 드는 시가에 준하는 공정가액법이다. 즉, 현재 시장에서 거래되는 가격이 시가로서 원가법과 반대되는 자산평가 방법이다.

변액보험은 적립식펀드와 운용 방법이 약간 다르다. 펀드 초기투자자금이 적을 경우 판매사는 특별계정의 원활한 운영을 위하여 일반계정에서 특별계정으로 자금을 이체하여 특별계정을 설정할 수 있는데 이 경우 초기투자자금의 규모는 일반계정 총자산의 1%와 100억 원 중 적은 금액을 최고 한도로 설정하여 운용하고, 그 후 특별계정 자산이 사업연도 말 기준으로 초기투자자금의 200%를 초과하는 경우에는 초기투자자금을 특별계정의 기준가격에 따라 6개월 이내에 일반계정으로 상환하도록 약관 등 관련법에 명시되어 있다.

자산운용보고서에서 확인해야 할 주요 사항 10

자산운용보고서는 펀드의 운영 형태와 결과를 설명하는 보고서로 펀드 실적을 보여주는 바로미터와 같다. 가입한 적립식펀드와 변액보험에 대한 궁금한 사항이나 관련 지식의 습득은 펀드 실적의 거울과도 같은 자산운용보고서에 기재되어 있는 내용을 완전히 이해하면 알 수 있다.

자산운용보고서는 자본시장통합법(제88조 자산운용보고서의 교부)에 따라 펀드를 운용하는 자산운용회사가 작성한 후 펀드자금을 관리하는 수탁관리회사의 확인을 얻은 뒤 맨 처음 판매하고 투자자로부터 매월 납입금액을 받으면서 계약의 유지·관리를 맡은 판매사를 통해 가입자들에게 제공된다. 자산운용보고서에는 자신이 가입한 펀드의 최근 3개월간 발생한 모든 내용이 속속들이 기재되어 있다. 현재 실적뿐만 아니라 앞으로 투자흐름도 어느 정도는 가늠해 볼 수 있는 소중한 자료이다. 이를 통해 투자자가 맡긴 돈이 어떻게 운용되고 어떤 실적을 창출해 내는지 자세히 알 수 있다.

1. 자산보유 및 운용 현황을 잘 살펴본다

투자주식의 종목별 보유수량과 취득가격, 평가액, 평가손익을 보고 건전성 여부를 판단한다. 투자대상 채권의 액면가액과 평가액, 보증기간, 신용등급, 발행일과 상환일 등을 살펴보면 자산보유 및 운용 현황을 통해 가입한 펀드가 어떤 종목을 사고 종목별로 얼마나 수익을 냈는지 일목요연하게 확인할 수 있다. 이때 투자하는 주식종목을 체크하면서 나름대로 해당 종목들의 향후 주가 변화 추이를 예상해 보고 마음에 들지 않으면 적극적으로 해당사에 연락해 궁금증과 의문점을 자세히 알아보는 자세가 필요하다.

2. 펀드잔존좌수의 변화 추이를 살펴본다

펀드운용 성과를 비교하려면 벤치마크 수익률뿐만 아니라 펀드의 설정잔고 추이도 살펴본다. 펀드 설정잔고는 매일매일 변화하는데 자신이 투자한 적립식펀드 설정잔고가 높거나 계속 늘어난다면 운용사에서도 잘 운용될 것이다. 반대로 투자자들이 계속 환매해 설정잔고가 줄어드는 펀드라면 운용사에서도 제대로 운용할 수 없으므로 적정한 수익률을 내기 어렵게 된다. 따라서 펀드의 잔존좌수가 순증해야 한다. 만약 줄어들고 있다면 그 원인을 문의해 알아두는 것이 좋다.

3. 지난 분기의 매매회전율과 비교 분석한다

매매회전율은 펀드운용 기간 중 매도한 주식총액을 같은 기간 중 펀드가 보유한 주식평균가액으로 나눈 비율로 펀드 매수와 매입 수량 및 금액에 따라 산출한다. 매매회전율을 통해 펀드변동성이 얼마나 이루어졌는지 알 수 있다. 전 분기보다 매매회전율이 높은데도 수익률이 답보 상태라면 운용수익을 위해 불가피하게 선택한 주식 매매의 성과가 오히려 투자자에게는 증권거래세 등 불필요한 비용을 추가로 부담시키는 요인으로 작용했을 수 있다. 매매회전율이 높으면 펀드운용비용이 늘어나 투자자에게는 손해가 발생하게 된다.

4. 기간별 펀드운용 성과와 수익구조를 살핀다

기간별 운용 성과는 최근 3개월 동안 수익률의 변화 추이와 더불어 6개월간, 1년간 그리고 펀드설정일 이후 누적수익률과 연환산 수익률 등을 분석해 보여준다. 이를 통해 현재 펀드의 투자수익률이 지난 분기와 대조해 볼 때 어떻게 변하였는지 한눈에 파악할 수 있어 펀드관리 시 매우 유리하다. 만약 기간별 운용 성과에 심한 편차를 보인다면 문제가 있는 펀드라 볼 수 있으므로 그 원인이 무엇인지 해당사에 문의하여 점검해 볼 필요가 있다. 운용보고서의 투자수익률은 1개월 전부터 그 앞전 3개월 이전 치이므로 최근 발생한 펀드투자수익률을 알아보고 싶다면 해당사에 직접 문의한다.

5. 펀드의 손익구조 현황을 살펴본다

손익 현황은 펀드가 보유하는 자산에 대해 투자항목별로 평가손익과 처분손익에 대해 자세히 명시하고 있다. 이를 통해 지난 3개월간 펀드 손익 및 보유하는 자산의 평가손익분과 매매를 통한 손익 규모를 파악할 수 있다. 주식과 채권 등 투자증권을 어떻게 처분하여 손익을 남겼는지를 집중 확인한다. 특히 전 분기 대비 당기 손실을 많이 봤다면 당연히 투자수익률은 지난 분기보다 악화되게 나타날 것이다. 그리고 장내외 파생상품, 부동산, 실물자산, 특별자산, 간접투자증권 등에 얼마나 투자되었고 이는 펀드투자수익에 어떤 영향을 미치는지도 파악하는 학습효과를 누릴 줄 알아야 한다.

6. 벤치마크 수익률의 변화 추이를 확인한다

벤치마크 수익률의 변화 추이를 그래프를 통해 보면서 해당 펀드가 추적하는 지수와 어떤 형태를 띠면서 지난 3개월간 변화했는지 관찰한다. 특히 주식편입비율이 높은 펀드는 KOSPI지수와 비교해 보아야 한다. 벤치마크수익률이 KOSPI지수보다 더 높게 형성되어야만 BM초과수익률이 발생하는 것이므로 이는 매우 중요하다. BM초과수익률이 발생해야만 좋은 펀드라 할 수 있기 때문이다. 벤치마크 수익률이 들쑥날쑥하지 않고 지속적으로 상승곡선을 이어 나가야 안정적이다.

7. 보수지급 현황과 보수비용 비율을 확인한다

보수지급 현황의 전 분기 대비 당기 지급 현황을 통해 펀드가 얼마만큼 평가금액이 늘어났는지 알 수 있다. 펀드수수료(보수지급금액)의 규모가 커져야만 펀드평가금액이 그만큼 커짐을 반증해 준다. 이를 통해 운용보수와 수탁보수, 사무관리보수, 판매보수, 감사보수 등 제반 지출 비용의 비율과 크기를 알 수 있다. 총보수비용비율(TER, Total Expense Ratio)은 펀드에서 반복적으로 지출된 보수 및 비용을 평균잔액으로 나눈 비율이다. 총보수비용비율은 연환산으로 계산하여 기재하는데 해당 펀드의 연평균수수료보다 총보수비용비율이 더 크게 나타난다. 이는 펀드수수료를 제외하고 주식의 매매회전율에 따르는 거래비용이 추가로 더 들어가기 때문이다. 전기비율과 당기 비율을 비교하여 당기 비율이 높게 형성되었다면 그만큼 매매회전율이 높았던 것이다.

8. 운용전문인력 현황을 꼼꼼히 살펴본다

운용전문인력(Registered Fund Manager) 현황 항목에는 해당 펀드의 운용을 총책임지고 있는 펀드매니저들의 약력이 기재되어 있다. 여기서 확인할 사항은 전 분기 또는 그간 간직해 놓았던 운용보고서를 끄집어내 펀드매니저들의 신상에 변화가 있었는지를 살펴보는 일이다. 만약 당기에 펀드매니저가 바뀌었다면 바뀌기 전과 비교해 펀드운용과 수익률 변화에 어떤 영향을 가져왔는지 펀드운용 성과와 손익구조를 보면 알 수 있다. 일반적으로 펀드매니저가 자주 교체되는 펀드의 운용 성과는 펀드운용 메커니즘의 일관성 결여로 안정성이 떨어져 나쁜 결과를 가져올 수 있다.

9. 주식과 파생상품의 거래내역과 수수료를 체크한다

판매수수료는 맨 처음부터 신탁약관에 명시된 고정된 비용이지만 매매수수료는 유동적인 비용이다(증권사마다 상이). 주식과 장내외 파생상품을 사고팔 때마다 적립금(펀드평가금액)에서 빠져나가는데 일반적으로 주식의 매매수수료는 주식매매금액의 0.1% 정도이다. 파생상품(Financial Derivatives)은 선물거래소에서 거래되는 ELW(Equity Linked Warrant: 주식워런트증권), KOSPI200 선물옵션, 국고채선물, 달러선물 등 선물이나 옵션의 거래를 말한다. 이들 매매수수료는 자산운용보고서의 중개회사별 매월 거래금액, 수수료 비중 등 거래실적 항목을 보면 자세히 알 수 있다.

매매회전율이 높으면 높을수록 매매수수료는 비례하여 증가하기 때문에 매매수수료가 많으면 주식과 장내 파생상품을 많이 사고팔았다는 것이므로 당기 손·이익이 긍정적인 방향으로 나타나야 한다. 만약 부정적인 방향으로 나타났다면 잦은 매매로 인해 비용만 지출되고 실속은 없는 속 빈 강정 같은 모양새가 될 수 있다.

10. 자산운용보고서를 통해 투자 방향과 전략을 재수립한다

펀드운용보고서는 법적으로 투자자에게 공시해야 하는 사항이나 양이 많고 실제로 투자자가 모든 것을 읽기 어려워 요약된 운용보고서를 인터넷 사이트상에 게시하는 운용회사가 많다. 이메일로 받으면 장기간 보관하면서 그때마다 펀드 흐름을 분석하고 관리하기 용이하다. 해당사 홈페이지를 방문하여 '해당 기관 사이버창구 → 고객정보 변경 → 펀드보고서 제공 방법 변경 → 해당사 콜센터 변경 신청' 등의 절차를 거치면 된다.

자산운용보고서는 이메일로 편리하게 받아볼 수 있지만 내용을 종합적으로 살펴보면서 궁금한 점을 알아보기 위해서는 직접우송 방법을 선택하는 것이 좋다. 자산운용보고서를 받아보지 못하였다면 판매사에 전화하여 보내달라고 요청하고, 다음 분기부터 받아 살펴보면서 투자 방향과 전략을 재수립한다. 당연하게 주어지는 권리를 누릴 줄 아는 사람이 현명하며 그런 투자자들이 펀드로 성공한다.

펀드 환매 시점이 전체 수익률 결정

펀드투자로 수익률을 많이 내는 방법은 무엇일까? 투자자들이 가장 크게 바라는 것은 한 푼이라도 더 투자수익을 올리는 것이다. 그렇다면 아래 질문 내용 중 몇 번을 선택해야 경제성의 원칙에 비추어볼 때 펀드수익률이 가장 높게 나타날까?

① 펀드수수료가 저렴한 펀드를 선택한다.
② 현재 수익률이 높은 펀드를 가입한다.
③ 고수익을 실현해 주는 고위험펀드를 가입한다.
④ 주가가 하락했을 때 펀드를 추가로 매입한다.
⑤ 환매 시점을 잘 포착하여 최적의 시기에 환매한다.

모두 투자수익률을 제고하는 데 매우 중요한 요소인데 이 중 펀드수익률이 가장 높은 것은 ⑤이다. 아무리 수익률이 높아도 환매 시점에서 기준가가 바닥을 치면 무용지물이고, 보유좌수가 많아도 펀드기준가가 낮으면 그만큼 손해를 보기 때문이다. 적립식투자의 수익률은 평균매입단가의 하락 효과보다 투자종료 시점에 주가상승으로 인한 차익 실현 효과가 더욱 중요하다. 펀드는 살 때보다 환매 시점이 더 중요하다. 환매하기 전의 평가금액은 제아무리 높다 해도 단지 숫자일 뿐 아무런 가치도 없다.

워런 버핏이 "펀드를 가입하는 것은 중장기적으로 자신이 목표로 했던 기대수익률을 더 많이 올리기 위한 재테크 수단이므로 그 기대치에 접근하는 근사치의 수익률을 올리게 되면 과감하게 환매할 줄 알아야 한다"고 말했듯 벤치마크 추적지수 사이클의 고점이 언제인지 늘 예의주시하면서 고점 수준에서 적기 환매하는 것이 고수익을 올리는 필수전략이다.

환매신청일과 기준가 적용 시점 상이

환매(해지)할 경우 환매금액(적립금액)의 크기를 좌우하는 펀드기준가 반영일이 적립식펀드와 변액보험은 서로 다르게 적용된다. 적립식펀드는 기준가 적용일이 대부분 '환매요청일 + 제1~3영업일'이 된다. 변액보험의 펀드기준가 적용일은 제1영업일이다. 즉, 익일 종가를 기준으로 익익일(제2영업일) 기준가를 반영한다. 이와 같이 기준가 반영일이 환매 시점과 다른데 이는 주가 흐름에 따라 펀드매입기준가가 각기 달라 수익률 편차가 심하게 나타나는 주식형펀드의 경우 환매 시점에서 투자수익률 제고에 상당히 많은 변수로 작용하게 된다. 펀드는 마지막 환매 시점에서 펀드기준가격이 어떻게 변하는지 그 변화 폭에 따라 최종 수익률이 결정된다.

환매 시점에 따라 환매 대금 지급일자 상이

일단 유사시 급전이 필요해 환매를 신청했는데 돈을 제날짜에 찾을 수 없다면 자칫 낭패를 볼 수 있으므로 환매신청일 며칠째 영업일을 기준으로 환매금이 지급되는지 꼭 확인한다. 환매 시점에 따른 환매 대금일자는 약관에 나와 있는데 주식편입비율 50% 이상 펀드는 장 마감 후 거래방식인 레이트 트레이딩(Late Trading) 제도에 따라 당일 15시 이전에 환매를 신청하면 다음 날 기준가격을 적용받아 제4영업일에, 15시 이후 환매신청 시에는 신청일 제5영업일째에 환매대금을 받을 수 있다.

주식편입비율이 50% 미만인 펀드는 17시 이전에 환매신청해도 당일 기준가격을 적용받아 환매신청일 이후 제3영업일에 환매대금이 지급된다. 채권형펀드는 17시 이전 환매신청하면 이틀 후 제2영업일 기준가격 적용과 함께 대금도 나온다. MMF형은 익일환매제

시행에 따라 법인은 물론 개인투자자들도 당일 환매신청하면 익일의 펀드기준가를 반영하므로 그다음 날 환매대금을 지급받을 수 있다. 해외펀드는 보통 5영업일 이상으로 국내펀드보다 길다.

변액보험은 환매(해약)할 경우 환매신청일 이틀 후 제2영업일에 해약환급금이 지급된다. 이 경우 해약 당일(신청일)의 시점(시간)과 상관없이 익일 종가로 계산된 기준가, 즉 제2영업일 펀드기준가를 적용하여 해약환급금(환매대금)이 지급된다. 주식형펀드나 인덱스펀드를 선택했을 때 해약신청일에 주가가 높은 것보다 그다음 날 종가가 높아야만 해약금이 더 많다.

따라서 적립식펀드와 변액보험을 환매할 경우에는 반드시 해당 약관을 자세히 살펴보고 난 후 환매원칙과 전략을 세우고 환매 시점 전후의 펀드기준가를 유심히 살펴 적기에 환매하는 자세가 필요하다.

적당한 시점에서 환매 후 재가입한다

적립식펀드와 변액보험으로 수익을 내려면 환매할 때 주가가 펀드 가입 시보다 어느 일정 기간 떨어졌다가도 다시 올라 적어도 비슷하거나 높아야 한다. 가입 초기부터 펀드기준가의 변동 폭에 너무 연연하면 안 된다. 적립식펀드는 최소한 3년 정도는 내다보면서 목표수익을 달성한 이후에는 적합한 시점에서 이익이 발생하였을 때 환매한 후 재투자(재가입)하는 것이 바람직하다. 운용수수료가 너무 많이 들어가기 때문이다.

똑같은 수익률을 내도 가입 기간이 길면 길수록 펀드수수료로 떼는 돈이 더 많아져 실질적인 이익이 덜 나게 된다. 매월 납입하는 돈에서 떼는 것이 아니라 펀드 평가금액에서 떼어가므로 목표수익률을 어느 정도 달성했다면 환매 시점을 잘 포착해 환매한 후 재가입하는 편이 더 낫다. 변액보험은 보험차익과세가 면제되는 10년 이상 경과된 이후 목적자금 마련 시기를 고려하면서 적당한 시점에 해지하는 것이 좋다.

펀드 부과 세금 내역 알아야 돈이 더 모인다

펀드수익을 내기 위해 환매 시 반드시 유념할 사항은 세금 문제이다. 펀드에 대한 세금은 단순히 이익금 전체를 대상으로 하는 것이 아니라 별도로 산출되는 과표기준가에 따라 부과되는데 정확히 알아야 환매 시 손해 보지 않는다. 펀드 가입자는 투자수익금인 금융소득에 대해 세금을 내는데 이때 펀드수익금 중 주식매매차익을 공제한 나머지 채권매매차익과 채권의 이자소득 및 주식의 배당소득에 대해 일반과세율을 적용하여 부과한다. 주가 하락으로 투자손실이 발생하더라도 주식의 배당수익 또는 펀드보유자산에 발생한 배당이익과 채권투자로 이자수익이 발생하였다면 그에 합당한 세금을 내야 한다.

국내펀드의 경우 주식매매에 의한 투자수익(양도차익)은 경과 기간에 관계없이 전액 과세대상 소득에서 제외(비과세)된다. 단, 퇴직연금과 개인연금펀드 등 연금형 펀드상품들에 대해서는 주식매매차익에 대해 과세한다. 주식형펀드라도 주식에서 발생하는 배당소득, 채권에서 발생하는 양도차익과 이자소득에 대해서는 과표기준가를 적용하여 일반과세로 원천징수한다. 펀드투자로 발생한 이익이 100만 원이라 할 때 주식매매로 발생한 이익이 90만 원이고 기타 채권의 이자소득이나 배당소득에 의해 발생한 이익이 10만 원이라면 90만 원에 대해서는 비과세하고 과세기준가에 해당하는 부분의 이익금인 10만 원에 대해서는 이자소득세의 일반과세율을 적용하여 원천징수한다.

해외펀드는 국내 운용사가 국내법에 따라 만들어 운용하는 역내펀드 또는 해외법의 적용을 받는 역외펀드 모두 정상과세한다(단, 매매차익의 경우 250만 원까지는 비과세).

변액보험은 10년 이상 유지 시 보험차익 전부에 대해 비과세 혜택이 주어진다. 단, 10년 미만 유지 후 해지할 때는 이자소득세에 대해 정상과세한다.

펀드투자 시 절세제도를 활용하여 절세상품을 가입하는 것이 재테크 듀레이션을 단축하는 효과적인 방법이므로 어떤 절세펀드가 있는지 눈여겨보는 자세가 필요하다. 재테크도 중요하지만 세테크도 매우 중요하다.

발생 소득에 대한 세금부과 여부에서 국내펀드의 경우 주식 및 주식 관련 파생상품의 주식 매매차익(평가차익)은 비과세 상품으로 분류되어 세금이 부과되지 않으므로 종합소득세 과세대상자인 투

펀드에서 발생하는 소득과 세금 부과 대상

<table>
<tr><th>구분</th><th>부과 대상</th><th>소득 내용</th><th>세금 부과</th><th>부과 방법</th><th>비고</th></tr>
<tr><td rowspan="4">국내 펀드</td><td rowspan="2">매매차익</td><td>펀드 내 보유주식의 매매로 인한 양도차익</td><td>대상 제외</td><td>비과세</td><td>평가차익 비과세</td></tr>
<tr><td>펀드 내 보유채권의 매매로 인한 양도차익</td><td>부과 대상</td><td>정상과세</td><td rowspan="3">펀드 내 종목 배분비율에 따라 주식과 채권 부분 세금 분리 계산하여 과세</td></tr>
<tr><td>배당소득</td><td>펀드 내 보유주식에서 발생하는 배당금</td><td>부과 대상</td><td>정상과세</td></tr>
<tr><td>이자소득</td><td>펀드 내 보유채권에서 발생하는 이자수익</td><td>부과 대상</td><td>정상과세</td></tr>
<tr><td rowspan="4">해외 펀드</td><td>매매차익</td><td>역내펀드 내 해외주식의 매매로 인한 양도차익</td><td>부과 대상</td><td>정상과세</td><td>250만 원까지 비과세 (초과 시 22% 과세)</td></tr>
<tr><td>배당소득</td><td>펀드 내 보유주식에서 발생하는 배당금</td><td>부과 대상</td><td>정상과세</td><td>배당소득세 15.4% 과세</td></tr>
<tr><td>이자소득</td><td>펀드 내 보유채권에서 발생하는 이자수익</td><td>부과 대상</td><td>정상과세</td><td>배당수익으로 간주, 세금 부과</td></tr>
<tr><td>환차익</td><td>환율변동에 따라 발생하는 이익</td><td>부과 대상</td><td>정상과세</td><td></td></tr>
</table>

자자들에게 유리하다. 그러나 주식배당수익, 채권이자소득, 채권매매(평가)차익, 현금성자산 이자소득에 대해서는 과세(15.4%)를 한다. 해외펀드(역내펀드)의 경우 주식 매매차익(평가차익)에 대해서는 250만 원까지 비과세하고 초과금액은 양도소득세 22%를 과세한다. 그리고 배당소득, 이자소득 및 환차익에 대해서는 일반과세(15.4%)를 적용한다.

펀드에 대한 과세는 펀드를 환매할 경우와 펀드를 결산할 때 이루어진다. 펀드를 환매하면 환매수수료와 증권거래세 등 각종 세금을 내야 한다. 세금의 원천징수 의무자인 펀드판매사는 투자자가 펀드에서 자금을 인출(환매, 해지)할 때 또는 인출 전일 경우에는 펀드 결산 시점에서 발생한 금융소득에 대해 원천징수한다.

이때 수익금 전체에 대해서 세금을 납부하는 것이 아니라 과표로 잡을 수 있는 이익에 대해서만 세금을 내므로 일반 기준가와 함께 매일 발표되는 이자소득세와 배당소득세를 계산하는 기준이 되는 과표기준가를 기준으로 해서 세금을 납부하면 된다. 투자한 펀드의 이자 및 배당소득이 2,000만 원 이상일 경우에는 그 초과금액은 금융소득종합과세 대상에 포함, 다른 소득과 합산하여 종합과세 소득세율 구간별 과세기준에 따라 별도 과세가 이루어진다.

투자 가이드

과표기준가

펀드투자로 이익이 발생하지 않아도 입금 시 과표기준가와 출금 시 과표기준가의 차이에 따라 세금을 부과한다. 과표기준가는 세금을 산정하기 위한 기준가를 말한다. 세금 부과에서는 해당 펀드의 이익 발생 여부를 따지지 않는다. 주식매매차익은 펀드에 부과하는 과세 대상에 포함되지 않으므로 펀드에서 발생되는 모든 수익이 포함된 기준가격과 달리 세금을 부과하기 위한 기준가격을 하나 더 만든 것이 바로 펀드의 이자, 배당소득세를 계산하는 기준이 되는 과표기준가이다. MMF 및 채권형펀드, 해외펀드는 이자소득 및 시세차익에 대해서도 과세하기 때문에 펀드기준가와 과표기준가가 같다. 그러나 주식형펀드는 주식매매차익에 과세하지 않아 펀드기준가와 과표기준가 간에 차이가 발생하므로 해당 결산일에 과표기준가격의 수익에 대해서는 세금을 내야 한다.

펀드투자 시
반드시 주의해야 할 점 12

펀드가 언제나 기대수익을 창출해 주지는 못한다. 만기가 될 때까지 높은 수익을 올려주면 좋겠지만 박스권 장세에서는 자칫 손해를 볼 수도 있으므로 조심해야 한다. 투자수익률을 좇되 지나치게 얽매이지 말고 펀드운용 내용을 수시로 살피면서 위험도를 따져보고, 수수료 등 지출 비용을 비교·검토하면서 펀드를 선택하는 지혜를 발휘한다.

1. 펀드투자에 대한 모든 책임은 투자자에게 돌아온다

펀드투자를 할 경우 그에 따르는 모든 책임에 대한 귀책사유는 투자자 본인에게 있다는 사실을 명심한다. 저축과 투자를 하는 기본 이유인 수익률 제고에 대한 책임소재가 판매사나 운용사에 있는 것이 아니라 투자자 자신에게 있다는 사실이다. 은행 예금상품과 같이 원금과 함께 일정 수준의 이자를 보장해 주지 않기 때문에 최악의 경우 원금과 이자 모두 손실을 입을 수 있다.

2. 투자손실은 언제나 발생할 수 있다

펀드는 주식과 채권 및 선물(Future), 스왑(Swaps), 옵션(Option) 등 장·내외 파생상품(Financial Derivatives)과 부동산, 동산 등 실물자산(비금융자산)에 투자하는 어디까지나 투자형 실적배당상품이다. 주로 주식과 같은 위험자산에 투자해 성과를 이루는 상품이므로 투자수익률을 예측하기 어렵다. 분산투자로 위험을 낮춘다 해도 유가증권 변동성에 따라 수익률 곡선이 평탄화될 수 있어 항상 높은 수익률이 보장되지는 않는다. 주가지수에 의해 수익률이 정해지기 때문에 환매 시점에 주가가 상승하지 못하면 평가이익이 기대치를 밑돌 위험성이 상존한다. 코스트 애버리징 효과를 본다 해도 장기적으로 가입 초기에 박스권 상단을 상향 돌파하지 못하면 시장수익률을 상회하는 고수익을 실현하기 어려울 수 있다. 실적배당상품의 특성상 시장변동성에 따라 고수익의 실현 가능성만큼 손실 위험 또한 클 수 있다는 사실을 유념한다.

3. 단기 목적자금 마련 방법으로는 부적합하다

단기투자로는 위험자산의 프리미엄을 얻기 어렵다. 장기투자를 해야 위험에 비례하는 높은 프리미엄을 얻을 수 있다. 적립식펀드의 투자수익률은 주식과 채권 또는 파생상품 등의 움직임에 따라 결정되기 때문에 단기간에는 손실이 발생할 개연성이 높다. 적립식투자방식은 최소 2~3년 이상의 중기투자를 통해 위험자산의 높은 프리미엄을 충분하게 얻기 위한 투자전략이므로 1~2년 이내에 반드시 필요한 단기자금을 마련하기 위해 선택하는 것이라면 펀드 선택에 신중을 기한다. 시장 움직임에 너무 민감하게 반응하여 환매를 서두르다 보면 수익률은 저조해지고 수수료 부담만 늘게 되어 투자손실을 가져오는 우를 범할 수 있다. 펀드투자를 하려면 투자목적과 투자 기간을 미리 확실하게 정하고 난 다음 이에 따라 여유자금을 운용해 나가는 투자전략을 추진해야 한다.

4. 투자 기간의 신축성을 유지하기가 어렵다

단기를 목적으로 투자했는데 계속된 주가 하락으로 필요 시점에 환매하지 못하여 자금 활용에 일정한 제약을 받을 수 있다. 장기간 가격이 하락하게 되거나 상승할 때 충분하게 상승하지 못하면 목적자금 마련에 실패할 수 있기 때문이다. 따라서 어느 정도 여유자금을 가지고 운용해야만 목적자금 마련이라는 소기의 성과를 달성할 수 있다.

5. 투자수익률과 위험도를 비교 분석하면서 체크한다

투자수익률을 좇되 지나치게 얽매이지 말고 운용 내용을 살펴 위험도를 따져보며 수수료, 사업비, 환매조건 등 지출되는 비용을 비교해 본다. 그리고 가입하려는 펀드가 주식과 채권의 투자 비율은 어떠한지, 어떤 기업의 주식을 사서 운용하는지 등의 자산보유 내역을 요청해 파악해 보도록 한다. 자산보유 내역, 펀드의 투자수익률과 위험관리지표 등을 알아보고 난 후 전문가의 조언을 구하고 펀드를 선택하는 것이 바람직하다.

6. 상승장에서는 거치식투자보다 수익률이 낮을 수 있다

적립식펀드의 투자는 여러 시점에 걸쳐 나눠 투자하는 정액투자 방식이므로 상승장에서는 거치식펀드보다 수익률이 낮은 편이다. 그러나 하락장에서는 거치식펀드보다 위험손실의 폭이 훨씬 작다. 적립식펀드는 환매 시점의 주가가 가입 시점의 주가보다 낮을지라도 일정한 수익률이 나오지만, 거치식펀드는 환매 시점의 주가가 가입 시점의 주가보다 낮다면 원금손실의 우려가 있다. 단기투자가 아닌 장기투자를 해야 코스트 애버리징 효과로 주가의 변동성에 슬기롭게 대처할 수 있다.

7. 한번 가입하면 펀드기준가 하락 시 대처 방법이 별로 없다

대부분 적립식펀드는 펀드변경이 곤란해 투자 리스크 헤지 방법이 없다. 변액보험과 같이 엄브렐러형이 아니므로 중도에 펀드 전환이 곤란하다. 주가하락 시 주식형펀드에서 채권형펀드로 갈아탈 수 있는 펀드변경 기능이 없어 위험손실을 최소화할 뾰족한 방책이 없다. 따라서 처음부터 신중하게 자신의 투자 성향과 목적을 감안하여 펀드를 선택한다. 변액보험은 펀드변경 등 다양한 자산운용옵션을 활용하여 펀드변동성에 따른 리스크를 피하는 방법도 마련되어 있다.

8. 추가매입 및 펀드변경은 직접투자의 원리가 적용된다

간접투자상품인 펀드를 가입하는 것은 운용전문가에게 일임하여 비용을 지불하는 대가로 좀더 높은 수익을 얻기 위함이다. 하지만 펀드 가입 후 주가하락 시 펀드를 추가매입하거나 펀드를 변경할 경우 그 의사는 100% 투자자 자신의 몫이다. 즉, 직접투자방식과 같이 스스로 추가매입과 펀드변경을 선택해 결정해야 한다. 비전문가인 투자자 스스로 결정해야 하는 위험부담이 있으므로 신중히 행동에 나서야 한다. 변액보험에서 펀드별 편입비율 설정, 보험료 평균분할투자 기능, 펀드별 자산배분비율 자동 재조정, 지정적립금제도 등 자산운용옵션을 선택할 경우 또한 마찬가지라는 사실을 반드시 유념한다.

9. 펀드수수료는 부정액후취방식으로 가입 기간이 길수록 크다

단기투자할 경우 수수료의 후취 적용은 그리 큰 문제가 되지 않지만 장기투자할 경우 이는 수익률 제고에 매우 큰 걸림돌로 작용하게 된다. 적립식펀드의 수수료는 부정액후취(不定額後取)방식을 적용, 평가금액(연간평잔)에 비례하여 매일 공제한다. 매달 납입하는 월납금액에서 수수료를 떼는 것이 아니라 총금액에서 공제하므로 펀드 납입금액이 크거나 수익률이 좋을 때는 그만큼 많은 수수료를 공제한다. 단, ISA 계좌의 펀드수수료는 원금에 대한 수수료로 투자이익 여부와 상관없이 매년 약정수수료를 부과한다.

펀드수수료 체계는 상품별로 또는 판매사마다 조금씩 다르다. 변액보험은 보험사마다 사업비의 편차가 심하므로 자신에게 적절한 펀드를 선택하지 않으면 필요 이상의 높은 비용을 지불할 수 있다.

10. 순행투자와 역행투자의 흐름을 파악한다

앙드레 코스톨라니가 "투자자가 성공하려면 남들과 반대로 행동해야 한다"고 말했듯이 역발상 투자전략도 필요하다. 역행투자는 펀드투자 성공을 위해 반드시 필요한 전략이다. 주가의 흐름을 쫓아가는 순행투자는 주가가 상승할 때 펀드투자를 하므로 단기적으로는 이익을 실현할 수 있지만 장기적으로 더 높은 투자수익을 기대하기 곤란하다. 역행투자는 주가가 하락할 경우에도 펀드매입비용의 평균단가를 낮춰 높은 수익을 달성할 수 있다.

적립식펀드는 중장기상품이므로 시장의 트렌드에 맞춰 주가와 같은 방향으로 갈 때 투자하는 순행투자방식보다는 반대 방향으로 시장이 조성될 때 공격적으로 투자하는 역행투자방식이 유리한 상품이다. 즉, 주가가 떨어질 때 추가 납입으로 펀드의 평균매입단가를 낮춰 위험회피와 동시에 펀드보유좌수를 늘려나갈 수 있다. 단, 어느 시점에 주가가 하락하여 펀드기준가 또한 떨어지는지 포착할 줄 아는 혜안과 지혜가 필요하다. 자칫 추가매입 시기를 놓치면 더 큰 손실을 볼 우려가 있다.

11. 장기투자 시 한계가 있으므로 환매전략을 잘 세운다

펀드투자방식은 주식이나 채권 또는 파생상품에 직접투자를 하는 방식과 달라서 장기투자를 하면 펀드수수료 후취 적용 문제로 완벽하게 고수익을 실현해 주지 못한다. 투자금액이 매월 분산되어 운용되기 때문에 주가가 장기에 걸쳐 오르더라도 평균매입가격 또한 높아져 거치식투자에 비해 고수익을 낼 수 없다. 장기투자할 경우 주가등락 현상이 계속 반복되어 투자수익률지표(연평균수익률)가 하향 안정화 추세로 가기 때문이다.

또한 펀드수수료를 후취 적용하는 상품이 대다수이므로 장기투자 시 수익률에 매우 큰 걸림돌로 작용해 적립식펀드를 장기투자하기에는 한계가 있다. 따라서 펀드 케어를 실천해 나가야 한다. 목적자금의 필요 시기를 고려하여 항상 주가의 변동 추세를 살펴보고 추가매입을 고려하면서 목표 기간 도래 시점에는 최적기에 펀드의 환매전략을 적극적으로 강구해 나가는 투자전략이 필요하다.

12. 수탁회사를 미리 살펴본다

펀드는 확정금리형 금융상품이 아닌 실적배당형 상품으로 금융사가 파산하였을 경우 정부에서 보호해 주는 예금자보호제도 적용대상에서 제외된다. 즉, 펀드투자를 한 회사가 파산할 경우 5,000만 원 한도에서의 예금자보호도 받지 못한다. 단, 변액보험은 최저보장보험금 지급기능이 있으므로 1인당 5,000만 원 한도까지 예금자보호가 된다. 따라서 특별계정을 위탁·판매하는 금융기관(수탁회사)이 튼튼해야 금융회사가 파산하더라도 내가 낸 보험료의 원금과 이자를 돌려받을 수 있다. 판매회사와 운용사도 중요하지만 수탁회사도 중요하므로 어디인지 미리 꼭 확인한다.

재테크 거울을 보면서 부자의 모습으로 가다듬자

여기 세 종류의 동물이 있다. 톰슨가젤과 사자 그리고 사람이다. 이 세 동물의 성장 과정에서 가장 큰 차이점은 자생력을 기를 때까지 최소한의 양육 기간이 소요된다는 점이다. 아프리카 초원에 사는 초식동물인 톰슨가젤은 맹수들에게 잡아먹히지 않기 위해 태어나자마자 네 다리로 일어서서 걷는다. 육식동물인 사자는 자신을 해치는 동물이 거의 없지만 어린 새끼는 하이에나와 표범의 표적이 되므로 약 2년 동안 양육 기간이 필요하다. 사람은 모든 동물 중 가장 연약하다. 갓 태어난 아기는 부모의 보살핌이 없으면 아무런 대항 능력도 없다. 스스로 앞가림할 때까지 성장하려면 최소 10년 이상은 지나야 한다.

톰슨가젤이 은행적금이라면 사자는 적립식펀드, 사람은 변액보험과 같다. 은행적금은 일단 가입하고 나면 언제든 해약해도 손해 보지는 않는다. 적립식펀드는 2~3년 이상 지나야 손해를 안 보고

제 힘을 발휘한다. 변액보험은 처음에는 이익이 나지 않지만 10년 이상 지나면 그 가치를 충분히 발휘한다.

따라서 펀드 가입 시에는 가입 목적, 현재 및 미래 소득 규모, 소득의 지속 여부, 라이프 사이클상 자금의 수급 상황, 투자습관, 가정의 경제 트렌드, 가족의 라이프 스테이지 등에 따라 그 효용 및 수익이 달라지므로 신중해야 한다. 특히 변액보험은 너무 빠듯하게 보험료를 납입하지 말고 차후 추가 납입을 한다는 생각으로 여유롭게 투자해야 한다. 반드시 10년 이상 납입한다는 기본 인식과 그런 투자목적을 전제하고 가입해야 한다.

"펀드 가입 시 10년을 투자할 것이 아니면 10분도 투자하지 말라"는 워런 버핏의 명언을 가슴 깊이 새기면서 저금리시대 펀드로 안정적인 고수익을 실현하도록 중장기투자의 길을 모색해 보아야 한다.

진정한 재테크는 단순히 돈만 버는 것이 아니라 삶의 미래가치를 드높이는 것이다. 즉, 생애 전반에 대하여 간헐됨 없이 필요한 시기에 원활한 자금의 공급이 이루어져 삶의 가치가 새록새록 더 높아지도록 자산형성(Wealth Formation) 꾸러미를 잘 늘려나가고 갈무리를 해나가는 것이 진정한 재테크라고 할 수 있다.

따라서 재테크를 올바로 추진해 나가 영글게 하려면 자신과 가족의 인생 5L에 맞춰 단기, 중기, 장기별로 투자 패턴이 달라져야 한다. 그래야만 생애 재무설계가 올바로 이루어질 수 있다. 그런데 생애 재무설계가 확실히 영글게 하려면 저축과 투자를 할 때 더 많은 수익을 안겨줄 수 있도록 재테크 실천방법을 모색해 나가야 한다.

펀드를 통해 고수익을 올리는 것도 생애 재무설계를 확실히 추진해 나가 좀더 풍요롭게 살아가기 위한 중요한 과정이라 할 수 있다.

가계 자산의 규모가 점점 행복의 척도로 귀결되어가는 시대에 생애 재무설계가 완성되어 늘 행복감을 맛보면서 살아가려면 목표한 바대로 잘 이루어져 나가야 하므로 시드머니의 미래가치가 높아질 수 있도록 고수익을 올리는 길을 찾아 나서야 한다. 따라서 좀더 많은 고수익을 올리려면 이를 실현할 수 있는 투자상품의 발굴과 선택 및 사후관리는 물론 투자목적이 완전히 매조지될 때까지 자신의 능력과 지혜를 아낌없이 쏟아부어야 한다.

하루 일과를 시작할 즈음에는 누구나 거울을 본다. 거울을 보면서 자신이 하고자 하는 일에 옷차림은 잘 맞게 했는지, 얼굴은 아름답게 가꾸어져 있는지 꼼꼼히 챙겨 몸맵시를 돋보이게 한다. 그리고 일과 중에도 틈틈이 몸 관리를 한다.

펀드를 통해 고수익을 실현하려면 고수익을 올려주는 재테크 거울을 잘 봐야 한다. 어떻게 하면 돈을 더 벌 수 있는지, 무슨 상품을 선택해야 고수익을 올릴 수 있는지, 어떤 사항을 고려해야 더 이익인지, 어떻게 대응해야 위험손실의 폭을 줄일 수 있는지 등을 몸을 치장하듯이 재테크 거울을 보는 습관을 가져야 한다. 즉 하루에도 몇 번씩 거울을 보며 인상과 몸맵시를 좋게 가다듬듯 재테크 거울을 보면서 고수익을 올리는 기술을 가다듬어 가야 한다.

이제부터 재테크 거울을 늘 챙겨 갖고 다녀라. 재테크 거울을 보면서 현재 모습이 펀드로 일군 미래의 부자 모습으로 바뀌어 갈 수 있도록 연출하라. 부자들이 해박한 금융지식으로 무장하고 거래사와 상품 선택 시 매우 신중하듯 당신 또한 그렇게 하라.

자신에게 부족한 면을 재테크 거울에서 찾아 보완하라. 펀드상품을 재테크 거울에 비춰보고 어떤 변수가 수익을 올리는 데 디딤돌이 되어주고 걸림돌로 다가올 수 있는지 냉철히 판단하라. 어느 회사의 펀드상품을 가입해야 내게 더 많은 이익을 안겨주는지 발품과 머리품, 손품을 늘 팔고 다녀라.

늘 어떻게 하면 펀드투자를 통해 고수익을 올려 가치 있는 삶이 영글어갈 수 있는지를 고민하고 그 해답을 이 책에서 찾고 재테크 거울을 보면서 마음을 다져 나가도록 하자.

지금부터 미래의 행복한 내 모습을 꿈꾸면서 그 꿈이 실현될 수 있도록 재테크 거울 속에 있는 또 다른 당신과 합심하여 펀드로 고수익을 올리는 지름길을 이 책을 벗 삼아 찾아 나서보자. 이 책에서 제시한 펀드투자 로드맵과 솔루션을 소화하여 원하는 목적자금이 좀더 빨리 가시적 효과로 다가올 수 있도록 고수익 실현을 위한 디딤돌로 삼아 나가길 기대한다.

부록

도움 되는 주식 및 펀드투자 성공 로드맵 명언

- 주가는 주인과 산책을 하는 강아지와도 같다. **-앙드레 코스톨라니**
- 일시적인 감정에 휘둘리면 될 일도 잘 안 된다. **-워런 버핏**
- 주식이나 펀드투자를 할 때 가능한 한 법칙이나 공식은 믿지 마라. 마음을 통제하는 초연한 투자 자세가 필요하다. **-존 템플턴**
- 투자란 철저한 분석하에 원금의 안정성과 적절한 수익성을 보장하는 것이다. 이런 요건을 충족하지 못하면 그것은 투자가 아니라 투기이다. **-벤저민 그레이엄**
- 투자 시 자산배분이 종목 선택보다 중요하다. 장기적인 관점에 초점을 맞추면서 투자를 해나가야 한다. **-게리 브린슨**
- 바보는 모든 달걀을 한 바구니에 담지 말라고 말한다. 그러나 현명한 사람은 달걀을 한 바구니에 담고 난 다음 그 바구니를 잘 지켜보라고 말한다. **-마크 트웨인**
- 천을 사서 두 개로 쪼개 팔아 이윤을 남기고 거기서 번 돈으로 더 큰 천을 사 더 많이 쪼개 팔라. **-탈무드**
- 투자할 때는 불편함을 느끼지 않는 범위 내에서 어느 정도까지 리스크를 감수할지 결정하라. **-로버트 샌번**
- 모두가 공포에 휩싸였을 때 냉철하게 임하면서 탐욕스러워져야 돈을 번다. **-워런 버핏**
- 주식은 주기적이고 폭넓은 가격의 변동을 겪기 마련이다. 가치 결정이란 주가가 정당한 가치 이하로 매겨지면 사고 그 가치 이상으로 오르면 파는 노력을 의미한다. **-벤저민 그레이엄**
- 투기보다는 가치투자를 하라. 훌륭한 교훈엔 시효가 없다. 시장은 우리를 위해

존재한다. 그러나 시장은 언제나 기다리지 않는다. **-워런 버핏**

- 훌륭한 투자자가 되려면 지식과 열정과 냉철함과 직관력과 인내심을 갖춰라. **-앙드레 코스톨라니**
- 주식시장은 무척 현명하고 많이 노력하는 다른 사람들보다 훨씬 더 잘하기가 어려운 곳이다. **-로젠버그**
- 개별 종목이나 시장 또는 경기의 단기적 변동은 추정한다 해도 불확실성이 너무 많아 좋은 결과를 일관되게 내기는 어렵다. 단기적 변화는 예측하기 너무 어렵다. 반면에 질 좋은 회사의 주식은 장기적으로 볼 때 투자자들에게 평균을 웃도는 수익률을 안겨줄 가능성이 아주 크다. 장기적으로 내다보고 투자하라. **-루이스 심슨**
- 투자자들이 아무리 조심하고 아무리 연구를 많이 해도 미래를 예측하거나 조종할 수는 없다. 비체계적인 위험과 체계적인 위험은 늘 존재한다. 이를 회피하기 위해서는 분산투자를 하는 것이 가장 바람직한 투자전략이다. **-존 템플턴**
- 많은 사람이 기적을 바라며 리스크를 향해 뛰어든다. 하이 리턴이라는 기적을 바라는 사람에게는 냉철함이 없어 그런 행동이 하이 리스크라는 사실을 깨닫지 못한다. 로 리스크(Low Risk)를 부담하는 것이 최고의 하이 리턴을 거둔다. **-오카모토 시로**
- 좋은 주식은 없다. 가격이 오르지 않는 한 모든 주식은 나쁜 주식이다. **-윌리엄 오닐**
- 수익이 나는 주식을 팔고 손실이 나는 주식을 보유하는 건 꽃을 꺾어 버리고 잡초에 물을 주는 것과 같다. **-피터 린치**
- 적이 당신 문 앞에 있을 때 사고 기병대 나팔 소리가 들릴 때 팔라. **-베론 로**

스차일드

- 주식은 분산투자가 원칙이다. 주식뿐만 아니라 채권과 파생상품 등으로 다변화하는 것이다. **-로버트 실러**
- 펀드 스타일에 대해 확실히 알고 난 다음 같은 유형의 펀드 중 그 가치를 비교하여 가장 좋은 펀드를 고르라. **-피터 린치**
- 상품을 구매할 경우 귀를 이용하지 말고 눈을 이용하라. **-체코 속담**
- 구경꾼 입장에서 주식을 사는 것은 깜깜한 밤에 검은 돼지를 몰고 다니는 것과 같다. **-대니얼 드루**
- 훌륭한 투자자는 극단적인 소식에 단련된 귀로 대중과 언론을 듣는 법을 배운다. **-조지 소로스**
- 투자란 한번 했으면 수면제를 먹고 잠을 푹 자는 것이다. **-앙드레 코스톨라니**
- 승자가 되기 위해서는 돈과 시간을 걸어야 한다. **-제리 가르샤**
- 투자자들의 가장 큰 취약점은 항상 그들 내부에 존재한다. **-르 페브르**
- 돈을 버는 데는 오랜 시간이 걸리지만 잃는 데는 순식간이다. **-이하라 사이카쿠**
- 바람의 방향을 맞추기 위해 꼭 일기 예보자가 될 필요는 없다. **-딜런**
- 시장은 유행성 감기 같아 당신이 그 원인을 깨닫자마자 다른 유행의 감기로 변해 버린다. **-와그너**
- 허리를 깊이 숙여야 동전을 줍는다. **-유대 격언**
- 아무도 더 이상 그곳에 가지 않는다. 사람들로 너무 붐비기 때문이다. **-요기 베라**
- 투자할 때 실수를 저질렀다는 것에 초점을 맞추면 안 된다. 어떤 것은 어쩔 수 없는 것도 있다. 중요한 것은 그것으로부터 뭔가를 배우는 것이다. 성공투자

자가 되기 위해서는 배우는 자세가 제일 중요하다. **-필립 피셔**

- 주식투자 전 평생 살 자기 집을 마련하라. **-피터 린치**
- 투자는 무얼 사는 것이 아니다. 무언가를 아는 것이다. 대부분 사람이 돈에 대해 아는 유일한 기술은 열심히 일하는 것뿐이다. 돈에 관해 제대로 알지 못한 채 열심히만 일한다면 평생 돈의 노예가 되기 십상이다. **-로버트 기요사키**
- 투자 자체가 위험한 것은 아니다. 투자하는 방법을 배우지 않는 것이 위험한 것이다. **-로버트 기요사키**
- 투자 시 큰 흐름을 볼 줄 아는 혜안을 가져야 한다. 열린 마음으로 순수하게 판단하는 것이 투자에서 정확성을 기할 수 있는 길이다. **-존 네프**
- 적지만 안전하게 돈을 벌려고만 하는 사람은 반드시 실패한다. 성공하려면 투자목표를 크게 두고 적극적으로 투자를 해나가야 한다. **-제럴드 로브**
- 펀드투자를 하기 전 본인의 리스크 허용치를 미리 판단하는 것이 중요하다. **-로버트 샌번**
- 투자 시 자산배분이 종목 선택보다 중요하다. 장기적인 관점에 초점을 맞추면서 투자를 해나가야 한다. **-게리 브린슨**
- 투자 시 위험을 통제하려는 노력이야말로 현재와 과거를 가르는 가장 중요한 잣대가 된다. **-피터 번스타인**
- 투자 성공을 위해서는 반드시 투자 내공을 쌓아 직감력을 길러야 한다. 노련한 투자자의 직감이란 농부들이 갖고 있는 직감과 같은 것이다. **-제시 리버모어**
- 많은 회사가 판매하는 펀드는 많은 사람이 선호하면서 가입하여 시장성이 있기 때문에 판매사들이 판매에 나서는 것이므로 일단 검증된 상품이다. **-김동범**

- 펀드투자에서 성공하는 길은 두 가지다. 하나는 돈을 잃지 않는 것이다. 그리고 다른 하나는 돈을 잃지 않도록 원칙을 반드시 지켜나가는 것이다. **-워런 버핏**
- 사람들의 예상보다 더 수익이 높아질 펀드를 잘 고르려면 일상생활에서 지속적으로 관심을 가져야 한다. **-포스터 프리스**
- 만일 당신이 시장을 이길 수 없다면 시장에 순응하는 방법밖에 없다. **-찰스 엘리스**
- 신중한 투자를 위해 밟아나가야 할 결정적 단계 중 하나는 해당사와 직접적으로 관련이 있는 사람들을 상대로 그 회사가 처해 있는 현재 상황과 향후 전망을 알아내는 것이다. 이는 재무제표를 보는 것보다 더 유익하다. **-필립 피셔**
- 평가할 수 없는 기업에는 투자하지 마라. 비전이 없는 기업에는 투자하지 마라. 가치투자를 하라. 투자는 이익을 얻기 위해서 하는 것이다. **-워런 버핏**
- 펀드는 단순한 금융상품이 아니라 투자자의 성실한 보호자여야 한다. 낮은 수익률을 돌려줬으면서 거들먹거리는 펀드매니저는 경계해야 한다. **-존 보글**
- 펀드투자는 과학이 아닌 예술이다. 좋은 투자란 아주 간단하고 이해하기 쉽게 일상생활에서 유용한 정보와 자료를 얻어 적극 활용하는 것이다. **-피터 린치**
- 펀드투자를 할 때는 투자한 돈에서 세금과 인플레이션을 빼고 난 실질수익을 계산하라. 세금과 인플레이션의 영향을 고려하지 않는 투자전략은 실질적인 투자환경이 어떤지 잘 모르는 상태에서 투자하는 것과 같으며 결국 심각한 손해를 볼 수도 있다. **-존 템플턴**
- 절대로 감상에 빠져 투자하지 마라. 가치투자를 하라. 펀드투자의 진리는 아직도 저가 매입과 고가 매도이다. **-존 템플턴**

- 펀드 실적은 단말기만 두드려도 즉시 알 수 있다. 하지만 모두 과거 실적일 뿐이어서 투자자들은 백미러만 보고 오토바이를 몰고 가는 잘못을 범하기 쉽다. **-존 보글**
- 아무리 많은 것을 배운다 해도 감정을 통제할 수 없으면 결국 돈을 잃을 수밖에 없다. 감정을 통제하지 못하면 투자의 함정에 빠질 수밖에 없다. **-마이클 신시어**
- 투자의 결과가 잘못되었을 때는 솔직하게 인정하고 재빨리 손을 빼야 한다. **-제럴드 로브**
- 투자 기회가 없다는 말은 성립하지 않는다. 구조적으로 투자 기회는 언제나 생겨날 수밖에 없다. 투자판은 늘 새롭게 짜인다. 다만 새로운 판에서 통용될 투자법칙을 투자자가 꿰뚫어보지 못하는 능력 부재가 투자의 걸림돌이다. 최적의 투자 기회를 포착하기 위해서는 경기변동을 파악하는 능력을 갖추는 것이 중요하다. **-마크 파버**
- 주식시장이 폭락하기 때문에 여기에 투자한다. 위기는 투자의 좋은 기회이다. 나는 경기침체나 재앙이 일어날 때 더 많은 투자 기회가 생긴다는 것을 알고 있다. **-마크 모비우스**
- 너무 큰 대박을 노리려면 펀드시장을 떠나라. 도박하듯 큰 대박을 노리고 투자종목을 선택하면 망하는 지름길이다. **-김동범**
- 투자 결정은 무엇보다 우선 시황과 자산의 종류에 초점을 맞추어야 한다. 시간이 지남에 따라 투자수익의 거의 90% 정도가 이에 의해 결정된다. **-게리 브린슨**
- 부당한 이득을 얻지 마라. 그것은 손해와 같은 것이다. **-헤시오도스**

- 투자자들은 종목을 자주 갈아타는 성향이 있고 어떤 특정 주식을 선정해야 할지 조언을 받아야 하기 때문에 비용지출이 수반된다. 이런 비용들을 무시한 채 투자에 뛰어들어선 안 된다. **-워런 버핏**
- 일반 투자자가 자기 욕심을 스스로 한정하고 보수적인 투자로 제한할 수 있다면 성공 가능성이 아주 높다. 투자는 철저한 분석하에 자기 주관에 따라 판단하고 결정해야 후회하지 않는다. **-벤저민 그레이엄**
- 주식은 주기적이고 폭넓은 가격의 변동을 겪기 마련이다. 가치 결정이란 주가가 정당한 가치 이하로 매겨지면 사고 그 가치 이상으로 오르면 파는 노력을 의미한다. **-벤저민 그레이엄**
- 투자자가 시장의 가격 변동에 민감하게 반응하면서 관심을 갖는 것은 당연하지만 자칫 지나친 관심은 투기적으로 변할 수 있으므로 조심해야 한다. **-벤저민 그레이엄**
- 비관론이 극도에 달할 때야말로 주식을 사야 할 타이밍이다. **-존 템플턴**
- 지난해 가입한 펀드수익률이 일시적으로 나쁘더라도 자연스러운 유혹에 떠밀려 무조건 갈아타지 마라. 실적이 저조한 펀드에 대해 깊이 숙고해 보지 않은 채 무조건 갈아타는 것은 실수하는 것이다. **-피터 린치**
- 작은 도끼라도 찍고 찍으면 큰 참나무는 넘어진다. **-셰익스피어**
- 추천종목을 따르지 말며 비밀스러운 소문에 귀 기울이지 마라. 절대 빚내서 투자하지 말고 생각할 시간을 충분히 가져야 하며 자신의 결정을 믿고 지킬 수 있는 인내심을 지녀야 운도 따라준다. **-앙드레 코스톨라니**
- 적절한 종목을 적정가에 매수했고 주가가 상승할 거라는 증거가 확실하며 모든 것이 생각하는 방향으로 흘러간다면 조급하게 팔아서는 안 된다. **-워**

런 버핏**

- 주식을 사놓은 뒤 언젠가 주가가 오를 것이라는 희망 속에 그 주식을 잊고 지내지 마라. 계속해서 예측할 수 없는 위험 역시 항상 염두하고 살펴보라. **-앙드레 코스톨라니**
- 인내심을 잃어버리고 추세 전환점을 기다리지 못하고 손쉬운 수익의 유혹에 넘어갈 때마다 나는 항상 돈을 잃었다. 분석이 무조건 돈을 벌게 해주는 것이 아니다. 지그시 기다리는 것, 그것이 돈을 벌어준다. **-제시 리버모어**
- 투자에서 가치란 다른 사람들이 사지 않는 것에 있다. 즉 다른 사람들이 파는 것에 있다. 이를 잘 포착할 줄 아는 선견지명이 있어야 한다. **-마크 모비우스**
- 투자는 학문이 아니며 피나는 훈련 속에 이룩되는 결과물이다. 투자에 성공하려면 투자에 미쳐야 한다. **-제럴드 로브**
- 잘 모르는 것에는 투자하지 않는다. 내가 안전히 알고 난 상품에만 나는 투자를 한다. 그것도 이익을 올릴 수 있을 것이란 확신이 섰을 때만이다. 그리고 일단 투자하면 기대수익이 날 때까지 끈기를 갖고 지켜본다. **-워런 버핏**
- 투자는 위험을 회피하는 타이밍 전략이 중요하다. **-피터 번스타인**
- 펀드투자를 하기 전에 본인의 리스크 허용치를 미리 판단하고 투자하라. **-로버트 샌번**
- 포트폴리오 경영의 핵심은 분산투자가 아니라 사후관리다. **-윌리엄 오닐**
- 펀드투자를 할 경우에는 몇 개의 펀드로 포트폴리오를 구성하고 계속 투자를 통해 포트폴리오 리밸런싱으로 보완해 나가라. **-피터 린치**
- 펀드투자를 할 때는 상품의 구조를 정확히 파악하고 투자전략을 치밀하게 세우고 유형별로 비교, 분석, 평가하는 능력을 기른 다음 투자의 길로 들어서

라. -**앙드레 코스톨라니**

- 만약 포커판에서 10분 후에도 봉(Patsy)이 나오지 않는다면 바로 네가 그 봉이다. -**마틴 휘트먼**
- 저평가된 위험성이 적은 투자에만 관심을 가져라. -**마틴 휘트먼**
- 기업에도 인간처럼 3단계 라이프사이클이 있다. 성장 · 성숙 · 쇠퇴가 그것이다. -**토머스 로 프라이스**
- 위험은 성숙기에 이르러 시작된다. -**토머스 로 프라이스**
- 시장의 허튼소리에 귀 기울이지 마라. -**토머스 베일리**
- 헌것을 사들여 새것으로 팔아라. -**월터 포브스**
- 많은 분석가와 투자가들이 하는 것처럼 보고된 숫자의 액면 가치만 바라보지 마라. 그 숫자 뒤에 우리가 짊어지고 갈 숙제를 확인하라. -**헨리 실버맨**
- 자신의 숙제는 자신이 풀어라. 쪼개지는 돈을 한데로 모으라. -**뮤리얼 시버트**
- 말이 아닌 기수에게 돈을 걸어라. -**조지 도리옷**
- 모니터링이 최고의 방법이다. -**엔젤 폴 밴드로우스키**
- 부지런한 사람에게는 모든 것이 쉽고 게으른 사람에게는 모든 것이 어렵다. -**벤저민 프랭클린**
- 적게 뿌린 사람은 적게 거두고 많이 뿌린 사람은 많이 거둔다는 사실을 기억하라. -**성경**
- 당신이 할 수 있다고 믿든지 할 수 없다고 믿든지 당신이 믿는 대로 될 것이다. -**헨리 포드**
- 강을 거슬러 헤엄치는 자가 강물의 세기를 안다. -**윌슨**
- 당신의 미래는 많은 것에 달려 있지만 대부분 당신 자신에게 달려 있다. -**프**

랭크 타이저

- 운명의 밧줄을 풀어 버려라. 그렇지 않으면 다른 사람에게 휘둘린다. – **잭 웰치**
- 열정은 관심을 갖는 것이다. 진정으로 관심을 갖는 것이다. – **아더 고든**
- 열매를 얻으려는 자는 과일나무에 올라가야 한다. – **풀러**
- 좋은 열매를 얻으려거든 좋은 나무를 길러라. 나무가 나쁘면 열매도 나쁘다. 열매를 보면 나무를 알 수 있다. – **신약성경**
- 성공과 실패의 차이는 어떤 일을 거의 맞게 하는 것과 정확히 맞게 하는 것의 차이다. – **미국 격언**
- 좋은 결과를 얻고 싶다면 몸으로 연습하는 것과 꼭 같이 마음속으로도 연습할 필요가 있다. – **앤드루 매튜스**
- 펀드투자 시에는 반드시 펀드의 높은 수수료를 생각하라. – **조지 소로스**
- 펀드 가입 시 10년을 투자할 것이 아니면 10분도 투자하지 말라. – **워런 버핏**
- 투자는 복잡한 것이 아니지만 무엇에 투자하는지는 알아야 한다. – **워런 버핏**
- 감당할 수 있을 만큼만 위험을 부담하고 의미 있는 만큼만 위험에 배팅하라. – **에드 세이코타**
- 보수가 높으면 솜씨가 뛰어난 펀드매니저조차 실적이 떨어진다는 사실을 사람들이 실감한다면 적극적 운용을 진정으로 믿는 투자자들도 보수가 높은 투자상품에서 보수가 낮은 상품으로 옮겨갈 것이다. – **존 보글**
- 장기적으로 볼 때 펀드수익률이 시장 평균을 넘어선 펀드매니저는 거의 없었다. – **존 보글**
- 주식투자는 마라톤과 같다. 50m 달리기 기록을 보고 일희일비할 필요는 전혀 없다. – **존 리**

- 장기적으로 뛰어난 투자 성적을 얻으려면 단기적으로 나타나는 저조하거나 나쁜 성적을 견뎌 나가야 한다. -**찰리 멍거**
- 주식시장은 적극적인 자에게서 참을성이 많은 자에게로 돈이 넘어가도록 설계되어 있다. -**워런 버핏**
- 주식이나 펀드에 투자할 준비가 되어 있다면 초등학생이 이해할 수 있는 간단한 언어로 지루하지 않을 정도로 간단명료하게 그 이유를 설명할 수 있어야 한다. -**피터 린치**
- 국제적 우량주에 해당하는 종목을 몇 종목 산 다음 수면제를 먹고 몇 년 푹 자라. -**코스톨라니**
- 과거 실적은 미래 실적을 전혀 보장하지 않는다. **–존 보글**
- 펀드는 낮은 수수료, 낮은 회전율을 갖춰야 한다. 연 수수료가 주식형펀드는 0.75%보다 낮아야 하며 채권형펀드는 0.5%보다 낮아야 한다. -**존 보글**
- 시간은 투자자의 친구이지만 충동은 투자자의 적이다. -**존 보글**
- 우연히 높은 수익률을 거둘 수는 있다. 하지만 1년에 10% 이상의 수익률을 기대해서는 안 된다. 역사적으로 연평균수익률이 10%를 넘은 경우는 거의 없었기 때문이다. -**존 보글**
- 주식투자로 20%의 손실을 감내할 수 없다면 주식에 투자해서는 안 된다. -**존 보글**
- 모든 사람이 탐욕을 부릴 때 두려워하고 두려워할 때는 탐욕을 부려라. -**워런 버핏**
- 나는 특정한 투자 스타일이 없다. 정확하게 이야기하면 나는 상황에 맞춰서 나의 투자 스타일을 바꿔나간다. -**조지 소로스**

- 주식투자는 투자 기간이 길면 길어질수록 비용과 위험은 상대적으로 줄어든다. **-조지 소로스**
- 모든 달걀을 한 바구니에 담지 말고 분산하라. **-워런 버핏**
- 당신이 투자가 재미있다고 느낀다면 당신은 돈을 전혀 벌지 못할 것이다. 좋은 투자는 굉장히 지루하기 때문이다. **-조지 소로스**
- 투자는 배움과 같다. 글로 써보는 것만큼 자신의 사고를 바로잡는 방법도 없다. **-워런 버핏**
- 가장 비관적일 때가 가장 좋은 매수 타이밍이다. **-존 템플턴**
- 사람들이 부동산에서 돈을 벌고 주식에서 돈을 잃는 것은 당연하다. 집을 고르는 데는 몇 달을 투자하지만 주식을 고르는 데는 10분도 머리를 쓰지 않는다. **-피터 린치**
- 일단 투자하면 기대수익이 날 때까지 끈기를 갖고 지켜보라. **-워런 버핏**
- ETF는 투자자가 잦은 매매를 하도록 유혹하는 단점이 있다. **-존 보글**
- 액티브펀드에 투자하는 것은 바보 같은 일이며, 액티브펀드가 시장보다 높은 수익률을 장기간 기록할 거라고 생각하는 것도 바보 같은 일이다. **-존 보글**
- 수많은 종목으로 포트폴리오를 구성해서 개별 종목의 리스크를 완전히 제거하고 오직 시장 리스크만 남겨놓아야 한다. **-존 보글**
- 금융시장은 일반적으로 절대 예측할 수 없다. 그렇기에 다양한 다른 시나리오들을 가지고 대처할 수 있어야 한다. **-조지 소로스**
- 하루에 몇 포인트가 하락하든 결국 우수한 기업은 성공하고 열등한 기업은 실패할 것이다. **-피터 린치**
- 투자 시 엄청난 오류 중 하나는 주가가 오르면 자신이 투자를 잘했다고 믿는

사고방식이다. -**피터 린치**

- 인기 업종의 인기 주식에 투자해서 얻는 수익으로 살아가려 한다면 생활보조금을 받으며 살아가는 신세가 되는 것은 시간문제이다. -**피터 린치**
- 저비용 지수펀드에 집중해서 투자하라. 경험상 진심으로 말하는데 지수펀드에 투자해서 크게 잘못될 일은 없다. -**워런 버핏**
- 펀드변경 시에는 'Buy Low & Sell High'라는 주식투자의 기본 원칙이 적용됨을 명심해야 한다. -**워런 버핏**
- 펀드투자는 중장기적으로 자신이 목표로 했던 기대수익률을 더 많이 올리기 위한 재테크 수단이므로 그 기대치에 접근하는 근사치의 수익률을 올리게 되면 과감하게 환매할 줄 알아야 한다. -**워런 버핏**
- 기업이 수익을 얼마나 올리고 주식시장이 수익을 얼마나 제공하든 인덱스펀드는 당신이 공정한 몫을 차지하도록 보장한다. -**존 보글**
- 인기 주식은 빠르게 상승한다. 그러나 희망과 허공만이 높은 주가를 지탱해주기 때문에 상승할 때처럼 빠르게 떨어진다. 기민하게 처분하지 못하면 이익은 손실로 둔갑한다. -**피터 린치**
- 인덱스펀드는 전체 시장에 투자하는 펀드 종목을 선택해 가입해야지 개도국이나 특별 업종, 원자재, 레버리지펀드(Leverage Fund), 인버스펀드(Inverse Fund) 등에 투자해서는 안 된다. -**존 보글**
- 오늘 뜨거운 종목이 내일도 뜨거운 경우는 거의 없다. 장기적으로 주식시장은 내재 가치에 회귀한다. 군중을 따라가지 마라. -**존 보글**
- 미래에 어떤 일이 일어날지 알기 어려우므로 펀드투자의 4대 원칙인 수익, 리스크, 시간, 비용 등 4가지 관리를 철저히 하라. -**존 보글**

- 사람들이 이제 주식시장으로 돌아가도 안전하겠다고 느끼기 시작하는 순간부터 주가가 하락하는 것은 일상적으로 자주 일어난다. **- 피터 린치**
- 주식시장은 확신을 요구하며 확신이 없는 사람들은 반드시 희생된다. **- 피터 린치**
- 펀드투자에서 성공하는 길은 두 가지이다. 돈을 잃지 않는 것과 돈을 잃지 않도록 원칙을 반드시 지켜나가는 것이다. **- 워런 버핏**

중앙경제평론사 Joongang Economy Publishing Co.
중앙생활사 | 중앙에듀북스 Joongang Life Publishing Co./Joongang Edubooks Publishing Co.

중앙경제평론사는 오늘보다 나은 내일을 창조한다는 신념 아래 설립된 경제 · 경영서 전문 출판사로서
성공을 꿈꾸는 직장인, 경영인에게 전문지식과 자기계발의 지혜를 주는 책을 발간하고 있습니다.

초보자가 꼭 알아야 할 펀드투자 기초 가이드

초판 1쇄 인쇄 | 2021년 4월 23일
초판 1쇄 발행 | 2021년 4월 28일

지은이 | 김동범(DongBeom Kim)
펴낸이 | 최점옥(JeomOg Choi)
펴낸곳 | 중앙경제평론사(Joongang Economy Publishing Co.)

대　　표 | 김용주
책임편집 | 이상희
본문디자인 | 박근영

출력 | 한영문화사　종이 | 에이엔페이퍼　인쇄·제본 | 한영문화사

잘못된 책은 구입한 서점에서 교환해드립니다.
가격은 표지 뒷면에 있습니다.

ISBN 978-89-6054-267-9(03320)

등록 | 1991년 4월 10일 제2-1153호
주소 | ㊥04590 서울시 중구 다산로20길 5(신당4동 340-128) 중앙빌딩
전화 | (02)2253-4463(代)　팩스 | (02)2253-7988
홈페이지 | www.japub.co.kr　블로그 | http://blog.naver.com/japub
페이스북 | https://www.facebook.com/japub.co.kr　이메일 | japub@naver.com
♣ 중앙경제평론사는 중앙생활사 · 중앙에듀북스와 자매회사입니다.

※ 이 책은《초보자도 성공하는 펀드 재테크 100% 활용법》최신 개정증보판입니다.